冒険・探検・歩く旅の食事の歴史物語

エベレスト登山、砂漠横断、巡礼から軍隊まで

デメット・ギュゼイ／浜本隆三、藤原崇 訳

FOOD on FOOT

A HISTORY of EATING on TRAILS and in the WILD

DEMET GÜZEY

原書房

冒険・探検・歩く旅の食事の歴史物語

エベレスト登山、砂漠横断、巡礼から軍隊まで

目次

まえがき

『旅の食事』シリーズに寄せて

嘆く声を耳にすることがどれほどあるだろう。「きちんと座って食事をする人がいなくなってしまった。だれもが歩きながら、あるいはドライブスルーで手軽に済ませる。そんなものはちゃんとした食事ではない。移動中のただの間食だ」移動中に食べるのは現代人だけではない。昔からずっと屋台やファーストフードがあった。人々は乗り換えのときに必ず何か食べていた。そうした食事は便利で手軽だけれどもおいしくないとされ、旅の途中で食べることのできるさまざまな食べ物は偏見の目で見られている。それでも、ときにそうした食事がとびきり上等なこともある。西アジアの大草原をのんびりと移動するキャラバン隊がラクダをとめて、ドライフルーツ、ナッツ、平たいパン、焼きたてのケバブの豪華な食事のためにテントを広げるところを想像してみよう。あるいは、飛行機の旅がまだ始まったばかりの黄金時代、航空各社が、たとえ座席のテーブルに収まるサイズであっても、特別にデザインされた食器で、腕の確かな料理人の手による豪華な食事を出していたことを思えばよい。19世紀の鉄道で振る舞われた食事は当時最高と賛美されたほどであり、豪華客船はむろん、すばらしい食事をかけがえのない体験のひとつとうたい上げる。キッチンカーが歩行者に提供するおいしい食べ物は今や流行最先端だ。

けれども、旅の食事は必ずしも豪華とはかぎらない。ときに、ハイキングのための栄養食品や、大草原をゆく、おそれを知らぬハンターを支える高タンパク携帯食品のように、生命の維持さえできればよいこともある。また、戦時中の缶詰の配給食や、植民地時代の船員に与えられた堅パンとラム酒のように、粗悪だったこともある。それはまるで、旅の手段に合わせて、それがなければ完結しない食のレパートリーがあるかのようだ。ジャンクフードやお菓子を食べない車の旅があるだろうか？　飛行機の国内便でナッツの小袋が出ないと寂しくないか？　旅の食事には、準備と消費のいずれにおいても、その旅ならではの壁が立ちはだかる。考えてもみよう。木製の船で火をたくのだ。あるいは、線路上で激しく揺れる列車のなかでオムレツをひっくり返さなければならない。手で持てる食べ物は旅の食事の典型である。ひょっとすると将来はみなそうなるのだろうか。古くはワインを入れる革袋から、アルミの水筒、ペットボトルはもちろん、特殊発泡スチロール容器と先割れスプーンも移動には欠かせない。旅の食事にはそれなりのエチケットもある。ダイニングテーブルよりは緩やかで、おもしろいことに人や場所によって大きく異なる。もしかすると人の目を意識して、あえて変えているのかもしれない。

最初にこのシリーズを思い立ったとき、旅に特化した食べ物がどれくらいあるのか、列車、飛行機、車、自転車、馬の背で食べる食事がどれほど多種多様で、各文化に根づいているかをまったく考えていなかったように思う。イタリアのローマからオーストリアのチロルアルプスまで乗った長い列車の旅はわたしにとって忘れられない体験となった。向かい側に腰かけた若い家族は準備万端だった。彼らはサラミ、パン、チーズ、ワインを取り出し、ぼろぼろとこぼしながら、大胆に身振り手振りを交えて、イタリア語のおしゃべりを繰り広げた。何もかもがおいしそうで、家族はひと口ずつじっくり味わっていた。ドイツ語圏に近づくと、家族は辺りをきれいに片づけて、身だしなみを整え、言語を切り替えた。イタリア風の食事風景は跡形もなく消え去ってしまった。思うに、もし列車が北部に入ってもそのままだったら、家族の行動はまったく場ちがいだっただろう。つまり、人々にはひと目でそれとわかる旅の食の伝統があり、それはほかの食習慣と同じように国、階級、性別、性格と結びついているのである。したがって、そろそろそうした食事を独立したジャンルと考えてもよいころ合いだろう。このシリーズによって、なぜ旅をしながら特定のものを食べるのかについての理解が深まることを願う。

パシフィック大学　ケン・アルバーラ

謝辞

この本のアイデア、というよりもこの本についての私のアイデアは、エベレストの山岳ガイドである友人のジェイミー・マクギネスと、志を同じくする6人の旅人、20頭以上の馬、2人の探検隊の料理人とそのヘルパー、そして移動キッチンと共に、北インドの地理的に孤立したラダック山地でトレッキングをしていた時に、形になり始めた。山やトレッキングでの食文化について書きたいと思ったのは、水の確保やキッチン・テントのなかでの作業に苦労しながらも、みんなの希望に沿ったおいしい料理を期待以上に作る料理人たちの計画性と自給自足の力に魅了されたからであった。料理人たちは４０００メートル以上の高地に設けられた食事をとるテントのなかで、毎日毎日、喜びと安らぎを与えてくれた。また、ほかの登山や探検における、食料の計画、運搬、準備、共有の文化にも興味をそそられた。なぜなら、どこの国に行っても、どんなに高度な技術を要する旅や、あるいはゆったりとした旅でも、荒野では誰もが自分の食料、食習慣、おいしさの基準について、それぞれの価値観をもっているからである。

山以外のトレイルや徒歩での食事に考えを広げるにつれ、私は地理や歴史、そして必然的に歩くことと食べることとの哲学に踏み込むという挑戦をすることになった。幸いにも、荒野における料理を研究することになると、多くの人が自分の経験を語り、ほかの冒険家、探検家、専門家と連絡を取り、助け、提案し、議論し、私を導いてくれた。この特別な世界に、観察者としてでも足を踏み入れることができたことに感謝している。

まず、話を伺った図書館のアーキビストの方々にお礼を言わなければならない。この本のために調査をしたあと、かれらの仕事に対する感謝の念が何倍にも膨らんだ。とくに、雑誌と書籍の閲覧を許可してくれた英国山岳会に、また、司書のタデウス・ハドウスキーと名誉アーキビストのグリン・ヒュースと議論できたことに感謝している。王立地理学会のアーカイブ部門には、関連する書籍や雑誌、画像を探すのに大変お世話になった。また、歴史的な極地やエベレスト遠征の驚くべき遺物を見ること（ただし触れないこと）を許可していただいた。

本書で使用した画像については、英国山岳会のスーザン・ヘア、王立地理学会のジェイミー・オーウェン、帝国戦争博物館のエミリー・ディーン、西フロリダ大学ヒストリック・トラストのジャクリーン・ウィルソン、科学と社会の写真図書館（サイエンス・アンド・ソサイエティ・ライブラリー）のジャスミン・ロジャーズ、アパラチア・マウンテン・クラブのベッキー・フラートン、コロン・ファウンデーション・フォー・ワイルダネスのキース・ムーア、ピットリバーズ博物館のフィリップ・グローバー、ブルックリン博物館のジェニファー・ニール、ピーク・ディスティネーション・マネジメント・カンパニーのグレー・コーエンとマリッツア・チャカカンタ、クール・アンタークティカのポール・ワード、ケネス・コー、ジャムリン・ボーテ、トム・ワード、ヒュンジュン・キム、アンジン・エザンデスに感謝する。

この古くて新しい慣わしについて、多くの人が洞察を与えてくれ、そして徒歩で移動しながら食べるためのノウハウを教えてくれた。教えてくれたのは、シエラ・クラブ事務局次長のブルース・ハミルトン、登山家のケネス・コー、トレッキングガイドのシェルパ・ゲルブ・ペンバ・チャワ、ウルトラマラソンランナーのマルコ・オルモ、ラファエレ・ブラットリ、アルベルト・タグリアブエ、食の歴史家のシルヴァノ・セルベンティ、砂漠探検家のマイケル・アッシャー、四国巡礼路に関する生き字引とでも言うべき、デイヴィッド・モートン准教授などである。

このシリーズの編集者であるケン・アルバーラには多くを負っている。かれのこのシリーズに対するビジョンと私に対する信頼がなければ、私はこの本を書き始めることはできなかっただろうし、かれの前向きな姿勢と指導がなければ、私はこの本を完成させることはできなかったと思う。また、この原稿の出版に際して、ローマン&リトルフィールド社のスザンヌ・スタザック＝シルヴァ編集長の貴重な助力を得たことに感謝したい。

最後に、私の忍耐強いパートナーであるルカに感謝したい。徒歩移動中の食事について尽きない議論を楽しみ、どんな状況でも美味しいものを食べ、大笑いする情熱を分かち合ってくれたことに感謝したい。

本を書くということは、山に登るようなものである。高く登るにつれ、山頂が見えなくなり、まだ先があるように思える。それでも、一歩一歩、足を運び、少しずつ登っていく。そして山頂に着くと、空気の薄さと絶景にめまいがする。そして、下山し、おいしいものを食べて、また登ろうと思うのだ。

はじめに

「始まりは足だった」とアメリカの文化人類学者マーヴィン・ハリスは言った。[1]

人類は意識や言語を持つ前に直立歩行していた、およそ400万年前のことである。歩くことは人間にとって基本的な動きといえる。歩くことは、私たちが幼児からの発達段階において、固形物を食べられるようになるのと同じような大きな節目である。私たちとほかの陸上生物とを大きく隔てる点は、私たちが二つの手と二つの足でもって、立ち上がり、道具と食物を作り、使い、そして運ぶというところにある。歩くことで、私たちは方々へ行き、物をほかの人へ持ち帰ることができる。

歴史的にみて、人類は社会的な地位や階級に応じた必要性に従って歩いてきた。そして、新しい土地を探検し、地球そのものを発見するために歩いた。さらに時代が下ると、人々は自らの限界を知るために歩くようになる。それは肉体的な限界か、精神的な限界か、あるいは宗教的な限界だった。食べ物は、歩くことについてまわるもっとも存在感のある同伴者であるが、それはまずもって必要性からであり、さらには慰めと楽しみのためでもある。

本書は歩きながら、立って食べる食事について記したものである。大きなもの、小さなもの、毎日食べるもの、毎週食べるもの、座らずに食べるもの、無人の地で食べるもの、軍隊で食べるもの、そして日常の歩行中に食べるものについて扱う。雪のなか、砂の上、道の上を歩く際のもの、地理的な境界や個人の限界を発見するために歩く際に食べるもの、私たちの周りにあるものを経験するために歩く際に食べるもの、そして新しい土地へ向かう際に食べるものを扱う。

私は本書の目的を、人が歩くときの食べ物がどういった意味を持つのか、そして歩く意味が食べ物のなかにどのように表現されるのか、見つめることに据えた。調査とインタビューを通して、私は共通の道筋を探し求めた。それはどこを歩くにせよ、私たちが食べるものや常に使う道具といったものについてであった。私は探検者や登山家、運動選手、巡礼者、軍人、そして歩き、食べる人なら誰かれ問わず、かれらの話を読み、かれらから話を聞いた。私がそこで理解したことは、普段用いる道具やレシピなどよりも深いものだった。広く世に知られた様々な地形でとられる食事や歩行の歴史を追いかけるなかで、私はなにを食べるかが歩行のありさまを変えること、そして歩く理由が何を食べるのかを変えてしまうことに気がついた。私は、とくに人々が環境を変えたいと思った時に、人々は行く先ざきに自らの食文化を持ち込むということを発見した。また、そうする代わりに、とくにかれらが環境に同化しようとする場合にであるが、今までいた場所の食文化を持ち帰る人がいることも見出した。なにをどのように食べるかと同様に、なぜ徒歩で移動中に食べるのか、ということも興味深い問いであることがわかった。

私たちはこの数百年の進化で初めて、日常生活でまったく歩かなくても大丈夫だと知ることになった。今日の多くの先進国で営まれているライフスタイルにおいて、歩くことの機能は変わってしまった。私たちは自らを運ぶ交通手段を発展させた。交通革命は移動中の私たちの身体と精神の使い方を変えてしまった。楽しみのために歩く、すなわち車で行くことができるがあえて歩くことを選ぶことが、みずからの社会的属性を外に向かって示す行為となった。今日では私たちの多くが、運動したいと思うときに歩き、パソコン作業用の椅子や車のシートに縛り付けられたライフスタイルを送っているにもかかわらず、歩数計がもう少し歩かなくてはならないことを思い出させる。

歩くことに生じた変化に注目すると、私たちが歩く時に着るもの、食べるもの、することのすべてにおいて、それがもつ意味がまったく変わってくることに気づかされる。同様に、歩くことを抵抗の意を表してパフォーマンスを最適化するための運動と考えるとき、ペンギンやクジラ以外に棲むもののいない無蕪《むかぶ》の地を探検するために歩くときと、地元の人が住む土地を訪ねるために歩くときとでは、食べ物が持つ意味が変わってくる。

歩くことはこの世界でもっとも曖昧模糊とした事象だと思われる。それは前人未到の場所にたどり着くなどの、なにか大きなできごとと結びつかない限りはありふれたものである。歩くことは平凡である、と同時に非凡なことでもある。それは、なぜ、どこを、そしていつ歩くのかによる。なぜならその見返りが、距離、条件、障害物、希少性によって評価されるからである。外を歩くことは、個人所有の空間ではない公共空間へアクセスすることでもある。その意味では、私たちは歩くとき、家から離れて移動しているだけでなく、個人の領域から、そして所有することから離れて歩いている。孤独に歩く人には、冒険心をくすぐられるものである。組織化された歩行者（たとえば、クラブ活動などでウォーキングする場合）にとっては、歩くことは公共空間を所有するという政治的な権限を意味する。どちらの場合にしても、食べることがそうであるように、歩くことは立場の言明であり、文化的な活動なのである。

第1章　歩行中の食事

私たちが歩いて旅をすると、避けようもなく空腹を覚えることになる。歩き続けるためには食べ物を持参するか、買うかする必要がある。食べ物（と水）の供給がどこへ行き、どのくらい遠くへ行けるのか、どのくらい滞在できるのか、そして帰ることができるのか、どうやって帰るのかを決定する。このように食べ物は不可欠な要素である。また食べ物は文化的なものでもある。なぜなら私たちはなにを持っていき、どのようにそれを準備するかという点で、決断を下すからである。どこへ、そしてどのくらい遠くへ歩くにせよ、食べ物にまつわるアイデンティティは常についてまわることになる。

外へでかける際には、便利な食べ物が欠かせない。19世紀に缶詰が発明される以前は、旅先にもっていく食べ物は、通常冬に備えて保存されているもの（たとえば、干し肉や塩漬け肉などで、軽くて直ぐに食べられ、旅の間ももつもの）だった。歩行の歴史を通して、私たちはこうした便利な食べ物を何度もみかけることになる。２０００年以上前の中国人は乾燥させた蛇の肉を旅用の食べ物として利用し、インド人は干し米とボンベイダックとして知られる干したテナガミズテング〔南アジアにおける主要な食用魚〕を携行した。山に登る時には、チベット人はヤクのバターと茶葉を練り合わせたものを竹筒に入れ、肩にかけて持っていき、休む時にこれを水に溶かして飲んだ。ペミカンはアメリカインディアンの肉の保存食だった。チャルキは南米の保存肉で、狩りのあと、屠殺した肉でつくられた。骨を抜き、脱脂した肉をスライスし、塩水につけたり、塩をすり込んだりした。その後、10〜12時間、動物の皮のなかに入れて塩分を吸収させ、汁気を抜いたあと、天日にさらして乾燥させた。チャルキはそのまま食べるか、あるいは叩いて茹でたりして食べられた。家で焼いたパンや自家製のチーズ、瓶詰肉は旅に持っていく食べ物のなかでは比較的新鮮なぜいたく品だった。アメリカ人はジョニーケークと呼ばれるトウモロコシのパンをもっていったが、この名前の由来はおそらくジャーニーケーキ（Journey cake）からであろう。[1]

遊牧民や先住民の人々は、旅人とは異なりつねに旅先にあるような状態で過ごすので、鳥を狩ったり、魚を釣ったり、果物や食べられる植物を探しあてる別の食料発見戦略を編み出す必要があった。かれらは可能なときには狩りを行い、十分な量の獲物があればそれを保存し、採集したものと合わせてやりくりした。亜寒帯以外では、ほとんどの採集者は木の実や野菜、果物、さらにはタンパク質の豊富な昆虫などを主食にしていた。動物を狩ることが難しかったからである。アンデス地方の人々はコカの葉を食し、疲労と空腹を軽減し、精神を研ぎ澄まし、高山病に対応した。同じように西アフリカの地元民は苦味と渋みのあるコーラの実を噛んでいた。コーラの実に含まれるカフェインが消化を助け、コラニンは爽快感を与えてくれる刺激物だった。インドではパーンを噛んで空腹を紛らわし、口内に麻酔をかけ、息をさわやかにした。このパーンは檳榔《びんろう》の実、ライムの粉末、カテチュ（アカシアの木片の煎じ汁から作られる渋みの強い、高タンニンの赤褐色物質を包んだもの）を詰め合わせたものである。[2] 文化人類学では食料採集を歩行採集と呼び、その名の指す通り、歩行者は足で歩いて旅をする人を意味する。オーストラリアのアボリジニーはこの歩行採集者のもっともよく知られた一例である。

農耕社会では、採集の代わりに自らが生産した穀物や動物から、さまざまな種類の食料を作って保存する。農耕社会から出かける旅人にとって、歩くあいだの糧は旅先に持っていく食べ物をさし、多くの場合は故郷から持っていくものであったが、ときには目的地にいる地元民や遊牧民から手に入れる場合もあった。歩行による旅の距離はどの程度の食料を持っていくことができるか、あるいは食料を買えるつぎの村がどこにあるかによって決まった。

ピクニックやハイキング、バックパック旅行や探検は、荷物にして持っていく食料と調理器具によって旅の形が決まってくる。どの食べ物をどの程度の量もっていくのかということが、私たちが屋内での生活の限界を超えて、どの程度まで荒野のなかで過ごすことができるのかを決める。

それではピクニックを始めるとしよう。

ダイニングルームを屋外に持ち出す

ピクニックを歩行中の食事と呼ぶのは、食べるということに重点が置かれすぎていて、歩くことの比重が少ないため、ふさわしくないのかもしれない。ピクニックは森のなか、公園、湖の畔、ビーチといった景色のいい場所を選んで、敷布の上で食事を共にする活動である。

一般に、ピクニックでは調理を必要とせず、すでに調理済みで冷やされた食べ物をもっていくことになる。というのも、ピクニック自体がほんの数時間で終わるからである。M・F・K・フィッシャーは『ピクニックの楽しみ *Pleasures of Picnics*』(1957年)のなかで「ピクニックは家からはなれた屋外で行わないといけない」もので、「ピクニックは簡単な祝宴で、食べ物は手に入る最良のものを手で食べられるような形で用意しなくてはならない」としている。[3] フィッシャーのお気に入りのピクニック用の食べ物は「線路」と呼ばれるフラット・サンドイッチだった。作り方はサワー・ドウのバゲットをそのまま割ってくり抜き、バターを塗り、スライスしたハムを詰めて布で包み、その上に平らになるまで座るというものであった。ピクニックにおけるこの単に座っているという行為が、ピクニックをすることはそれほど真剣なことではないと考えられてきた理由なのかもしれない。「ピクニックじゃない」という口語表現が、探検や軍事遠征、登山などの、より緊張した状況を表すようになっているからである。

ピクニックという言葉は、17世紀のフランス語の室内でたべるご馳走を意味するピク(刺す)―ニク(肉を)(pique-nique)という語に由来すると思われるが、それが意味するものを作り替えて屋外へと持ち出したのはイギリス人であった。別の名前と形で、外で食事をするという意味の言葉は長く存在した。たとえば、スペイン語のメリエンダやイタリア語のメレンダである。私たちが知るようにピクニックは、当初は18世紀後期の芸術のなかに登場したものであった。[4] 屋外で食べることを描いた絵画や文学は、19世紀ヴィクトリア朝のロマン主義に大きく貢献した。望

ハリファックス近郊の田舎にいるピクニック中の人々　ハリファックス、1910年ころ、ロンドン科学博物館所蔵

みさえすれば、屋外で楽しみ、余興を行い、おそらく音楽も奏でられた。そうした行為はみな、ピクニックという安易な社会規範に便乗したものであった。

　ヴィクトリア朝時代におけるピクニックには、簡潔明瞭という語彙は存在しなかった。最初期のピクニックにおける食べ物の一つにスコッチエッグがある。これは１７３０年代に生み出されたものである。名前の由来は「細かく刻んで《スコッチド》」調理された、という意味をもつ語だ。人々はこれをピクニックだけでなく馬車による長距離旅行にも持っていった。スコッチエッグはかたゆで卵をソーセージ肉で包み、パン粉をまぶして焼いたり揚げたりして作られる。スコッチエッグは、イギリスではポークパイやパスタサラダと並んで、ピクニックで好んで食べられることから、「ピクニックエッグ」とも呼ばれていた。

19世紀初頭、カスパー・ダーヴィト・フリードリッヒをはじめとする画家たちは、自然を題材にして、見る人の感情を揺さぶるような風景画を描いた。カスパー・ダーヴィト・フリードリッヒの絵にみる典型的な構図は、「雲海の上の旅人」に見られるようにスケールの大きな風景のなかに人物を設定し、その人物の視線に鑑賞者を誘導するものだった。かれの絵画は、自然が力強く爽快であること、そして人間が内省と壮大な可能性をもってそのなかに参加できることという二つのメッセージを同時に与え、自然に対するロマン主義的な思索を提示した。ロマン主義運動は、半世紀前にイギリスで始まった産業革命への反動だった。科学者が自然を合理的に理解しようとしたように、芸術もまた、19世紀前半において、自然のなかを歩くというロマン主義的な衝動に駆られたのであった。

同じ頃、文学の世界においても、イングランド北西部の湖水地方の美しさが同地の著名な作家たちにインスピレーションを与えた。ロマン派の詩人であるウィリアム・ワーズワース、サミュエル・テイラー・コールリッジ、ロバート・サウジーは、湖水詩人として知られている。シェリーやジョン・キーツといった第二世代のロマン派詩人たちも、湖水地方に魅了された。かれらの作品は、読者に湖水地方を訪れるきっかけを与え、湖水地方は孤立と孤独を象徴するようになった。バイロンは湖水地方そのものを好んだわけではないが、ほかの詩人たちと共通する、孤立、願望、社会からの逃避といった特徴をそなえていた。ワーズワースは、湖水地方を案内する散文詩『湖水地方案内 *Guide to the Lakes*』を書き、フランス、スイス、ドイツを長期にわたって旅行し、趣味としての散歩と自己発見をロマンティックに表現した。

ピクニックという言葉には、豊富な食べ物や飲み物（サンドイッチ、フィンガーフード（簡単につまんで食べられる料理の総称）、新鮮な果物、サラダ、固ゆで卵、肉類、ソフトドリンク、ワイン、シャンパン）、くつろぎ、時間や場所に制限されないこと、運動といったことがついてまわった。1908年に出版されたケネス・グレアムの児童小説『たのしい川べ』に登場する動物たちにみられるように、ピクニックはみんなのものでもあった。『たのしい川べ』は牧歌的なイギリスの自然を、登場人物たちの冒険と仲間意識で謳いあげたものである。[5]

「ちょっと待ってよ」とネズミが言った。ネズミはもやい網を船着き場の船をもやうための輪に通して、上の穴に登り、しばらくすると、太い籐のランチョン・バスケットの下によろめきながら再び姿を現した。「足元を掘って」と、ネズミはバスケットをボートに積み込みながら、モグラに向かって言った。そして絵描きと一緒になると再び艪《ろ》を取った。「なかになにがあるの」とモグラが興味深げに聞くと、「コールドチキンがなかに入ってる」とネズミは短く答えた。「コールドタンコールドハムコールドビーフコールドピクルスサラダフレンチロールクレスのサンドイッチ瓶詰肉ジンジャービールレモネードソーダ水――」「ちょっと、まって、まって」とモグラは感極まって叫んだ。「多すぎるよ」「ほんとにそう思うかい？」とネズミは真剣に尋ねた。「これは僕がちょっとした遠足にいつも持っていくもんだよ、そしてほかの動物たちはいつも僕をケチなやつだと言って、ギリギリに切り詰めすぎだろと言うんだ」

旅行者にとってのボズウェル

1773年にイングランドの作家サミュエル・ジョンソンはスコットランドを83日間旅して旅行記を書いた。

ジョンソンの旅の連れであったジェームス・ボズウェルは、旅行記ではなくサミュエル・ジョンソンその人について書き、それがのちにジョンソンの伝記となった。かれらはボート、船、馬、そして徒歩で、ハイランド地方や島々をともに旅した。かれらの旅には手つかずの大地を旅するというロマンがあった。ジョンソンは放浪への渇望を「伝染病」に喩えた。

ジョンソンは旅行記のなかで、スコットランドとイングランドの食べ物の共通点に着目し、なにを食べるのが良いのかについて考えを巡らせている。「人類がある動物を食べ、ほかの動物を食べることを拒否することに合意した原理を確定することは、たやすいことではない。そして、その原則が明らかでないため、統一した原則は存在しない。ある地域で美味なものとして選ばれたものが、近隣の地域では嫌悪の対象として忌み嫌われている」[6]。一例として、スコットランドの島々にはウナギが生息しているのだが、島の住民たちはそれを食べ物して認識していないことを指摘している。ジョンソンはさらに思索をすすめ、なぜスコットランド人が香辛料や茶を移植しないのか、という点に考察を巡らせている。アセイという地名について触れている箇所では鋭い観察眼を発揮し、ジョンソンは穀物を育てるよりは牧畜に向いているとし、狐がいないため、ノウサギやアナウサギがとれるはずだと記している。ウリニッシュについては、ジョンソンは冬の荒れた海で漁が可能であれば、魚をとることで飢えから抜け出せるはずだとも書いている。かれの記録は科学的であり、批判的であり、道徳的であった。ジョンソンは朝から酔うことなしにウイスキーのグラスをあおる男たちについて触れ、スコットランドの朝食を称賛している。「食事においては、スコットランド人は低地であれ高地であれ、私たちよりも優れていると言わざるをえない。紅茶とコーヒーはバターだけでなく、蜂蜜、砂糖漬け、マーマレードと一緒にでてくる。もし、美食家が官能的な満足を求めて旅にでるとして、どこで夕食をとれるとしても、スコットランドでの朝食を選ぶだろう」。しかし、ジョンソンは返す刀でバッサリと切って捨てる。「しかし、スコットランドの島々では、私が容易には耐えられないと思ったことをやってのける。チェシャーチーズを山盛りにした皿で食卓を汚し、そのあまりありがたくない匂いが紅茶の香りに混ざりこんでしまう」[7]。

「かれのボズウェル」は、チーズの臭いとは異なりジョンソンに感銘を与えた。その感銘の度合いは英語において、ボズウェルやボズウェリアン、ボズウェリズムなどが究極の仲間、献身的な崇拝者、伝記作家を意味する語になったほどだった。ボズウェル自身の言葉を借りるなら、旅の様子を無心で観察していると、旅人ジョンソンの食べる様子がわかるということになる。当時は、ボズウェルの書き方で伝記を書くということは、不謹慎かつ普通ではないとみなされていた[8]。

4月14日の金曜日に、すなわちグッドフライデー（カトリック教徒はグッドフライデーには獣の肉や卵、乳製品の摂取を避ける習慣があった〕にあたるため、私は習慣に従って、その朝にかれのところへ行き一緒に朝食をとった。私の見たところ、かれは厳格に断食を守り、パンを口にすることはおろか、紅茶にミルクをいれることさえしていなかった。私が思うに、牛乳は動物に由来する食べ物だからだろう。

種を蒔く保守主義者

歩いて食べるということについて言えば、ピクニックはほんの序の口にすぎない。1日以上の日程で、公園、湖、森などより遠くの自然を満喫するということになると、あるいは孤独を求める目的ということになると、ことはピクニックからハイキングへと移ることになる。便利さを後にして外へと繰り出すとなると、待ち受ける状況に甘んじて耐えるか、より綿密な準備を行う必要が生じる。自然主義者や資源保護主義者達は、自然をコントロールしようとせず、もっともシンプルな方法で自然を楽しむという考えを持っていた。

歩いて自然保護を行うということになると、アメリカで民話の主人公になったある苗木屋にとっては、それは天から与えられた使命だった。ジョニー・アップルシードのことである。ジョニーは、裸足に粗野なズボンを穿き、コーヒー豆を入れるための袋に穴を開けたものに頭と腕を通しているという恰好で、行く先々にリンゴの種を蒔くという描かれ方をされた。かれの話はある種の神話となり、かれが実在のジョン・チャップマンという人物であったことさえほとんど忘れ去られるほどであった。ジョニーは19世紀はじめの荒野を体現する存在だった。かれは馬の背に一杯に積んだ革袋にリンゴの種を入れ、ペンシルヴァニア、オハイオ、インディアナといった（当時西部として認識されていた）地域を旅し、リンゴの種を蒔きつつ、苗床を作っていった。かれは接ぎ木（ある植物の組織を別の植物のなかに挿入し、より耐性のある、より収益性の高い品種を作ること）に反対していたので、ジャーナリストのマイケル・ポーランはジョニーのリンゴは食べられないものであったが、サイダーを作るには適しており、ジョニーは農家がもつ「アメリカのディオニュソス」としての精神を育んだと主張している。[9] 巡礼者のような控えめな存在感に加えて、ジョニーはキリスト教の宣教者だった。かれは種を蒔いた先でその代金を受け取ることはなかったが、その代わりにブリキの鍋などを古着や帽子の代わりに受け取った。かれは訪れた家々で、テーブルにつくことなく、屋外でパンとボウルに入れた牛乳を飲んだ。法律家で文筆家でもあったジョン・ハウ・ジェームスはジョニーについて1862年にこう書いている。「食べ物の扱いについてかれはとても禁欲的で、かれについて教えてくれた人の一人は、かれは菜食主義だったと思うと言っている」[10]。チャップマンの食事は、かれの持っていた原始キリスト教のイメージを反映するものであった。チャップマンはハチミツ、ベリー類、果物、トウモロコシをすりつぶしたもの、牛乳などを口にしていたが、これは洗礼者ヨハネがいなごと野蜜を食べ物にしていたということを思い起こさせる。

ある逸話によると、ある説教師がマンスフィールドの広場で説教をしていた折に、「裸足で天国まで旅をするものはどこにいる」と叫んだところ、ジョニーはかれの両足を宙に投げ出して「ここにいるぞ」と叫んだといわれている。[11]

ジョニー・アップルシードは、1845年に死ぬまで種を蒔き続けた。ジョニーはアメリカにおける園芸の守護聖人となり、死後の1871年にかれのロマンティックな人生を描いた作品が出版されて以降、文学作品や詩、歌のなかで愛される人物となった。[12]

この時代にもう一人、粗食に甘んじて歩き続けたアメリカの自然主義者がいる。自然保護の擁護者として知られるようになっていたジョン・ミューアである。

ジョン・ミューア――ある男の荒野における孤独の探求

ヨセミテの奥深い山野を一人で、「ブリキのカップとわずかな紅茶、一斤のパン、エマソンの本を持って」[13]歩くほどに、ジョン・ミューアは自然の壮大さに魅了されて、また、食料を必要とする私たちの生存の限界に目を見張った。ミューアの日記と1869年にシエラ〔カリフォルニア州のシエラネバダ山脈〕に滞在したおりのスケッチを基にした回顧録である『はじめてのシエラの夏』〔岡島成行訳／宝島社／1993年〕のなかで、かれはこう綴っている。

パンを食べなくなって数日たつが、理性的とは思えないほどパンが恋しくなってきた。肉も砂糖も紅茶もたっぷりあるのにだ。これほど豊かな大自然のなかで、食べ物に不自由を感じるのは不思議なことだ。インディアンは我々に恥ずかしさを覚えさせる、リスも同じく。根菜類、種子類、箱物など豊富にあるのに、食事がうまくいかないと体のバランスが崩れ、せっかくの楽しみが台無しになる。[14]

ミューアはマーセド川とトロムネ川の源流にあるサン・ホアキンの羊の群れを見張るために雇われていた。かれは6月から9月まで、山野のなかで過ごした。かれは日記のなかで、山中の動植物の様子や、ヨセミテへ行ったこと、山に登ったことなどを書いている。ミューアは、私たちが必要とするものが、いかに私たちを自然から遠ざけているか分析し、考察した。「人間は、食べ物で体を汚す唯一の動物であり、そのため洗濯や盾のようなビブスやナプキンが必要なようだ」と日記に記している。[15]

ミューアは、羊飼いや山男はなにを食べても満足していると称賛している。ミューアはかれらの食べ物を美味珍味とよばれる「豆、パン、ベーコン、マトン、干し桃と、時にはジャガイモと玉ねぎ」といったものからかけ離れたものとして描いている。ジャガイモと玉ねぎは「その重さからえられる栄養からするとぜいたく品」ということになる。しかし、豆については、ミューアが言うには、持ち運びやすく、健全で、遠くへ持っていけるものということになる。ミューアはインディアン〔ネイティブ・アメリカン〕について、食べ物が不足したときにはベリー類、根っこ、鳥の卵、バッタ、蟻、蜂、マルハナバチの幼虫のように、なんでも食べて生きるという点で称賛している。

ジョン・ミューアは1880年、41歳の時に結婚し、妻のルイ・ワンダ・ストレンツェルと一緒に果樹園の世話をした。かれの伝記のなかで、ミラーとモリソンが説明するところによるとミューアはそのスパルタ的な貧しい食事にもかかわらず、外でのトレッキングの際には大食漢だったという。かれの友人であったウィリアム・キースはミューアがオートミール、クラッカー、紅茶、砂糖を、もっとも未開の地ともいうべき場所に数週間滞在したときに平らげたことに驚いている。キースはミューアが文明的な舌をもち、アメリカとヨーロッパの食べ物に興味をもっていると書いている。そして、ミューアはトレッキングのあいだ、食べ物がほとんどなくても生き残るだろう、なぜなら文明の粋を集めたレストランに戻ると、数週間も食べ続けて食い溜めできるからだ、と続けた。[16] これは、私たちのなかに何層もの食文化が横たわり、食べる場所や理由によって、さまざまな態度を示していることを表しているといえるのではないだろうか。

ミューアは、かれの本当の故郷は荒野にあると強調した。「家とは私が訪れたことのある場所のなかでもっとも危険なところだ」とかれは言う。「山のなかでテントや毛布なしに野営していると、とても調子がいい。ところが家に入って、温かいベッドや素晴らしい食事に囲まれて、なにかを書こうと思うと、咳とくしゃみがはじまり、肺炎に悩まされ、まったく惨めな状態になってしまう。野外が人間にとって自然な場所なのだ」[17]。そして最後に、シエラの自然主義者である「山の男ジョン」を、野外で楽しむ孤独から引き離してしまうのは肺炎なのだとしている。「もしできることなら、よろこんで、壮大な独立のために、どんなに傾斜が酷くても松脂や松のつぼみの上で暮らしたい」という程に、ミューアはいつでも病院のベッドよりは森で寝ることを好んだ。[18]

1892年にジョン・ミューアはシエラ・クラブを設立し、自身の名と遺産をジョン・ミューア・トレイルと自然保護の歴史に残した。

ハイキングにおける食べ物の供給と補充

ジョン・ミューア・トレイルはアメリカの西海岸を走るパシフィック・クレスト・トレイルの一部で、そのほとんどが手つかずの自然あふれる土地を貫く、バックパック・トレッキングにとってもっとも人気のあるトレッキングコースの一つである。毎年千人を超えるハイカーが踏破におよそ3週間かかる215マイルを超える道を訪れる。もうひとつのより長いハイキング・トレイルが全長2168・1マイルにおよぶアパラチアン・トレイルで、この道を目指すハイカーの80%以上が踏破できずにリタイアするという険しい道のりである。踏破する人の多くは、何年もかけて細かく分けて歩く者もいれば、一度のチャレンジで踏破する者もいる。一回で踏破したものは「スルーハイカー」と呼ばれる。スルーハイカーになることは忍耐力、決意、規律、そして優れた計画をもっていることを意味する。優れた計画は当然のことながら、徹底した食料計画を意味する。

アパラチアン・トレイルにおける食料計画には、日用品と物資を整理し詰めて、ハイキング中の補給ポイントに発送することも含まれる。量や種類について計画し、調理や後片付けが簡単な食材を選ぶことがポイントになる。ほとんどのハイカーは、脱水加工した夕食を密封が可能なプラスチック製フリーザーバッグに詰める。この袋に熱湯を注ぎ、水分を十分に含むのを待ち、袋にいれたままで食べる。ピザやビールのような贅沢で手に入らない食べ物を夢見ながら、体の温まる水を再び含んだ食事をしっかりと楽しみ、大自然のなかで自分のことは自分でできること自体が報酬なのだという、簡素な考え方に浸る。

朝食に人気のメニューはオートミールかトウモロコシのひき割り、脱脂粉乳、そして朝食用のシリアルである。よくある昼食はクラッカーにチーズ、あるいはツナ缶にトルティーヤかピタパンといったものになる。夕食は、沸騰したお湯をできるだけ早く食事に変身させるという考え方になる。

ハイカーのなかにはフリーズドライの食事を持っていく者もいれば、調理済みの食事や脱水した食事を自分で用意する者もおり、毎晩スープやラーメンなどのインスタント食品を食べるだけの者もいる。しかし、これは長い目で見れば、食べ物への飽きと味の変化というものにやけをおこすことを意味する。

これほどの長期間にわたる食料計画を立てる上での、最大の難点は重量にある。食べ物、食べ物の包装、水を沸かし料理するための燃料などを持ち運ぶ必要がある。こうした理由から、ハイカーたちは一つの容器で料理できる食事と大量のエナジーバーを準備する。これが単調さを増大させる。ハイカーたちは雑貨類や旅の必需品を道沿いの町で購入するが、その機会は限られている。スルーハイカーの多くは、道沿いにある、あらかじめ立ち寄ると決めた街に自身宛ての小包を送るための郵便受けを作っておく。こうした小包には平均すると1週間分の食料と必要品が入っており、次の補給が受けられる町まで耐えられる計算になっている。小包は町や、時にはトレイルの出発地に送り届けられ、そうした場所では、今やいらない食品を他のハイカーの為に無償で提供するための箱を目にすることもまれではない。というのも、ハイカーたちは自分たちが持ってきた食べ物に飽きてしまい、同じものがはいった補給の小包、たとえばまた同じグラノーラバーの朝食の7日間分といったものを欲しがらないという事態が起こるのである。決まりきった食事から抜け出すためにハイカーたちは補給品を交換する。このような食料計画、補給、ハイカーの情報・食料の交換体制が、スルーハイカーの間にある種の食文化を作り出している。オンライン・フォーラムやブログのなかには、ハイカーたちが自分の食料を脱水するためのレシピや、食料のパッキング、分量、保存に関するヒントを交換しているところが多くある。食べ物は単なる生活必需品といった範囲にとどまるものではない。それはスルーハイカーの多くにとって、自らのアイデンティティを表現し、洗練されたセンスや計画性、効率性をアピールする場として、トレイルにおける体験の重要な部分を占めている。

包装もまた重要で、重量が問題になるだけでなく、廃棄物になるという側面もある。トレイルが多くの人に利用されるようになると、「痕跡を残さない」ことがすべてのハイカーが守るべき哲学になる。「人は持ち運ぶもののライフサイクル全体について、必ずしも計画的に考えているわけではない」とシエラ・クラブの上級理事のブルース・ハミルトンはいう。「ゴミを持ち帰る義務があると、過包装の重量を意識して持ち運ぶようになります」

バックパッカーの旅におけるコツとして、ハミルトンはパスタやご飯に混ぜやすいように、自分で脱水した食事や脱水したソースやサルサを用意している。トレイルでの道中を快適にするために、ハイカーはそれぞれ違った工夫をする。「私は小さなフラスコにウイスキーを入れて持っていきます」とハミルトンは言う。「それを氷河の水と混ぜるんです」

ハイカーたちは道中で食べるためのたくさんのスナックを用意する。ナッツとドライフルーツを齧るのがハイカー達の典型的な楽しみになっている。この事実は、トレイルミックスという名前について、さらに調べなくてはならないという気持ちにさせる。

トレイルミックスはハイカー達にとって理想的なスナックということになっている。というのも、軽く、保存しやすく、栄養に富み、ドライフルーツやグラノーラに含まれる炭水化物のおかげで素早くエネルギー補給ができ、さらにはナッツ類に含まれる一価不飽和脂肪酸と多価不飽和脂肪酸が、持続的なエネルギー源となるからである。トレイルミックスがトレイルミックスと呼ばれる以前は、多くの遊牧民が独自にアレンジしたスナックを持っていた。木の実や種子を集めながら、乾燥肉などの高カロリー食品と混ぜて食べており、これがトレイルや野生での保存とスナックにおける基本線だった。たとえば、ペミカンはネイティブ・アメリカンが作った最初のトレイルミックスの一つである。

仕込み方はまったく違うが、「アパラチアン・トレイルミックス」の初期バージョンについて、1975年の『アパラチアン・トレイルを歩く *Hiking the Appalachian Trail*』に記載されている。この本のレシピには、米、大麦、レンズ豆を混ぜて、たっぷり1時間煮るようにと書かれている。

「嬉しい結果」のために、このレシピではスパム缶の半分と混ぜることを推奨している。[19] 今日のトレイルミックスといえば、ナッツやドライフルーツを使った甘いものばかりで、この香ばしい調合が時代の試練を乗り越えられなかったことは明らかである。

「オリジナル・トレイルミックス」という名称は、ハドレー・フルーツ・オーチャーズ社が1968年に初めてアメリカで商標登録して使用したと主張し、1977年に商品化されたものである。この商標では、トレイルミックスをこう表現している。「レーズン、加工ひまわりの種、加工かぼちゃの種、加工ピーナッツ、加工カシューナッツ、加工アーモンド、大豆油か綿実油、あるいはキャノーラ油かアーモンド油を含み、塩を加えたスナック食品ミックス」[20]。こうして1977年に商業的に使用されるようになったわけだが、それ以前からトレイルミックスという言葉は様々な出版物で使用されていた。

トレイルミックスの別称としてゴープというものがある。『アメリカン・フード&ドリンク百科事典 *The Encyclopedia of American Food and Drink*』では、ゴープを次のように定義している。「ゴープは「ドライフルーツ、種子、ナッツ、チョコレートチップを混ぜたもので、アスリート、とくにハイカーや登山家のための高エネルギー食品として、1968年以来、出版物のなかではそうしたものを指すようになっている」[21]。ゴープ（Gorp）は、「昔ながらのレーズンやピーナッツ（good old raisins and peanuts）」の略とされている。あるいは「グラノーラ（granola）、オーツ（oats）、レーズン（raisins）、ピーナッツ（peanuts）」の略とも読める。『オックスフォード英語辞典』では、1913年に動詞'gawp up'を参照して'gorp'が「貪欲に食べること」を指す可能性について指摘している。[22]

カナダでは、トレイルミックスはピンクバギーと呼ばれるが、その由来は、カイルハンコックのフランチャイズが作るチョコレート粒ミックスのブランドにある。というのも、スマーティーと呼ばれる粒チョコレートのうち、ピンク色の粒だけを使っているからである。

ニュージーランドやオーストラリアでは、スクロージン（scroggin）という名前で知られている。これは、サルタナ（sultanas）、チョコレート（chocolate）、レーズン（raisins）オレンジピール（orange peel）、ショウガ（ginger）、グルコース（glucose）〔砂糖〕、即興（improvisation）または想像力（imagination）とナッツ（nuts）の8つの材料の頭文字を取ったものであろう（即興と想像力とは、要はシェフが追加する好きな食材のこと）。スクロージンは、オーストラリアのブッシュウォーカー（ブッシュウォーカーについては本書で後述する）にスナックとして食べられていた。ニュージーランドとオーストラリアの間では、どちらが先にこの言葉を使ったかという争いが続いており、オーストラリア側は１９８０年代初頭からこの言葉を使ったと主張しているが、ニュージーランド側には１９４０年からこの言葉を使ったという証拠が残っている。[23]

スクロージンを作るのは、普通のトレイルミックスとは違うので難しいかもしれない。以下に、甘味一杯のトレイル・スイーツのレシピを紹介する。[24]

スクロージン　4カップ分

サルタナ…½カップ
チョコレートチップ…½カップ
レーズン…½カップ
オレンジピール…½カップ
乾燥ショウガ…½カップ
焙煎無塩せきナッツ…½カップ
液状ブドウ糖…½カップ
その他の種子やドライフルーツ…½カップ

1．すべての材料を混ぜ合わせる。
2．その他、好みの食材を少量ずつ加える。

キャンプ場における伝統

キャンプの最初の手引書のひとつは、北軍の歩兵だったジョン・M・グールドが書いたもの

ニューハンプシャー州ノースチャタムにあるアパラチアン・マウンテン・クラブのコールドリバー・キャンプでキャンプ中の一行。1930年代。アパラチアン・マウンテン・クラブ所蔵。

である。兵士だったかれは、キャンプのことを知り尽くしていた。かれは、自分の知っていることをすべて本に書き留め、そこにはキャンプをどう行うか、なにを着ていくか、なにをどう食べるか、といった実用的なヒントが書かれていた。グールドはまず、「野外では食欲が旺盛で、自分で食事を作るのが楽しくて、なにを作ってもおいしいと感じる」と書き始める。キャンプ料理での必需品は、フライパンとコーヒーポットで、「たとえ背中に背負ってでも」持っていくべきという。[25] グールドは他に先駆けて、人々がハイキングやキャンプを楽しむ時代を予見していた。

実際、最初のレクリエーションのためのキャンプは1860年代のザ・フレデリック・ガン・スクールに始まり、19世紀後半にはキリスト教女子青年会、キリスト教青年会などが続いて実施した。20世紀初頭には、ボーイズクラブ、ボーイスカウト、ガールスカウトがキャンプを実施した。1930年代には、国立公園局がレクリエーションエリアやキャンプ場を整備し、キャンプの人気を飛躍的に高めた。しかし、多くの人にとってキャンプとは、クラブや団体の枠内で、かつ決められた場所で行うものだった。

グールドは、軍隊時代に鉄鍋に入れた肉を一晩中灰の下で焼くと、どんなに硬い肉でも柔らかくなった経験を語った。かれの本には、ベイクドビーンズのレシピも載っている。

豆はまず、外皮にひびが入るまで1~2回、水で茹でる。豆を焼き鍋に入れ、塩豚を1ポンドと乾燥豆を1クォート半の割合で豆のすぐ下に置く。豚肉の皮は、焼いた後に切りやすくするために、切れ目を入れる。豚肉が赤身でない場合、糖蜜を大さじ2~3杯と塩を少々入れる。そして豆が浸る程度の水を加える。

3フィート以上の深さの穴を地面に掘り、十分な火力で1時間加熱する。そして、炭をかき出し、鍋を穴に入れ、すぐに炭を埋め返し、乾いた土で全体を覆って埋める。この状態のまま一晩焼く。[26]

ガールスカウトも、持って行く食べ物と、持ってきた材料のおすすめの調理法をいくつも紹介し、『ガールスカウトのトレイル踏破体験 *Tramping and Trailing with the Girl Scouts*』という冊子にまとめている。疾走するモルモット、斑の犬、リングタムディディなど、興味をそそる名前のレシピが多いが、あるシンプルなレシピ、「サムモア（some more）」というものが目を引く。「サムモア」はマシュマロとチョコレートバーを2枚のグラハムクラッカーで挟んだデザートである。[27]これはクッキーを使った簡単な料理で、アメリカやカナダで瞬く間に人気を博し、「スモア」というキャンプファイヤーの象徴的な食べ物になった。

つぎのレシピは、ガールスカウトの仲間たちが柔らかい芝生を踏みしめ、香ばしい薪の火を嗅ぎながら、明るく楽しい気分で過ごしたことを示している。

サムモア　サンドイッチ8個分

グラハムクラッカー…16個
板チョコ…8枚
マシュマロ…16個

1. マシュマロ2個を炭火で、外側がカリッとして、内側は柔らかいままの状態に焼く。
2. 1をグラハムクラッカーのなかに入れ、真んなかにチョコレートを挟んでサンドイッチにする。

3．マシュマロの熱でチョコレートが少し溶けるまで待ってから、さあ召し上がれ。
ガールスカウトには1つで十分、と言われているがもう少し（some more／サムモア）欲しいかもしれない。[28]

1900年代初頭、ハイキングとキャンプが同じ野外での活動になったとき、バックパッキングという新しい言葉が生まれた。バックパッカーは夜間は野外で寝泊まりし、バックパックに入れたものを使うのが基本だった。

米国におけるバックパッカーの正式な歴史は、1920年にロイド・F・ネルソンがキャンプ用バックパックを発明したことに始まる。ネルソンは、リュックサックに構造性を持たせ、長時間の携帯を可能にするため、剛性の高い「パックボード」を開発した。それ以前は、陸軍兵士もハイカーも、リュックサックという肩紐のついた、ゆったりとした袋を使っていた。二度の世界大戦を経て、人々は楽しむことだけを目的に自然のなかに入っていくようになった。1965年にリンドン・ジョンソン大統領が提唱したアメリカのナショナル・シーニック・トレイル法によって、トレイルはより身近なものになった。1960年代末、ナショナル・トレイル・システムが誕生すると、トレッキングへの関心は一気に高まった。ナショナル・トレイル・システムの一環として、トレイル沿いにバックパッカーが寝泊まりし、のちには食事ができる小屋も建設された。

現在では、バックパッカーはキャンプをすることもできるが、山小屋に泊まることもできる。山小屋のメニューはほぼ統一されており、春には乾物の多くをヘリコプターで空輸し、山小屋のスタッフが運ぶ生鮮食料品の量は、その日の予約状況や宿泊者数の増減をある程度予測して計画される。アルプスの山小屋への食料の供給も似たようなものだが、必ずしも同じというわけではない。

19世紀、アルプスの山小屋は「本格的な」山岳探検のために用意されたものだった。差し掛け小屋か避難小屋、コンロやテーブルのある構造物など、簡単なものがほとんどだった。そうした小屋は様々な山岳クラブが所有し、運営されていた。やがて、小屋に台所ができたり、部屋が区切られたりするようになった。都会の生活から逃れ、田舎のコテージのような設備が整っていることから、登山家だけでなく、観光客にとっても魅力的な存在になり始めた。第一次世界大戦前は、アルプスの山小屋は誰でも利用でき、限られた食料と原始的な宿泊施設を提供していた。観光客が増えるにつれ、メニューは増え、酒が飲めるようになり、個室も借りられるようになった。第一次世界大戦後、山岳クラブの新しい方針として、非登山者に高い料金を課すことで人数を制限しようとした。その後建設された新しい山小屋は、よりスパルタ的なものになり、寝るのは共同部屋のマットレスで、小屋での体験は再び原始的になっていった。しかし、後戻りできないのは、どんな料理を出すのかということである。パスタ、ポレンタ、チーズ、地元のコールドカット、ソーセージなどをベースにした典型的な山岳料理の食事は、ビールやワインとともに栄養のあるメニューとして残された。現在、アルプスには数千の山小屋があり、難易度の高い山登りも日帰りで楽しむことができ、そのスピードとシンプルさでこうした登山スタイルが支持されている。山小屋の飲食物は、ヘリコプターで運ばれたり、山小屋のオーナーがトレッキングで登って届けたりすることが多いので、非常に値が張る。

キャンプ用のコンロや食料、調理器具を持ち運ぶという概念が過去のものとなったので、高山での食事は食べなれたものや快楽を目的とするものになった。山小屋での食事は、エナジーバーやナッツ、チョコレート、山のチーズ、あるいは高地での食事に慣れており食欲があるのならなんでも、という具合になった。次章では小屋や補給地点の存在しない未踏の地を歩く際の定めについてみることにしよう。

第2章　新大陸を歩く

新大陸で道なき道を歩き始めたとき、本当の冒険が始まり、同様に飢えと苦しみの物語が始まった。英雄的な歩みは、とくに後から考えると、挑戦している間に死んでしまう可能性まで含んでいた。

南部アメリカを歩く

1539年5月下旬、エルナンド・デ・ソトは、兵員、召使い、スタッフ合わせて600人、馬200頭、犬の群れを連れて、現在のアメリカ南東部フロリダ州の西海岸に上陸した。かれは、新大陸の探検と開拓のためにスペイン国王から派遣されたのである。王は、かれにスペインの植民地を作らせようと思っていた。デ・ソトは植民地を建設するのではなく、以前、ペルー探検の際に行ったように、先住民の住む豊かな王国を見つけようとした。それからの4年間で、かれらは4000マイル以上もの距離を旅することになる。

最初の春までに、もってきた物資はほとんど尽きてしまった。デ・ソトは出会った先住民を不当に扱い、奴隷にし、貴重品や食料をすべて取り上げた。しかし、1540年10月、インディアンの連合軍が現在のアラバマ州でスペイン軍を攻撃し、形勢は逆転した。デ・ソト側のインディアン全員とデ・ソトの部下20人が殺され、スペイン兵数百人が負傷した。この時点でかれには、南へ進軍して湾岸沿いで艦隊と合流するという選択肢もあった。しかし、デ・ソトはそうせずにアメリカ大陸の富を求めて北西に進み続けた。1541年5月、かれの軍隊はミシシッピ河に達し、川を越えた。恐らくは初めてミシシッピ河を渡ったヨーロッパ人だったといえる。そこから、かれらはアーカンソーとルイジアナを旅したが、依然として労苦に見合うだけの収穫はえられずにいた。ミシシッピ川に再び帰り着いたときに、デ・ソトはその岸辺で熱病に倒れ、1543年の5月21日に亡くなった。スペイン軍はこの時点でルイス・デ・モスコソの指揮下に入り、再び西へと進み、ミシシッピ川に帰りつく前に北テキサスに足を踏み入れた。

デ・ソトとかれの部下たちは、かれらが求めた金や銀を見つけることができず、現在のジョージア州で真珠を手に入れただけだった。とはいえ、かれらの遠征は交易という観点からすると非常に重要なものだった。一行がスペインからもちこんだ多くのものは当時の北米大陸には存在していなかったものだったからである。馬、犬、そして豚は、ヨーロッパの病気とともに、新大陸にはないものだった。こうしたものと引き換えに、かれらは新大陸で見たことのない新しい植物を見つけることになった。スペイン人たちは食料が尽きると、見つけたり、捕獲したり、盗んだりしたものを食べ始めた。

黄金を求める競争は、食べ物を求める競争に変わった。かれらの旅の地図は複雑で、どの部族を見つけるか、そして見つけた部族がより多くの食料と物資がどこにあると教えるかで、かれらのつぎに向かう場所は変わった。一行の旅行記録をみると、かれらがなにを食べ、なにが食べられると学んだのかが分かる。たとえば、「焼いた根っこや塩を入れて煮た根っこ」といったもので、これらはおそらくオモダカか、アメリカンロータスの根っこだったと思われる。1539年の7月にはかれらはキャベツヤシを発見し、その芯を食べている。かれらはヤングコーンの茎や軸付きトウモロコシも食べている。インディアンだけが調理法を知っているクーンティ（coontiザミア・フロリダーナとも呼ばれる）という食材もあった。スペイン人の一人が生のままクーンティを食べたところ、その男は死んでしまった。8月にかれらが北に向かって進んでいた時、インディアンが栽培している豆を手に入れた。手のひら2枚分の高さしかない木についている栗の実を食べ、トウモロコシ、インゲン豆、プラム、カボチャ（ヨーロッパのものより香ばしい）なども食べた。また、穀物としてアワも採取して食べたが、デンプン質の主食はトウモロコシで、皮ごと焼いたり、軸ごと茹でたり、叩いて粥にしたり、豆と煮てフリホーレスにしたりした。かれらはササフラス（ルートビアの主材料になる）と呼ばれる木の葉から作られる飲み物も飲んだ。次の春までには、マルベリー、ストロベリー、ブラックベリー、リトルロマンスまで見つけた。彼らは道端に生える無数のバラを楽しんだ。現在の東テネシーに入ると、かれらは乳と蜜の流れる土地にたどり着いた。そこにはヒッコリーナッツミルク、ハチミツ、ヒョウタンがあった。またヒッコリーナッツと熊の脂肪から食用油を作った。ふたたび南下すると、ブドウを発見した。

1540年の冬、現在のミシシッピ州には、小粒で酸っぱいプラム、野生のサツマイモ、そしてヒマワリの種、ドングリ、クルミがあった。翌年の秋には、塩、エルサレム・アーティチョーク、柿を発見した。[1]

二度目にミシシッピ川に到達したスペイン人達は、当初の探検隊員の半分近くが死んだ後、筏を作り、川を下って海まで行き、テキサス沿岸をヌエバ・エスパーニャまで進み、1543年末にようやくメキシコのベラクルスに到達した。すべてにおいて、スペイン人達は、ほとんどベジタリアンともいうべき初期のアメリカでの食生活を体験していた。

ドナー一行

アメリカ西部への移民が盛んだった1846年、子供や召使いを連れた2家族、総勢32人が、キャラバンと大きな希望を胸にオハイオ州スプリングフィールドを後にした。距離は2500マイル、4カ月かかるという。その時期に、7000台の荷馬車が同じ目標に向かって出発した。しかし、ジョージ・ドナーやジェームズ・F・リードなど一部の家族だけは、ランスフォード・ヘイスティングスの『オレゴンとカリフォルニアへの移民ガイド *The Emigrant's Guide to Oregon and California*』という本に従って出発した。ヘイスティングスの本は、カリフォルニアを第二のエデンとして描いただけでなく、キャラバンが辿るべき道筋を示しており、これによって旅の時間が短縮され、一行は確実に冬前にカリフォルニアに到着できるはずであった。

しかし、ヘイスティングスが馬車で旅をしていたわけではなかったことは、この一行が知るところではなかった。かれらの話は、アメリカの移民史上、もっとも奇妙な悲劇のひとつになる。

かれらの旅は、パンに使う小麦粉、肉、水など、たくさんのものを携えて始まった。一人当たり150ポンドの小麦粉と75ポンドの肉を持っていった。米や豆、コーンミールもあり、バターやミルクを作るための牛もいた。早い時期に別の荷馬車の一団と合流し、途中から他の家族も何組か合流した。ヘイスティングスの切り通しと呼ばれる場所に近づくにつれ、一行は87名となった。やがて地形は険しくなり、途中の水は汚く、牛の餌となる青草も見つからなくなった。かれらは、動物の負担を軽くするために徒歩で移動し続けた。このルートは想定以上に時間がかかり、難しく、大所帯になった一行には緊張が走った。10月にはリードが一行の内一人を喧嘩で殺したため、かれは罰として追放された。11月になると、開拓者たちはシエラネバダ山脈にたどり着いたが、山中の高所で雪に閉ざされてしまった。一行は、前年の開拓者のキャビンを見つけて落ち着いた。食料が尽きると、牛の死骸を食べたが、それも長くは続かなかった。絶望は募り、生活は惨めなものになった。やがて、屋根や冬の敷物として使っていた牛皮を煮て作ったゼリーを食べるようになった。また、牛や馬の骨を煮てスープを作った。[2]

一行は小さなグループに分かれて、徒歩での山越えを試みたが、ほとんどが失敗した。引き返したり、道に迷ったり、あるいは死んでしまったりした。生存者のなかには、ネイティブ・アメリカンのミウォック族の宿営地に偶然たどり着いた者もいた。ミウォック族はかれらにドングリや草、松の実などを与えて食べさせた。小屋に戻っても、食べられるものといえばネズミくらいしかない。この期に及んで、物議を醸す事態が発生した。一行が後になっても認めようとはしない事態が発生したのだ。かれらは死んだ人の肉を食べ始めたのである。

カリフォルニアからの救援が一行の下に到着したのは翌年の2月のことだった。宿営地で救援隊が人肉を食べたことを確認したのは、だらしのない格好をした、ルイス・キースバーグという男によってであった。他の生存者が人肉食をあくまで否定したのに対して、キースバーグは飢え死にの危機に直面して、人肉を口にしたことを認めた。「食料が底を尽きたあとで、人肉を口にするまでに4日間もかかった。他に道はなかった。そうするか、死ぬかだった。……最初に人肉を口にした時の口にできない嫌悪感については言い表すことなどできない」[3]

4カ月に渡り冬山に閉じ込められ、生きるための戦いを終えた時には39人が息絶えていた。この後、数年にわたりアメリカ西部への移住はその数を減らすが、それは悲劇的な結果に終わったドナー一行のせいというわけではなく、おもに米墨戦争のせいだった。とはいえ、ドナー一行の話は人間であることの条件と食料の境目を表すものになった。今となってはカリフォルニアのドナー湖で人肉食が行われたことは、長く受け入れられてきた事実になっているが、ドナー家の子孫は、一家が湖を後にしてカリフォルニアの沃土で新しい生活を始める前に人肉を食べたことを否定している。[4]

ナルドゥ：植物からの恵みと危険

1788年に最初の植民船団に随行した海軍外科医ジョージ・ブチエ・ウォーガンは、探検のためにオーストラリアの荒野に入った最初の入植者である。かれは植民地化の最初期の日記をつけている。ウォーガンはその体験を、イギリスにいる弟のディックに手紙で書き送った。歴史学者のメリッサ・ハーパーは、ウォーガンの目的は、オーストラリアに来たすべてのイギリス人と同様に入植のために生産的で肥沃な土地を探すことだったので、レジャーではなく仕事のためではあったのだが、ウォーガンこそがレジャーのために歩く文化的な遺産を持ち込んだのだと主張した。[5] 1780年代に入ると、お金がないから歩くという目的から、風景にロマンを見出すようになり、歩くことがリラクゼーションの手段になっていた。歩くことは、思考、観察、内省、哲学の時間になったのである。

歩くことの目的がレジャーではなく大陸横断のためということになると、食料を探すために歩いていたのが、歩くために食料を持参するようになった。オーストラリアには人間を乗せることのできる動物がいなかったため、植民地化のためには入植者がブッシュのなかを歩くことが必要だった。1838年、初期の植民船団とともに島に上陸した馬はわずか6頭だった。探検家がラクダを使うようになったのは、1846年のことである。歩くことがおもな交通手段であり、発見の手段であった。徒歩での探検となると、荒野で持ち運べる物資の量はかなり制限された。

イギリス人がオーストラリアに来るずっと前から、アボリジニーは生活のために徒歩でオーストラリアを横断し、足跡をつけ、季節に応じて食べ物がある場所に行っていた。また、アボリジニーは10代のころに通過儀礼として徒歩旅行を行った。大地を歩いて生き延び、自給自足を学びながら大人になっていったのである。

希望に満ち溢れ、経験不足のまま徒歩でこの地に入った植民地時代の人々とは異なり、アボリジニーたちは植物を見分け、採集し、適切な方法で調理することができた。

19世紀半ば、オーストラリアの内陸部はまったくの空白地帯で、これから地図を描き上げるための空虚な空間だった。ゴールドラッシュのあと、ニューサウスウェールズのヴィクトリアはオーストラリアでもっとも豊かな植民地になった。かれらは、オーストラリア大陸を南から北へ縦断するといった投資の対象となるプロジェクトを探していた。ヴィクトリア王立協会の支援を受け、アイルランド人のロバート・オハラ・バーク（オーストラリア陸軍大尉で、移住後はヴィクトリア州警察の警部を務めた）が19人の隊員を率いてメルボルンを出発し、大陸を南から北へ縦断する最初の人間となることを目指して旅に出た。出発は1860年の8月だった。かれらは2000マイル（約3250キロメートル）の距離を調査して、鉄道のルートを探したり、発明されたばかりの電信線をジャワ島経由でヨーロッパにつなげるルートを探したりすることになっていた。当初、インドから輸入したラクダの世話をするために来豪したG・J・ランデルズが副官を務めていた。旅立ってまもなく、バークとランデルズは喧嘩をし、その後ランデルズは辞職してメルボルンに戻った。そして、バークによってウィリアム・ジョン・ウィルス（測量士）が副官に指名され、周辺の土地勘があると思われるウィリアム・ライトが指名されたが、これも不運な人選であった。その隣りには、芸術家、博物学者、地質学者であるヘルマン・ベックラー博士と10人の助手、そして3人のラクダ使いがいた。[6] かれらが経験したことは、オーストラリアの内陸奥地の伝説となっている。

かれらは26頭のラクダ、23頭の馬、6台の荷馬車とともに、冬のメルボルンを出発した。遠征委員会は、途中で屠殺する牛の代わりに、干し肉を持っていくことにした。ほかにペミカン、塩漬け豚肉、ベーコン、ビスケットに肉を詰めたもの、鍋肉、マトン、野菜、小麦粉、米、砂糖、塩、コショウ、茶、コーヒー、チョコレート、ギー、バター、キャプテンズ・ビスケット（堅焼きビスケット）、ライムジュース、酢、マスタード、ショウガ、乾燥リンゴ、レーズン、カシス、デーツなどが含まれていた。[7]

悪天候とこの重量増のため、進行は遅々として進まなかった。一行はダーリング川のメニンディーに到着し、そこでライトも合流した。ここでバークは、より早く前進するために一行を分割することを決め、１８６０年10月19日、ウィルズと6人の部下、5頭の馬、16頭のラクダを連れてメニンディーからクーパーズ・クリークへと出発した。ライトはメニンディーで待機している本隊の指揮を執ることになった。11月11日にクーパーズ・クリークに到着し、拠点を築いて後続を待つことになった。バークは待ちきれずにふたたび一行を分け、ウィルズと、チャールズ・グレイ、ジョン・キングの2人を帯同し、12月16日にラクダ6頭と馬1頭で北岸に目指すことにした。そして、残りの隊員には、クーパーズ・クリークで3カ月間待つように指示した。

こうして一行が分裂したことで、植物学者も地質学者も博物学者も、ブッシュクラフト（自然環境下における生活の知恵）の専門家も、旅行のために購入した道具もなくなってしまった。それでも、バークは他の3人と一緒に突き進んでいった。沼地に出くわすと、これが北の海岸線への到達を阻んだ。この段階で、物資は絶望的に不足しており、クーパーズ・クリークで後続の隊員たちと合流するために引き返すことにした。

帰路、かれらは食料不足と運に見放されたことで、自暴自棄になった。体調を崩していたグレイが、お粥を作るために小麦粉を少し多めに持っていったところ、非難されたことをきっかけに大げんかになった。その数日後のウィルズの日記には、「歩けないとペテンをかましているグレイを迎えに行くために、一日停止しなければならなかった」と書かれている。それから9日後、その不幸な男グレイは死んだ。

話はさらに暗いものになる。合流することになっていた約束の日を過ぎた1861年4月21日にクーパーズ・クリークの宿営地に着くと、そこは放棄されていた。木に「掘れ（DIG）」の文字が刻まれていた。掘り出してみると、ちょうど約束していた日に一行が出発したことを記した手紙と、かれらのための食料品が見つかった。一行は早く移動することができないので、来た道をたどらず、小川に沿って南オーストラリアのマウント・ホープレスまで下ることにした。かれらは「掘れ」とあった木にメモを残し、土を埋め戻した。南下する途中、ラクダを2頭とも失ったときにできたことといえば、肉を乾燥させて食べることだけだった。かれらはマウント・ホープレスへの到着をあきらめ、クーパーズ・クリークまで引き返さなければならなかった。

ウィルズは、到着した人を確認するために拠点を訪ねたが、人が来た気配はなかった。実際は、その間にブラエとライトがその場所に戻っていたのだが、バークがメモを巧妙に隠しすぎたため、帰ってきていた形跡が見当たらず、まだ戻っていないと判断して去ったのだった。

3人は、砂丘の中の平地に迷い込み、わずかなジョニーケーキ（コーンミールの平型パン）と干し肉で生き延びた。このころには、全員が壊血病の症状、歯ぐきの痛み、足首の腫れなどに悩まされ、衰弱していた。そこで、かれらはアボリジニーのように暮らそうとしたが、それは困難を極めた。狩猟を試みたが、うまくいかないことが多かった。あるとき、ヤントルワンタのアボリジニーから魚とナルドゥのケーキを差し出され、かれらは喜んでそれを受け取った。ナルドゥがあれば、かれらは生き延びることができるかもしれなかった。ナルドゥは砂漠に生えるクローバーシダである。胞子嚢のなかの種はスイカの種のようで、かれらの空腹を満たしてくれた。そこで一行は、アボリジニーの見よう見まねで、自分たちでナルドゥを探し、準備するようになった。ナルドゥの種を探し、それをすりつぶして水と混ぜて粥のような薄いペーストを作った。ウィルズの日記によると、「1日に4、5ポンド（約2キログラム）」もの食事をしたにもかかわらず、2人の探検家は次第に衰弱し、足が震え、脈拍が徐々に遅くなるなどの症状が現れたという。1861年6月12日の水曜日、ウィルズはこう書いている。「キングはナルドゥを集めに出かけた。バークと私は家で、種蒔きと掃除をしている。ナルドゥは消化がいいように思われるが、私はまだどちらかというと足が弱っているように感じる」。ウィルズは、食事をしているにもかかわらず、なぜ空腹が続くのかを理解できなかった。

ウィルズが知らなかったのは、ナルドゥにはチアミナーゼという酵素が含まれていて、それがチアミン（ビタミンB）を分解して、体内で利用できなくしてしまうということだった。チアミンは、ごく微量にしか必要とされないものの、エネルギー代謝や脳の機能には欠かせない物質である。手足が震え、衰弱し、十分な食事をしているように見えるのに、日に日に脚気の兆候が現れてきた。日一日と男達は餓死へ向かっていった。

しかし、ナルドゥはアボリジニーの人々にとって重要な食料源だった。バークとウィルズは、アボリジニーが胞子嚢を焙煎してから粉砕することを知らなかった。このように加熱するという簡単な手順で、チアミナーゼは分解され、無害化される。バークとウィルズがもっと注意深くアボリジニーを観察していれば、オーストラリア大陸を南から北へ縦断した最初の白人になるまで生き延びることができたかもしれない。この四葉のクローバーに似たナルドゥという植物は、探検隊に幸運をもたらすことはなかった。

ついにバークとキングは、6月26日に小川を遡ってアボリジニーのメインキャンプを探し、食料を手に入れることにした。ウィルズはもう動けなくなるほど弱っていたが、8日分のナルドゥと水を持って、木の下に寝かせたままにしておいた。バークとキングは、その8日の間に、かれのもとに戻ってこられると信じていた。亡くなる4日前に記された最後の日記で、ウィルズはこう書いている。「バーク氏は風邪をひいていて、非常に弱っている。今、私たちを救えるのは、最大の幸運だけだ。ナルドゥによる飢餓は、衰弱を感じることさえなければそれほど不快なものではない。食欲を満たすということに関しては、大きな満足感を与えてくれる。確かに、脂肪と砂糖の方が好みかもしれない。実際、脂肪と砂糖は、この特別な大陸でとても重要な非常用物資であるように私には思える。デンプンを含む食料を軽視しているわけではないが、ここで手に入るすべての物質には糖分と脂肪が不足しているので、なにか他のものを加えなければ、食料品としてはほとんど価値がなくなってしまう」

バークとキングも遠くへ行くことはなかった。バークの死後、キングはアボリジニーの荒れ果てたキャンプ地を見つけ、埋められたナルドゥを見つけた。キングはカラスを撃って、なんとか飢えずにすんだ。そして、ウィルズを置いた場所に戻ると、かれが死んでいるのを発見した。キングは3週間も会っていないアボリジニーを捜すために出発した。幸運なことにキングはアボリジニーたちを見つけることができ、かれらに助けを乞うた。「かれらは私がクリークに一人残された境遇であることを知ると、同情を示してくれたように思われた。そして私に大量の食料をくれた」[8]。かれはアボリジニー達と一緒に過ごし、カラスや鷹を撃つ腕前を見せた。そしてそれらと交換で魚やナルドゥのケーキを手に入れた。メルボルンから、かれらを救助にきたハウウィットの一行に出会う9月15日までそうした生活が続いた。

何組かの救助隊がそれ以前にも送られていたが、かれを見つけることができないでいた。7名が命を落とした。ジョン・キングは探検隊のなかで唯一命を永らえてメルボルンにたどり着いた。しかし、かれもビタミンBの欠乏からくる神経障害のせいで、メルボルンにたどり着いたすぐ後に31歳で亡くなった。

それ以降、ナルドゥにはオーストラリアの植物学者と歴史学者から多大な関心が寄せられることになった。ナルドゥが食品として適したものなのかを巡っては、長いあいだ議論がつづいた。明らかなことは、バーク一行にとって、アボリジニーたちが持つナルドゥの扱い方の知識が、通訳の過程で伝わらなかったということである。アボリジニーたちは文化を持つ存在というよりも自然の一部だと考えられていた。これが、アボリジニーたちがもつ大地の恵みをどのように扱うかという技術が見逃されてきた理由である。この探検における失敗の一つは、アボリジニーの道案内を使わなかったという点にあるが、これは当時としてはとくに珍しいことではなかった。

各エピソードをわきに置いてみるならば、この探検と一行を救助に向かった6つの隊による探検によって、オーストラリア大陸は徒歩によって縦断され、オーストラリア大陸の内部の地図が完成することになった。

スワッグマン：生計の為の歩行

1950年代になると、オーストラリア大陸では歩くことが生計の手段の一つになっていた。「ワラビー」、「スワッグマン」、あるいは「スワージー」と呼ばれる人達が南オーストラリアを、全財産を身につけて旅をしながら自給自足で暮らしていた。かれらは国中の道を、仕事を求めて農園から農園へと渡り歩いた。労働を提供する見返りとして、食べ物と寝床を手にいれた。イギリスでは「トランプ」という語はヴィクトリア朝の初期には浮浪者を指す意味で広く使われてい

ワラビートラックを歩くスワッグマン。1910年。オーストラリア国立図書館、パワーハウス博物館。

た。トランプは中期英語の「重い足取りで歩く」という意味の動詞から派生したものである。アメリカではこの語は南北戦争期によく使われるようになり、長い行軍、それも重い荷物をもってする行軍を指した。スワッグマンはオーストラリアにおける、イギリスのトランプやアメリカのホーボーと同じ種類のもので、移動労働者を指して使われた。

スワッグマンはスワッグを持つ。スワッグとは毛布と予備の服、針と糸、それに写真や本など、わずかな持ち物を入れた私物の束のことである。まさかりを紐に括り付けて持ち、スワッグの上部からタッカーバッグ（通常は古い砂糖袋）を吊るし、食料、タバコ、ブリキのマグカップ、ものを混ぜるためのボウルなどを入れていた。右手には水を入れた湯沸かし用のポットを持ち、時には焚き火の煤がズボンにつかないように袋に包んで持っていた。スワッグの、重量のバランスのとりかたは芸術ともいうべきものだった。巻いた後で、革紐や縄、生皮などでしっかりと固定し、スワッグマンの肩に革紐や縄の輪を掛けて持ち運んだ。

スワッグにはさまざまな名前があり、スワッグマンが出てくる歌や文学に登場する「ブルーイ」や「マチルダ」などがそれで、スワージーが道を行くとき、「ブルーイをこぐ」「マチルダをワルツする」と言われた。

スワージーには、「ダボ・スリム」「グレタ・ブルー」など、出身地の名前を前置きしたニックネームがよくあった。スワッグの巻き方、運び方で、スワージーの出所がわかる。ヴィクトリアの人々は、右肩と左腕の下に長いスワッグをすっきりと身につけていた。クイーンズランドの人々は、短くてふっくらとしたスワッグを肩甲骨の間に垂直に持ち、ニューサウスウェールズの人々は、右肩から左腰にかけて斜めにスワッグを持った。

スワージーはたいてい髭を生やし、色あせたパッチワークの服を着て、ハエよけのコルクやネットのついた帽子をかぶっていた。スワッグマンは自立しており、そのほとんどがブッシュ・スキルで生き延びていた。運転手に乗せてもらうこともあったが、たいていは一人旅を好んだ。時には、橋の下など特定の場所に集団で野営することもあった。犬を連れて旅をする者もいた。主婦に食べ物をもらうために、信頼できるイメージを与える方法として確立されていたのである。

オーストラリアの農家では、スワッグマンの訪問は日常的なことだった。なかには、食事と馬具小屋の軍用ストレッチャーでの宿泊を条件に、薪割り、乳搾り、アザミの駆除、伐採などをたびたび行う「常連客」もいた。ある農場では、常連客だけが泊まることができ、他のスワッグマンは配られたサンドイッチとゆで卵、それに自前のポットで沸かした紅茶で満足しなければならなかった。

道には女性のスワージーの姿も見られた。ある者は仕事を求めて旅に出、またある者は冒険心を刺激され旅に出た。それでも女性は珍しかったので、非日常的な存在としてニュースになった例もある。そのなかに、40歳くらいの長身で印象的な女性がいた。彼女は「ご婦人」という名前で知られ、白いモールスキンパンツと青いリネンのオーバーオールを着ていた。彼女のスワッグはきちんと巻かれ、自前のポットや調理器具は銀のように磨かれていた。彼女は有能な労働者で、どんな仕事でも引き受けることができた。彼女は人里離れた場所にキャンプを張り、決して男性とは話さず、男性と一緒に旅行している姿も見かけなかった。

サンダウナーはスワッグマンと違い、仕事をするには遅すぎる日没に到着して仕事をくれと頼み、朝早く出て行くというのが特徴である。また、マランビジー川やダーリング川で長期間キャンプして魚を捕り、川の上流や下流にあるステーションで食べ物をねだるマランビジーの捕鯨人も、仕事をしないことを好んだ放浪者の一種である。

このようなスワッグマンの荒々しさやしがらみのなさを表現するのに最適なテキストが、アンドリュー・バートン・〝バンジョー〟・パターソンのブッシュバラードだろう。かれはオーストラリアの「ブッシュ詩人」と呼ばれ、オーストラリアの田舎や郊外の生活を題材にしたバラードや詩を多く書いている。

パターソンは1895年に書いた「ワルツィング・マチルダ」という詩がもっとも知られている。この詩はスワッグマンがブッシュキャンプで紅茶をいれ、羊を捕まえて食べるという話であった。羊の飼い主が3人の警官を引き連れて、この労働者を逮捕しに来たとき、スワッグマンは近くの水場で入水自殺し、その後、かれの幽霊がこの場所に出没するようになった。[10] しかし、この歌にはいろいろなバージョンがあり、お茶を入れるのはビリー・ティー社がスポンサーになっているバージョンで、原曲では代わりに水袋のことが歌われている。

また、かれのバラードには、スワッグマンの日々の苦労がユーモアとウィットに富んで描かれており、商品の紹介は一切ない。[11]

ああ、俺はスワッグマン、名前はボブ、お前さんの前に立っている。
旅するうちにいいことも悪いことも経験した。
俺は裕福な生活を送っていたが、息子たちよ、今は首が回らない。
そして、古い木の皮の小屋で施しを受けなきゃならない。
……
小麦粉は10ポンド、牛肉は10ポンド、砂糖とお茶を少々。
飢えているものに与えるのは7日目までで、それだけだ。
ケチケチしなけりゃ、空きっ腹で過ごすことになっちまうだってそりゃ、木の皮の小屋の大きな不幸の一つだから。
……
牛肉を茹でるバケツでも、そいつで水を運ばにゃならん。
もしも2つ頼めば、一発くらわせるぞと言われる。
持っているのはビリー、ピットポットに柄の折れたコップ
そいつら全部が、古い木の皮の小屋のテーブルを飾っている。

1930年代の不況期のスワッグマンは、それ以前のものとは違っていた。仕事も食料もないまま、オーストラリアの道を歩くスワッグマンが増えた。このころは、それまでのスワッグマンのような放浪の生活ではなく、何千人もの人々が食料と仕事を求めて旅をしていた。たしかに経済的な理由でスワッグマンになった労働者もいたかもしれないが、それまでは、かれらのほとんどはブッシュと道中の自由を楽しむ人たちだった。1930年代のスワッグマンは、切符を買う余裕がないため、貨物列車や旅客列車の連結部に違法に乗車していた。駅の近くでは、家の境界の壁や塀に小さな石を積んで、他のスワッグマンにそこの家では食事ができることを示すのが普通であった。この頃、かれらはバッグマン、ホーボー、あるいは単に「ボーズ」と総称されることが多く、時には軽犯罪を犯すこともあった。田舎ではスワッグマンの言葉が飛び交っていた。駅の正門には、仕事や食料をえられる可能性があることを知らせる看板や暗号が残されていた。田舎町では地元の警察官が食券を配った。食料の配給と軽作業の斡旋は特別援助センター

でも行われた。もっとも有名なのは、クイーンズランド州トゥーウーンバ近くのイーグルズネスト・スワッギーズ・キャンプである。[12] 1950年代になって経済状況が好転すると、スワッグマンの姿は少なくなった。

オーストラリアでは以前からブッシュに出入りするスワッグマンがいたが、ブッシュウォーキングという言葉が生まれたのは1920年代のことである。それは道のあるところ、ないところを問わずにハイキングするという意味だった。アメリカではブッシュ・ワッキングという語がハイキングの最中に、草深いところ、茂み、木の生えている場所のような、道のないところを歩くという意味で使われている。ブッシュウォーキングという概念はブッシュ・ブラザーフッドという概念とともに始まった。

ブッシュ・ブラザーフッド

1914年、オーストラリア・ニューサウスウェールズ州ブルーマウンテン南部の荒野を、2人の男が徒歩で横断する旅に出たとき、それは、オーストラリアのブッシュウォーキングを象徴する冒険となった。また、それは自然保護活動の実践にもなった。マイルス・ダンフィーとバート・ギャロップは、21日間かけてカトゥーンバから州東部のピクトンまで、鬱蒼とした低木地帯を抜け、カウマン川を渡りながら辿り着いた。

ダンフィーはブッシュウォーキングをロマンティックなアクティビティと定義した。ダンフィーにとっては、大自然こそが真の人間体験だった。心にも魂にも、そしてオーストラリアにとっても良いものだった。ダンフィーは、半世紀前に地球の裏側でジョン・ミューアが行ったように、自然保護にロマンと美学を組み込んだ。オーストラリアにとってのマイルス・ダンフィーは、北米にとってのジョン・ミューアだったと言ってもいい。ブルーマウンテンは、ダンフィーにとって、ミューアにとってのシエラネバダと同じようなものだった。

この後、ダンフィーは仲間とともにニューサウスウェールズ州のシドニーに「マウンテン・トレイルズ・クラブ」を設立した。ところがニューサウスウェールズ州で最初のウォーキング・クラブは、このクラブではなかった。1895年には、すでにワラガンベ・ウォーキング・クラブが発足していたが、当時は荒地ではなく、街道を歩く商業的な旅であった。その代わり、ダンフィーは自然のなかでトレッキングやキャンプを企画し、自然のなかで自分を癒し臨機応変に行動する体験をしたいと考えた。これが最初のブッシュウォーキング・クラブであり、州の自発的なブッシュウォーキングと自然保護運動の始まりだった。

1900年代初頭という時代の冒険の多くは、軍国主義的、帝国主義的であり、自然や他国に対する優位性を獲得するために苦難に立ち向かう勇敢さや国の誇りという同じ価値観を携えていた。ダンフィーが成長した頃、オーストラリアの経済は回復してきており、労働時間の短縮、レクリエーションや健康への配慮から、屋外での活動に対する需要が生まれていた。そうした世情下で、ブッシュウォーキングはオーストラリアらしさを表現するものだった。運動神経がいいことは、国の誇りでもあった。世界の同時代の探検家とは異なり、マイルス・ダンフィーを突き動かしたのは、仲間と共有する冒険心だった。

ダンフィーがミューアと違うのは、荒野を孤独や精神性から好んでいたわけではない点にある。その代わり、ブッシュウォーキングの仲間や道中で出会った農家に対するオーストラリア人同士という仲間意識を体現していた。ある意味、ブッシュは自然と仲間意識が融合したオーストラリア独自の文化のアイデアだった。新しい運動は、「ブッシュ・ブラザーフッド」と呼ばれた。その意味では、ブッシュウォーキングは非常に哲学的なレベルにおけるナショナリズム的な活動であると言えるかもしれない。

食料と物資に関するミューアとダンフィーの比較も興味深い。ミューアは、ほとんど食料を持たずに旅をし、時にはトレイルの途中で食料を探さなければならず、餓死しそうになったこともあった。マイルスたちは当初、身軽な旅をしていたわけではない。しかし、最終的にはスポーツマンのように重量や快適性の問題にアプローチしていった。試行錯誤の末、なにが良いかを学び、やがてその後のブッシュウォーカーの世代に貢献することになる。初期のウォーキングでは、仲間たちとスワッグやオーストラリアの国旗を張り付けたテントなどを使っていた。その後、1泊2日のレクリエーション・ブッシュウォーキングを可能にするために、軽量な装備の開発が必要だと考えた。1914年にカウマン川の渓谷を散策するために、ダンフィーは2つの軽量装備を開発した。「ドゥンガル」と呼ばれるスワッグや、ジャパラというインドで生産される精巧に織られた綿布を使った防水性の高い綿のテントなどである。これはレクリエーションとしての

マイルス・ダンフィーと装備一式。コロン財団所蔵。

ブッシュウォーキングに大きく貢献した。軽量な基本的な装備は、地域の環境を探索し、楽しむためのきっかけとなった。1916年に友人のヨハネス・クレメント・シャルル・マリー・ド・モルに送った、おそらくダンフィーのもっとも古いギア・リストのなかに、スワッグに入れるべきものが詳細に書かれている。

ひとつはスワッグと呼ばれるもので毛布、ストラップ、雨具、歯ブラシ、パンツ、長靴、鏡、櫛、タオルなどの小物類で構成される。もう一つは、食料、調理器具、石鹸、ろうそく、食器洗い用のきれいな布などを入れたガニーバッグである。食料は出発地のブラックヒースで購入するが、缶入りバター半個と砂糖袋を持参するとのことだった。リストの一番上で、「記載されている品はすべて35ポンドを超えないこと」と大文字で警告している。また、重量制限を強調するために、持ってきてはいけないものには、ネクタイ、ヘアブラシ、本が含まれているのが目を引く。[13]

女性もまた、ブラザーフッドという名前にもかかわらず、ブッシュ・ブラザーフッドに歓迎された。実際、1909年には早くもエセル・ルースと他の2人の女性の友人が、荒野でブッシュウォークを行った最初の女性となった。彼女たちは1週間で250キロメートルを歩き、トレイルの終わりにドレスバスケットで服を発送してもらった。外泊する女性が珍しかったので、噂を聞きつけた村人が出迎えに出てきた。[14] しかし、女性スワッガーに関するニュースは肯定的なものばかりではなかった。『ノーザン・スタンダード』紙は、女性スワッガーの目撃談をむしろ貧困の光景と呼んだ。「女性がスワッグマンの姿で茂みを歩く姿は、退廃的な美意識の持ち主にはピクチャレスクな光景と映るかもしれないが、健全な趣味の持ち主には苦痛な光景と映るだろう。

シドニーにいるただの『労働者』だと感じるはずだ」[15]

1930年代初頭、オーストラリアではハイキングは新鮮な空気を吸い、運動するためのごく一般的な活動となった。人々は公共交通機関を利用して、自然保護区やウォーキングコースに行くようになった。ホテルは、ウォーカーのために夜食と宿泊を提供した。しかし、本物の「ブッシュウォーカー」たちは不満だった。かれらは自分たちの活動を、荷物を担いで数日間キャンプをするような大自然のなかでの体験と定義していた。自分たちと大部分のハイカーとの間に線を引きたかったのだ。かれらは20年間ガイドブックを発行しない、パークレンジャーが地図から情報を削除するなどして、徹底して自分たちのアイデンティティを守ろうとした。[16] これは、自然に対する権利に関する非常に興味深い議論を提示している。ブッシュはいったい誰のものなのだろうか。ブッシュはブッシュウォーカーやハイカー、あるいはアボリジニーの権利者のためのものだったのか。これは、民主主義と環境保護の永遠の対立であり、歩行者と車の間だけでなく、バックパッカーとガイド付きトレッキングの間、アドベンチャーウォーキングとトレイルでの小旅行の間でも同じ対立が存在する。[17]

歴史家のマイケル・シモンズは、オーストラリアの入植者を「現代の軍隊」と表現し、農民はそれまでオーストラリアにはなかった国民食の起源であると主張した。その言に従うなら、オーストラリアの国民食は、缶詰のジャム、コンデンスミルク、キャンプパイ、ビールなど、軍隊食やキャンプ食ということになる。オーストラリアの料理や生鮮食品への関心が高まってきたのは、ほんの30年ほど前からのことである。[18]

オーストラリアのリーダーシップの一例として、単一の料理文化をもつ社会として定着しなかったことが挙げられる。

オーストラリアの初期入植者の食事がキャンプ料理に似ているという議論は、ワインボトルのスクリューキャップの歴史を思い起こさせる。スクリューキャップの技術は、1858年にジョン・ランディス・メイソンによって、今では有名な金属製のふたがつく口の広い保存瓶のメイソンジャーのために開発されたのが最初である。亜鉛のツイストキャップが付いていて、缶詰に使われた。1889年、英国でダン・ライナルズがスクリューキャップをワインに応用することを提案した。これはワインの酸がキャップの金属を腐食させるため、うまくいかなかった。1960年代にフランスのル・ブシャージュ・メカニック社が、内側にプラスチックのライナーを付けたアルミ製のツイストキャップを発明して初めて、この技術がワインボトルに適するようになった。1960年代後半、この会社はメルボルンのパッケージング会社であるアムコー社に売却された。オーストラリアでは、コルクを使うことにこだわりはなかった。伝統的なコルク栓ではなく、スクリューキャップを使うことの利便性を、伝統が支配するヨーロッパ諸国よりもはるかに多く受け入れていたということができるだろう。そこからスクリューキャップは世界中に広がり、受け入れられるようになった。

第3章　極地の探検

地球が球体であることを人類が知ったことで、両極を目指す挑戦が始まった。厳しい気象条件のため、探検家たちが地球の極地を旅するまでには何世紀もかかった。南極圏と北極圏のことである。極地に到達した探検家たちは、船で、そして徒歩やソリで、北極と南極に初めて足を踏み入れるという困難な旅をした。

南極探検の英雄時代は19世紀初頭に始まり、半世紀に及んだ。この期間、南極大陸において国際的な取り組みが行われるようになった。地理的な極点や磁気の極点にいち早く到達するための競争もあった。さらに、このような取り組みは、地形の探索や科学的な研究への興味ももたらした。どの遠征においても、隊員たちの忍耐力が問われるために、それらは壮大な物語になった。生命を脅かす環境のなかで、悲劇を乗り越えなければならない探検家たちは、英雄視された。極地探検にはロマンがあったが、極地は孤立し、不毛の地で、寒冷で、その風景は私たちの想像を絶した。

このような探検では、利用できる技術に限界があるため、さらに困難が伴った。そうしたなかで、第二次世界大戦後の交通、通信、食料の発達は、探検に革命をもたらすことになった。それまで、探検家たちは、新しい地理、温度、距離のなかで、自分たちの能力の限界まで働き、配給され、合理化され、十分な栄養としばしば味もない食料で、多くの苦痛に耐えていた。

成功した探検とは極点に到達することと同時に生きて帰ってくることを意味し、食料の計画と管理が成功の鍵を握った。食料の供給をコントロールすることは、命を守ることだった。しかし、北極や南極への英雄的な探検の本には、成功よりも死に捧げられたページが多く、とくに徒歩で行われた探検を扱った章には、そのようなページが多い。

北極圏の地衣類、古びたブーツ、そして人肉食

北米の先住民は、飢餓を防ぐために自然のなかで生き延びる方法をたくさん持っていた。そして、その一部を初期の探検家たちに伝え、採集した食料の必要性を認識させ、それが何年にもわたって続いたことで、他の地域にも伝わっていった。そのひとつが、トリッパ・ド・ロッシュという岩に生える地衣類である。

ロンドンの王立地理学会の資料室には、赤い封蝋のついた紅茶や塩の袋、割れたアーミービスケット、白い粉を吹いているチョコレート、未開封のボヴリルの箱などと並んで、資料用の紙に包まれた小さな小箱が置かれている。この箱はマッチ箱ほどの大きさで、硬いボール紙でできており、かろうじて読める文字で「ゴールドスミス・ダブリン」と書かれている。そのなかには、

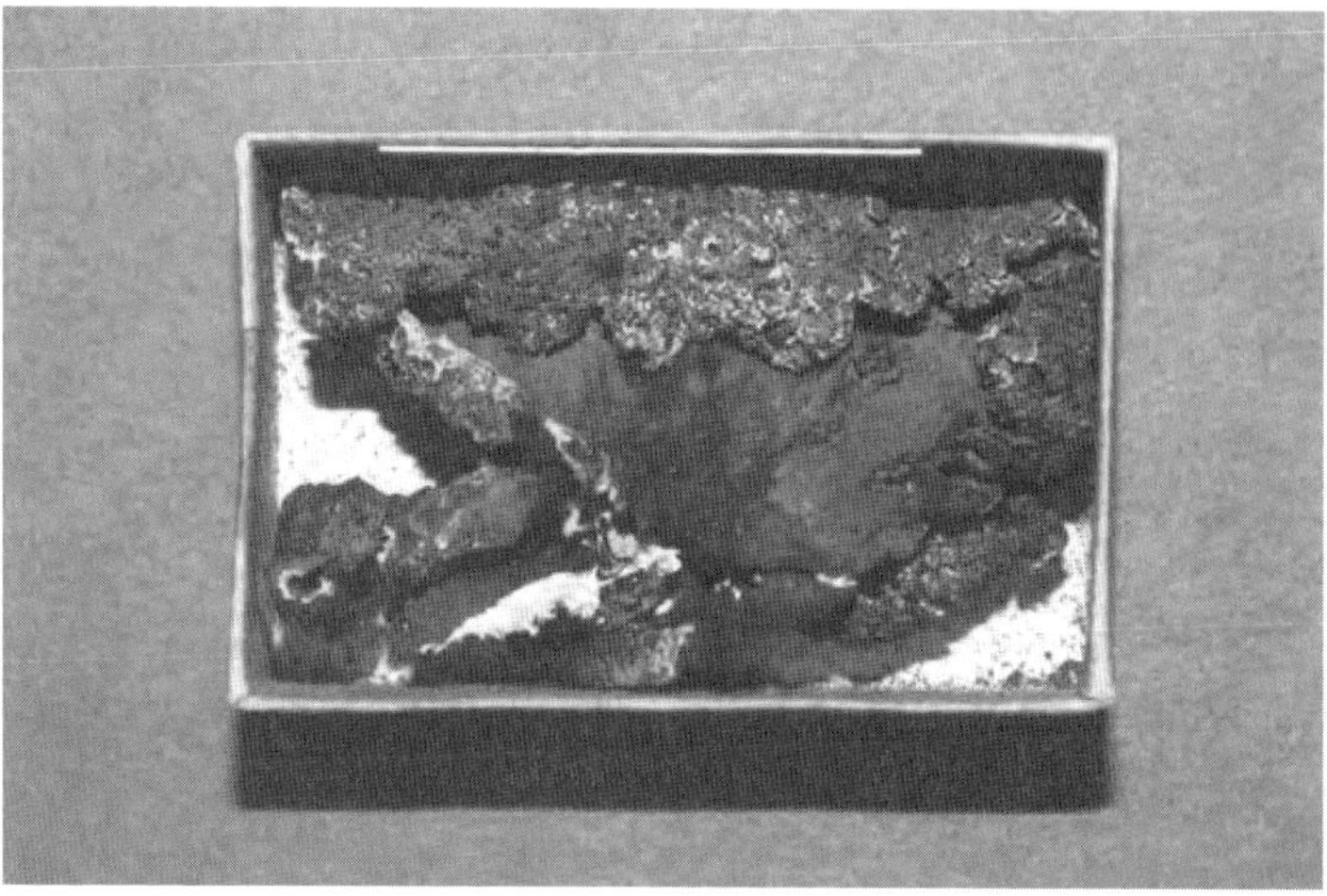

トリッパ・ド・ロッシュ。ユージン・レイ。王立地理学会。

少なくとも訓練された目には、かつて食べられるものであったものが入っているのが見える。それは地衣類で、コルクや樹皮のような色をしており、一部は薄茶色、一部は黒っぽく、それが生えていた地形の荒々しさがうかがえる。乾燥した革や枯葉のように、端が丸まって崩れているような状態である。この小さな地衣類は、1824年から1825年にかけての太平洋北西航路発見のための航海中、サー・ウィリアム・エドワード・パリー船長の船員たちが食べていたトリッパ・ド・ロッシュである。

ロックトライプは、北極圏の厳しい気候のなかで育つ地衣類で、菌類と藻類が共生している生物である。この地衣類は冬でも生き延びることができるため、古くから非常食として利用されてきた。フランス語名のトリプ・デ・ローシュ（tripe-de-roche）は英語にロックトライプ（rock tripe）という語が翻訳されて、登場する前から存在したカナダ人が作った言葉である。カナダの北極圏に住むイヌイットの人々は、ロックトライプを「食べ続けると危険だから、飢餓のときだけ食べる」という最後の砦のような食べ物だと考えていた。

他のアメリカ先住民は、危険性が低いことを知り、ロックトライプを通常の食料の収集や準備の一部とした。たとえば、クリー族ではこのロックトライプを魚の煮汁に混ぜて濃厚なスープを作った。栄養補給のために食べるだけでなく、病人に滋養を与える薬効があると考えられていた。

また、1822年、ジョン・フランクリンがヨーロッパからアジアへの北西航路の地図を作るために初めて遠征した際、この薄い地衣類が生死を分けたというエピソードもある。ジョン・フランクリン卿は、イギリス海軍の将校で北極探検家である。樺の木のカヌーが破損したため、20人の男たちは船に戻らざるをえなかった。食料の不足と旅程の長さから、フランクリンは以前とは違うルートで戻ることを決め、寒さのなかで旅を始めたため、あっという間に食料を使い果たし、災難に見舞われた。帰路についた2日後、フランクリンは「ペミカンはすっかり減ってしまい、一人あたり数口分しか配れない」と書いている。実際、この時期はまだ良かった。

その後、かれらは陸上でカヌーを担いで新たな道を歩み始めた。このときから、2カ月以上に及ぶかれらの苦難の物語が始まった。10日間の帰路の後、肉が足りなくなった。「9月4日10時30分、朝食の席へ向かう」とフランクリンは日記に記しており、「そしてこれが肉の残りの最後だ」と続けた。そして、その道中にあるものを当てにし始めたのだが、あまりいいものは見つからなかった。トナカイを見たが、手に入れることはできなかった。冬が深まり、テントも寝具も凍りつき、火を起こす手段もなく、沼地や足の踏み場もないほど深い雪を越えなければならなかった。破損したカヌーを燃やして、残りの携帯用スープとアロールート〔クズウコン等いくつかの熱帯植物の地下茎からえられるデンプン〕を調理することにしたとき、3日間の断食から解放され、温かい気持ち（一時しのぎではあるが）になった。冬が早く訪れ、食料が底をつくと、かれらの状態は一転し、最終的には地衣類を食べるようになった。

地衣類がなくなると、予備の長靴の革底を煮て、それを食べた。フランクリンは、この時の様子を日記に記録しており、飢餓の様子を生々しく描写している。「出発前に、一行は古い靴の残りと革の切れ端を食べ、一日の旅の疲れに備えて胃を満たした。……トリッパ・ド・ローシュは、十分な量があっても、短い間、空腹感を和らげるだけだ[1]」

ある時、カナダの航海士が自分のためにとっておいた肉をみんなに食べさせたところ、フランクリンは感動した。それからの数日間、かれらは飢えをしのいだり、肉や地衣類を見つけたりして食べた。フランクリンは回顧録のなかで、十分な食料もなく1日に数キロメートル以上歩くことの困難さに触れ、時には道に迷うこともあったと述べている。夕食にトリッパ・ド・ロッシュと紅茶、あるいはトリッパ・ド・ロッシュと撃ったヤマウズラの料理が出たのは幸運だったとも記している。ある時、一行の何人かが、道中で見つけた死骸を食べたという。「かれらは春に狼に食い荒らされた鹿の皮と骨を拾うために、柳の木の間に立ちどまった。骨を焼いて柔らかくし、皮と一緒に食べていた[2]」。そのうちの何人かは、古い靴をその食事に加えていた。トリッパ・ド・ロッシュからえられるエネルギーは微々たるもので、その労力に見合うだけの価値があるとは思えず、隊員たちは回収を拒否することもあった。一行の惨状がよくわかる。そして、トリッパ・ド・ロッシュがないときは、「お茶を飲んで、靴を夕食に食べた」[3]。拾った骨をトリッパ・ド・ロッシュと一緒に煮込んでスープにし、骨の臭みを消してしまうということもあった。このころになると、全員が体重を大幅に減らし、歩けないほどの体の痛みを抱えていた。

飢餓と寒さで命の危険にさらされ、渡れそうもない川のほとりで、一行は三つのグループに分かれた。本隊より先行するグループのなかに、食料と物資を求めるジョージ・バックの姿があった。フランクリンたち一行は、ゆっくりとした足取りで後に続いた。ロバート・フッドは病気でこれ以上遠くに行くことができず、ジョン・ヘップバーンとジョン・リチャードソンが残ってフッドの世話をした。フランクリンと一緒に旅をしていた航海者のうち4人は、フッド、リチャードソン、ヘップバーンのもとに戻ることにした。そのなかの一人、ミッシェル・テロアホートが新鮮な狼の肉を持ってやってきたので、一行はテロアホートが実は行方不明の3人を殺しており、かれが持ってきた肉が行方不明の男たちではないかと疑った。ある日、リチャードソンは地衣類を採りに行き、フッドとテロアホートを2人きりにしてしまった。ヘップバーンはすぐ近くで薪を割っていた。銃声が聞こえたので、急いでキャンプに行くと、フッドが死んでいた。テロアホートは、フッドが自分で撃ったのだと主張したが、後頭部の弾痕がそうでないことを物語っていた。

みなはテロアホートを疑ったが、なにも言わなかった。テロアホートは次第に不安定になり、リチャードソンは、テロアホートが自分たちをも殺そうとするのではないかと心配し始めた。結局、ある日、テロアホートはトリッパ・ド・ロッシュを集めるために残った。その後、手に地衣類をまったく持たずに一行に追いついた。このことで、テロアホートが一行を皆殺しにするつもりなのでは、という疑惑をさらに一行に抱かせることになった。リチャードソンは先制攻撃でテロアホートを射殺した。リチャードソンとヘップバーンは、やがてフォート・エンタープライズにたどり着き、部下を連れたフランクリンを見つけた。フランクリンが探し求めた食料も助けもなかった。かれらはジョージ・バックが物資を持って救助隊と戻ってくるまで、なんとか生き延びることができた。[4]

　この旅が終わるまでに、9人の将校と15人の兵士が亡くなった。フランクリンはこの飢餓と人肉食の惨状から生還し、イギリスに帰国後、（かれの忍耐力を称えて）国民的英雄となった。しかし、その後、フランクリンはカナダ北極圏の北西航路を開拓するための最後の航海に出たまま行方不明となった。1845年、4度目の北西航路探索の際、エレバス号とテラー号の2隻の船で134名の士官・船員とともに命を落としたのだ。飢餓、低体温、結核、鉛中毒、壊血病で乗組員全員が死亡した。鉛中毒の原因として缶詰が指摘されている。その後、発見された乗組員の骨の調査から、鉛を多く含む飲料水を生産していたのは、探検隊の船に装備されていた独自の給水システムであることが証明された。

　サバイバルフードになる可能性を検討するために、岩に生える菌の栄養価と薬効が調査された。雌マウスに地衣類を3週間摂取させ、成長、代謝、免疫機能に及ぼす影響を、標準的な餌を与えた対照群と比較して測定した。地衣類を与えたマウスは、対照群に比べ成長率が高く、食べる量も多かった。この食事が重要な臓器に与える影響を検証した結果、トリッパ・ド・ロッシュはサバイバル状況での栄養源として優れているだけでなく、免疫系を刺激する作用（脾臓のB細胞）があると結論した。[5]

中国でトリッパ・ド・ロッシュが薬として使われているのも不思議なこととは言えない。さらに、アジアに自生するウスティラゴ・エスクレンタはイワタケと呼ばれ、現代の日本では珍味とされている。イワタケはとても人気があるので、険しい斜面を這うようにして探し求め、デリケートな地衣類が崩れにくいように、雨天を選んで採取される。

ペミカン：荒野のパン

極地探検のための食料は、2つに分けて整理する必要があった。行きと帰り（帰れることを祈りつつ）の船で必要な食料、ソリや野原で必要な食料である。すべての歴史的な極地探検には寒さ、湿った衣服、永遠とも思える狭い空間での生活、そしてペミカンの存在がつきものだった。

毛皮商人や旅行者たちは、ペミカンを「荒野のパン」と呼んだ。[6] ペミカンは、毛皮商人が北米インディアンのクリー族から学んだ、脂肪と肉を濃縮したもので、栄養価の高い食品であった。ペミカンの語源はクリー族の言葉で「かれはグリースを作る」という意味のpimîhkânで、それ自体はpimîという言葉の「脂肪のグリース」に由来している。[7] クリー族は狩猟でえた肉を加工し、ペミカンと呼ばれるペーストにして長期保存を可能にした。バッファローの群れなど、大量の動物を殺すことで、饗宴のための、あるいは飢饉に備えての食料を確保していた。こうして、厳しい冬のあいだ、この乾燥した肉と脂で生き延びたのである。

ペミカンは、1793年にスコットランドの探検家アレクサンダー・マッケンジー卿がカナダから太平洋に向かう旅のなかで言及している。これは、メキシコ以北の北米大陸を初めて東西に横断することになった探検だった（ルイスとクラークの探検に10年以上先立つ）。

ペミカンと呼ばれる食品は、チェペウィアン族やこの国の他の先住民が旅先でおもに食べているもので、つぎのように調理される。大きな動物の赤身の部分を薄く切り、木製の板の上でゆっくりと火にかける、または太陽に当て、時には霜に当てる。この作業で肉を乾燥させ、その状態で2つの石に挟んで搗《つ》く。そうすれば、数年はもつようになる。大量に保存すると、その年の春に発酵しやすいので、空気に触れさせないとすぐに腐敗してしまう。我々が飼育する家畜がもつよりも厚い内臓脂肪と肉の塊を溶かし、沸騰させた状態で叩いた肉と同じ割合で混ぜ合わせる。そして、持ち運びに便利なようにカゴや袋に入れられる。こうして、栄養価の高い食品となり、それ以上に調理を加えたり、スパイス、塩、野菜や繊維質の物質を加えたりすることなく、食べることができる。少し時間を置くと、味がよくなる。また、骨髄とドライベリーを加えたものもあり、こちらはより上質なものとなっている。[8]

フランシス・パークマンは、アメリカの西部開拓を描いた伝説的な著書『オレゴン・トレイル *The Oregon Trail*』のなかで、インディアンから提供されたペミカンを（いつも食べている乾パンと塩と並べる形で）栄養価の高い食べ物として紹介しているが、味については個人的なコメントはしていない。「目の前に置かれた木の器には、北部の船乗りが『ペミカン』、ダコタ族が『ワスナ』と呼ぶ、栄養価の高い乾燥肉が盛られていた」[9]とある。

極地探検用のペミカンは、おもにエルク、バイソン、シカなどの狩猟動物の赤身肉で作られていた。肉は薄切りにして、もろくなるまで乾燥させた。それを叩いて粉にし、溶かした脂肪と混ぜ合わせた。乾燥させたクランベリーや粉末にしたクランベリーを加えることもあった。その混合物を動物の皮で作った袋に保存すると、とても長持ちした。[10] イギリスの極地探検隊も、ペミカンを「ソリ用食料」として犬に食べさせていた。

これは「ドッグペミカン」と呼ばれ、炭水化物を含まず、タンパク質3分の2と脂肪3分の1で構成された牛肉製品であった。しかし、このドッグペミカンは、犬が生き延びることができたという事実はあるにせよ、タンパク質が多すぎて、犬にとっては栄養価が高く、健康的な食事とは言えないことが判明した。

その後、ペミカンはその組成や味から、さらに注目されるようになる。ペミカンは極地探検の成功に大きな貢献をし、味の悪さからレシピ開発の題材にもなった。

極地での成功：ピアリーと北極

北極探検家ロバート・ピアリーは、1886年から1909年までのすべての探検で、部下と犬のためにペミカンを持参していた。1917年に出版された『極地旅行の秘密 *Secrets of Polar Travel*』のなかで、かれは数ページを割いて、「極地探検におけるペミカンの重要性は語り尽くせない」と、この食品について述べている。「ペミカンは絶対的な『シン・クァ・ノン〔必需品〕』である。これがなければ、ソリ隊は過酷な極地旅行を成功させるための重量の限界内に物資を圧縮することができない」[11]。

アイヴィン・アストラップは、著書『極点近くのピアリー *With Peary near the Pole*』のなかで、グリーンランドを北上する際の北極探検の食事について述べている。「1892年の5月16日、月曜日の朝、……今朝7時、6マイル前進してキャンプ。寝袋に入る前に、楽しい夕食というか朝食をとった。いつもの豆スープのほかに、ペミカンのかけらと、大きなカップに入った熱いチョコレートで、誰にでも安心して勧められる評判の食べ物だ」。これは甘いことを言っているように聞こえるが、食料は貴重で、残りが少なくなると代わりのものを探さなければならなくなる。「5月28日、私たちは初めて犬を撃った。ソリを軽くすることで、犬の数を減らすことができ、食料を節約し、他の犬に新鮮な食料を提供することができた」[12]

ピアリーは、7回目の探検を成功させた後に書いた本のなかで、食料計画の重要性を述べている。

ソリ作業用の物資は特殊なもので、重量、かさ、風袋を最小限に抑えながら最大の栄養を確保するように準備し、梱包しなければならない。季節や気温、旅程に関係なく、旅の期間が1カ月であれ6カ月であれ、本格的な北極のソリ旅に必要な必需品、そして唯一の必需品は次の4つだ。ペミカン、紅茶、シップスビスケット、コンデンスミルク。ペミカンは、牛肉や脂肪、ドライフルーツなどを原料にした調理・濃縮食品だ。食用肉のなかでももっとも濃厚で満足感があり、北極圏のソリを使った長期の旅には欠かせない。[13]

ピアリーがリストに記したように、船に積み込んだ物資は標準的な食料品であった。小麦粉16000ポンド、コーヒー1000ポンド、紅茶800ポンド、砂糖10000ポンド、ケロシン3500ガロン、ベーコン7000ポンド、ビスケット10000ポンド、コンデンスミルク100ケース、ペミカン30000ポンド、干し魚3000ポンド、タバコ1000ポンドといったものだった。1909年7月から12月にかけての、22人分である。ピアリーは、犬のために狩猟される自然の食料として、セイウチ、クジラ、アザラシを挙げている。ピアリーの船はシェリダン岬に到着した。冬の間に必要な物資が積み込まれ、246匹の犬たちが、18日間の船旅を終えた臭いをさせて騒がしく岸辺に上げられた。そこで北上するために23台のソリが作られた。冬の宿舎に必要な物資は、数日かけてすべて陸揚げされた。こうすれば、万一船が遭難したり氷で潰れたりしても、乗組員はシェリダン岬で冬を過ごし、春には極地に行き、サビン岬まで350マイル歩いて、スミス湾の氷を越えてエタに行き、船を待つことができた。物資はすべて箱に詰められ、空になった箱は家を建てるために使われた。

ピアリーは、ソリの旅に持ち出す調理器具について、非常に詳しく説明している。[14]

我々がソリの旅で使うキッチンボックスは、ただの木箱で、なかに4インチの芯のついた2口の石油ストーブが2つ入っている。2つの調理鍋は、5ガロンの石炭油缶の底に蓋をしたものだ。梱包するときは、底面を上にして各ストーブの上に置き、木箱の蝶番の蓋を閉める。テントでもスノーイグルーでも、キャンプに到着すると、キッチンボックスをなかに置き、ボックスの上部を上に向けて、ストーブの熱でイグルーの壁が溶けたり、テントが燃えたりしないようにする。箱の前面の蝶番を倒すと、テーブルのようになる。二つの鍋に氷を入れてストーブの上に置き、氷が溶けたら片方の鍋はお茶に、もう片方は豆を温めたり、肉があれば茹でたりするのに使う。

各人が狩猟用のナイフを持ち、鍋の中にナイフを突き刺して肉片を釣り上げるなど、さまざまな用途に使った。「フォークのような丁寧なもの」は持っておらず、4人のパーティではティースプーン1杯で十分だと考えられている。

野外活動のセオリーとして、食事は朝と夜の1日2回。日が短くなると、食事は明るくなる前と暗くなってから取り、明るい時間帯は完全に仕事のために残しておく。時には24時間、食事をせずに旅をしなければならないこともある。

過去に極点に到達できなかったことについて、ピアリーは、他でもない食料供給の重要性を認めている。

私の体はこれまで、どんな要求をされても、私の意志に従うことができた。私の冬の仕事は、おもに装備の改良と、何キロの物資と何キロの距離を計算するかという数学的な計算の問題だった。87度6分で引き返さざるをえなかったのは、食料が不足していたからだ。北極というラインの黄金を守るドラゴンは、寒さではなく、飢えである。

極点に向かう最後のソリの旅で働くための、標準的な1日の配給はつぎのようなものであった。ペミカン1ポンド、シップビスケット1ポンド、練乳4オンス、圧縮茶半オンス、液体燃料、アルコール、石油6オンス。つまり、1人あたり1日あたり合計2ポンド4.5オンスの固形物を摂取することになる。[15] ピアリーは、体温維持にも筋肉にも、他の食べ物は必要ないと考えていた。ソリを引く犬も1日1ポンドのペミカンを食べた、しかし食料が足りない場合はそれよりも少ない場合もあった。

それぞれのソリには、50日間生き延びられるだけの食料が積まれていた。必要であれば、数匹の犬を犠牲にして他の犬に食べさせることもあり、その場合は60日間に延長されることもあった。ピアリーにとって北極のゴツゴツした氷を、荷を積んだソリで渡るのは大変なことで、風も強く、寒さも厳しかった。ペミカン、ビスケット、紅茶、コンデンスミルク、液体燃料など、十分な体力を維持できる量を引きずるには、相当な力が必要だった。この最後の旅では、あまりの寒さに、持っていたブランデーの瓶が凍ってしまうこともあったと書いている。

あの旅で空腹を覚えたかとよく聞かれる。空腹なのかどうなのか、よくわからない状態だった。朝晩はペミカン、ビスケット、紅茶を口にふくみ、案内人や先発隊はその日の進行の途中でお茶と昼食をとった。かりにたくさん食べていれば、食料の残りが少なくなってしまっていただろう。私自身についていうと、戻った時には出発時からくらべて25ポンドほど減っていた。


ピアリーがはたして北極点に到達できたのかどうかは70年以上論争の的になっていた（ピアリー自身は北極点まで5マイルの地点に迫ったが、到達にまではいたらなかったとしている）。多くの論争のあとで専門家の分析によって１９８９年に英国地理学会はピアリーが１９０９年に北極点に達していたという結論を出した。

この認定は、犬ぞりや空中投下などを駆使した徒歩のみでの北極点到達の、かなり後になってのことであった。１９６９年4月6日、ウォーリー・ハーバートとイギリス極地横断探検隊のアラン・ギル、ロイ・コアナー、ケネス・ヘッジズが北極点に到着し、そのまま初の北極海地上横断を達成した。しかもその横断は、その最長軸であるアラスカのバローからスバールバルまでのルートで達成された。１９８６年、ウィル・ステッガーは7人の隊員とともに、犬ぞりで無補給のまま極点に到達したことを確認された最初の人物である。

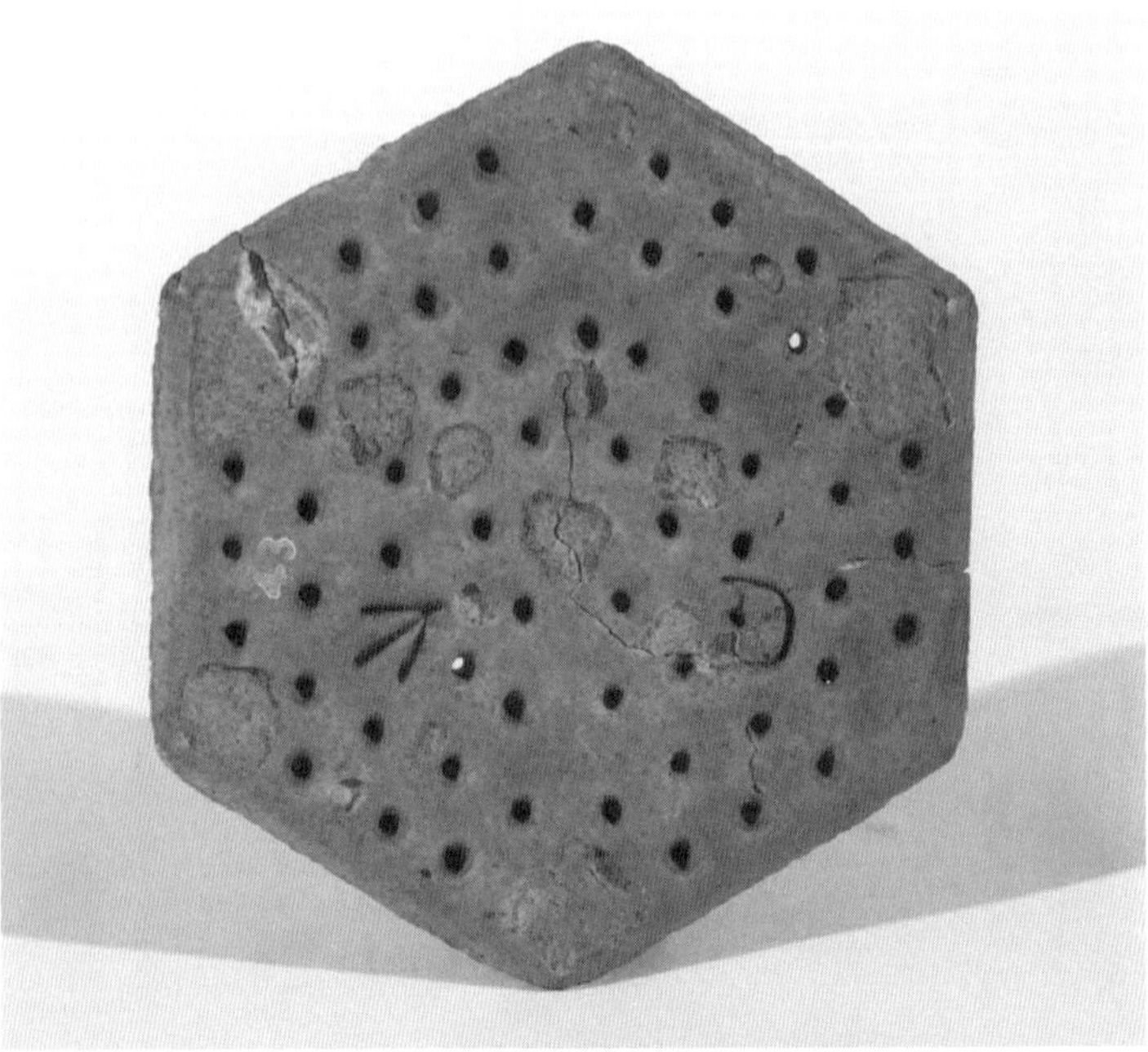

1849年、ジェームス・ロス卿がポートレオポルドに残したシップビスケット。王立地理学会。英国地理学会。

2005年には、イギリスの探検家トム・エイブリーと4人の仲間が、木製のソリのレプリカとカナダ・エスキモー犬のチームを使ってピアリーの旅の往路を再現した。

この旅はピアリーの旅を再現することで、ピアリーが北極点に到達したことを証明することが目的だった。かれらは、自分たちのソリの重さをピアリーのソリと同じにして旅に出た。かれは、ピアリーよりも5時間近く早く、36日と22時間で北極点に到達した。食事については、ピアリーのペミカン、チョコレート、クッキーの食事を再現する選択肢もあったが、かれは摂取カロリーを合わせ、かれらが慣れ親しんでいるフリーズドライの夜食とサラミスティックといった現代の遠征食にこだわることを選択した。しかし、それ以外の糧食について言うと、ピアリーの時代から変わっていないものもある。朝食用ミューズリー、チョコレート、ビスケット、紅茶、コーヒー、粉ミルクといったものだ。[16]
インタビューのなかで、エイブリーは食料の準備の重要性について強調している。

1日1万キロカロリーまで消費していたのに、1日6500〜7000キロカロリーの摂取ですから、事実上の飢餓状態ですよね。朝は粉ミルクと砂糖たっぷりのグラノーラ、ホットチョコレート、紅茶をとりました。そして、道中では、ドライフルーツ、サラミ、ナッツ、チーズ、高エネルギーの食品、チョコレート、ファッジ、ビスケット、フラップジャックといったものを食べるのです。そして夜は、スープと、袋に入ったフリーズドライ食品を煮て食べるんです。でも、その時はすべてバターを足します。晩にはバターを紅茶に入れます。しまいにはバターをそのまま食べるようになりました。グラム当たりのカロリーが他の食品と比べて大きいからです。1グラムあたり8キロカロリーあります。オリーブオイルは9キロカロリーです。ノルウェー人はオリーブオイルをそのまま飲みます。さらにいうと、ラードは1グラムあたり10キロカロリーあります。私たちは、毎日バターを補給することで、乗り切りました。[17]

南極の探検：計画か死か

「北極点到達！」というニュースが世界中を駆け回り、ピアリーがそれを達成したことが分かると、他の探検家たちは計画を変更する必要に迫られた。1909年の9月、ロアール・アムンセンはこのニュースを聞いた時には北極探検の準備をしている最中だった。かれは自身の行う北極探検の予定に変更はなく、これはあくまでも科学的な目的でのもので、記録を破るために行うのではないと発表していた。これは、かれの財政的な支援者を納得させて、支援を継続してもらうために行ったものだった。アムンセンはこの時点でかなりの借金を抱えており、かれの秘密の計画、すなわち「最後の解決されるべき大きな問題」である南極を目指すという計画を明かすことを賢明な判断だとは思わなかったようだ。かれは当初の計画から出発を2年ほど遅らせ、かれの人生をかけた探検にむけて十分な資金を集めた。

勝利は、すべてを整えた者を待っている。人はそれを幸運と呼ぶ。必要な予防措置を怠れば、敗北は確実である。それは不運と呼ばれる。[18]

ロアール・アムンセン

アムンセンの計画は8月中旬までにノルウェーを出発し、まずマデイラに行き、そこから大西洋を南下し、それから東へ向かい、喜望峰の南を通り、オーストラリアを経て、船団を押し出して1911年の新年にロス海に到着するというものだった。

アムンセンはフラム号で行ける最南端の地、南極大陸の氷棚にあるくじら湾を拠点とした。海岸に着いたら、小屋を建て、食料を陸揚げしたら、すぐに平原に物資を運び、できるだけ南に基地を置くという計画だった。かれは、物資を南緯80度まで持っていき、そこから極点までのソリの旅を始めたいと考えていた。

食料品はすべて木箱のなかにブリキ箱で梱包されていた。アムンセンはクルーに十分な栄養を与えることができるという自負があった。この探検のために、かれは栄養学の専門家であるソフス・トープ教授に相談した。かれは、部下が高エネルギー、少量、高脂肪・高カロリーの濃縮食品を必要としていることを知っていた。1911年の探検日記によると、ビスケット、ペミカン、バター、チーズ、砂糖、ココアなどを補給し、1人1日4590キロカロリーを供給していた。エネルギーの大半は炭水化物からで、4427キロカロリーだった。

必要な缶詰の半分はモスの会社から調達した。この会社の経営者は、隊員や犬が食べるペミカンの準備も行っていた。このペミカンは、以前の遠征隊が使っていたものとは本質的に違っていた。今までのペミカンは、乾燥肉とラードを混ぜただけのものだった。しかし、今回の遠征では、野菜とオートミールが追加された。そうすることで風味がよくなり、アムンセンの記述によると消化もよくなったそうだ。「これほど刺激的で滋養に富み、食欲をそそる食べ物はないだろう」と、自己満足を込めて書いている。

アムンセンは犬のために、魚と肉を使った2種類のペミカンを買った。どちらも乾燥魚（または肉）とラードのほかに、乾燥乳とミドリング〔ふすまを含んだ粗びきの小麦粉〕が一定の割合で入っていた。ペミカンは1ポンドと1・5オンスの2種類に分かれていて、そのまま犬に出すことができた。

もちろん、5カ月間の船旅では、また違った食のプランニングが必要だった。アムンセンは犬のために、乾燥した魚とラードの樽を探し求めた。また、船上で豚、鶏、羊を飼っていた。船内にはフルキッチンがあったが、ソリの旅用にストックホルムからプリムスという調理器具を持っていった。石油を使うので、以前アムンセンが使っていたナンセン・クッカーなどに比べて場所を取らなかった。

ソリの旅用の食料はシンプルで栄養価の高いものだった。アムンセンによれば、「豊かでバラエティに富んだメニューは、仕事のない人のためのもの」だという。

ペミカンのほか、ビスケット、粉ミルク、チョコレートもあった。ビスケットはノルウェーの有名な工場から贈られたもので、その起源に敬意を表している。このビスケットはオートミールに乾燥乳と少量の砂糖を加えて焼いたもので、私たちのために特別に作ってくれたものだ。滋養に富み、味わい深いものだった。効率的な荷造りのおかげでビスケットはずっと新しくサクサクした状態だった。このビスケットは我々の毎日の食事の非常に大きな部分を占めていた。そして、この成功に少なからず貢献したことは間違いない。

粉ミルクは、私たちにとって比較的新しい商品といえるが、もっと知られてもいいはずだ。これは元々ヤーデン地方のものだ。熱も寒さも乾燥も湿気も粉ミルクをダメにすることがない。私たちは考えられるあらゆる気候を想定して粉ミルクを小さく薄いリネンの袋に入れて大量にもっていった。パウダーは探検の最終日にも初日と同じ状態を保っていた。私たちはウィスコンシンの会社から乾燥させた牛乳も手に入れていた。この牛乳にはモルトと砂糖が加えてあり、私の意見では素晴らしいものだった。これも探検を通してずっといい状態にあった。チョコレートは世界にその名を知られた会社から調達した。そしてありとあらゆる称賛を受けるべきものだった。全体的に私たちの物資はとても満足のいくものだった。[19]

アムンセンは、荷物の詰め替え作業でも幸運に恵まれた。物資はすべて、重さを量るのではなく、数えることで分けられるような形になっていた。ペミカンはすでに半キログラムの小分けになっていた。チョコレートも小分けになっていた。粉ミルクは1食分の10・5オンスの袋に入れられていた。ビスケットは数えることになったが、これはもっとも面倒な作業だった。一人当たり一日40個の配給で、その数は数千個に及び、正確な数でいうと6千個になった。しかし、アムンセンはオートミール、砂糖、ドライミルクからなるビスケットに大満足だった。このように、いくつかのものを用意することが、かれにとっては効果的だった。こうした環境にありがちな、脂肪や糖分への欲求に悩まされることもなかったという。アムンセンにとっては、砂糖菓子、ジャム、果物、チーズなど、他の食料を船に残して徒歩で出発したのがよかったようである。[20]

アムンセンは、犬の屠殺がいかに重要であったかを述べている。これは、隊員たちだけでなく、残った犬たちにもごちそうになった。「犬の肉がおいしい夕食になることが分かった。大変な美味で、思ったほど柔らかくはないが、食欲がないときには私たちにとっては完璧な美味しさだった。私は5切れほど食べ、鍋のなかにもう少しあればより満足しただろうと感じた」[21]。フライパンもバターもないので、犬の肉は焼けない。その代わりに、より簡単で手早くできる調理法として茹でて食べた。

野菜入りのペミカンを入れると、ほぼ野菜入りの肉のスープといえるものになった。この宴のあと、残ったペミカン、ビスケット、チョコレート、粉ミルクなどの食料をすべて数え、残ったソリに注意深く分けた。この作業で、もう一度ビスケットを1枚1枚取り出して数えたが、その時点でもまだ数千枚あった。この時からアムンセンは、18頭の犬で南極点を目指し、16頭で帰ってくるという計画を継続することに自信を持った。のちにかれがノートに書いているように、この余分な食事が、かれの目覚ましい成功に少なからず影響を与えていた。

南極点への初到達をかけたアムンセンのライバルだったイギリス海軍のロバート・ファルコ

1912年のスコット隊のテラ・ノヴァ探検における一日あたりの一人分の配給。王立地理学会。 英国地理学会。

ン・スコット船長は、1901年にアーネスト・シャクルトン、エドワード・ウィルソンと共にディスカバリー号で南極点到達を目指している。しかしながら、2月後に南緯82度の地点まで達したあとで、雪による視界不良と壊血病のために撤退を余儀なくされた。1907年から1909年にかけて、アーネスト・シャクルトンが再び遠征を行い南極点から180・6キロメートルの地点に到達した。物資が尽きたために引き返した。スコットと4人の隊員が1912年の1月17日に南極点に到達した時点で、アムンセンより1カ月遅れていた。かれらが記憶に残るのは、その不運な帰路についてである。ベースキャンプからの支援のための犬ぞりチームとの合流に失敗したのだった。氷点下50度の、つぎの食料集積地まで18キロメートルの地点で、このままではもう歩くこともできないほど疲れ果ててしまった。旅の終盤、スコットたちは1日に2キロメートルしか歩けなくなっていた。つぎの宿営地までわずか11マイルのところで、スコットとその仲間たちは、疲労と飢えと極寒のために死んでしまった。もし、食料庫までたどり着けたら、そこで料理をし、眠り、冬の間ずっとそこで過ごすことができただろう。

アムンセンとスコットの旅の大きな違いは、計画性だった。アムンセンはハスキー52頭、男5人、物資3トンで行ったが、スコットはソリ犬の代わりに人力で運搬し、17人の隊員、物資1トンを持って行った。その結果、スコットとその仲間たちは命を落とすことになった。一方、アムンセンは探検隊を率いて、1911年12月14日に南極点への到達に成功した。

アムンセンは、食料の選択に細心の注意を払った。かれは、遠征で壊血病にかかった者は一人もいなかったと自負している。壊血病を防ぐために、春に遠征が始まり、缶詰の肉が使われるようになるまでは、アムンセンはアザラシを十分に捕獲して新鮮な肉を手にいれた。その頃には、配給された缶詰の食料で旅を始められるほど、隊員たちは健康な体になっていた。

壊血病：極地探検における最悪の敵

初期の探検家たちは、寒冷な気候の影響を試行錯誤で学んでいた。寒冷地では、体の熱を作り出すためのエネルギーや、体を動かすためのエネルギーをより多く燃焼させる必要があることを体験した。ほとんどの探検家は、このような状況に対する準備が不十分であったため、探検の成功は限られたものだった。

とはいえ、探検家にとっての最大の敵は寒さや飢餓ではなく壊血病だった。アムンセンは壊血病を「極地探検における最悪の敵」と呼んだ。壊血病は深刻な問題で、かれらが食べていた缶詰の遠征食となんらかの関係があったのだが、この2つの関係は長い間、謎のままであった。

壊血病は、1901年にスコットやシャクルトンなどの極地探検家が患ったときから、何十年にもわたって記録されていた。ドネット博士とフレーザー博士は、1877年に発表したマーレの1875年から1876年の探検に関する「壊血病報告書」で、壊血病の症状について述べている。[22]

顔色が鉛色に変わる、目の表情が重くなる、無気力になる、膝や足首が弱る、痛み、関節の腫れ、歯茎の腫れ、歯が落ち、胸のつかえ、など、時には夜盲症になることもある。

壊血病の行き着く先は突然訪れる。「多くの場合、突然死が起こる」。その原因として、「新鮮な野菜、または新鮮な野菜を構成するいくつかの成分、そしておそらく新鮮な動物肉が不足していること」が挙げられている。

これらの食品は「抗壊血病」成分を含んでいるといわれており、壊血病を防ぐ働きをもっているとされる。抗壊血病の成分がなんであるのかについて、今日では共通の見解に達している。抗壊血病成分はすなわちビタミンCのことである。壊血病は南極圏の動物には見られない病気で、なぜならかれらは自身の体内でビタミンCを生成できるからである。

レモンやライムの栄養的な価値は壊血病を防ぐことだというのは、すでに18世紀から経験を通して知られていたが、広く受け入れられるところではなかった。1753年にスコットランドの内科医であるジェームズ・リンドはオレンジやレモンの果汁を蒸発させて濃縮液にすることを勧めたあとで、海の上で対照実験を行った。同じように1780年代に内科医のギルバート・ブレインは、壊血病は野菜と果物、とくにオレンジ、レモン、ライムによって予防あるいは治癒できると主張した。かれはイギリス海軍を説得することに成功し、160万ガロンのレモンジュースをイギリスの艦艇に積み込ませた。しかし、ロバート・スコット船長はレモンジュースを積み込むという助言を受け入れなかった。なぜならレモンジュースの酸味が反対の効果をもたらすかもしれなかったからである。今にして思えば、レモンジュースへの不信感は、加工や保存のための銅製の容器でビタミンCが劣化していたからかもしれない[23]。

1883年に、ベンジャミン・アルボードは『サイエンス』誌への寄稿論文で、1877年のネリズとスティーブンソンの北極点への探検で壊血病に対する予防策がとられていなかったことに対する驚きを明かした。1877年1月の『ロンドン・クォータリー・レビュー』誌のレポートを再掲し、「最初の一行である海軍の精鋭7人のうち、5人が（帰還後）一緒に歩けるようになった。一人は死亡、残りは末期症状である」。『サイエンス』誌への寄稿論文はライム果汁がないのが原因だと主張した。「5月中旬までライム果汁は岩のように固いままだ。4月の寒い時期に寒冷地で働くソリ隊で、ライム果汁を常備しているところはないだろう。さらに、その運搬には余分な重量がかかるため、引きずらなければならない。さらに、ライム果汁を十分に溶かすのに必要な時間も考慮しなければならない」と、ネリズ船長は引用された言葉の中で、判断に失敗した責任を自身に帰している。ネリズは、この後で、つぎのように呼びかけている。「もちろん、今後、ソリを使った旅には、なんらかの形でライム果汁を携帯しなければならない。そして、なんらかの方法で錠剤状にすることができるようになることを切に願っている。液体であるため、寒冷地での使用は非常に困難であり、北極圏の旅行がかなり短縮されない限り、今後もそうだろう」。この記録に基づいて、レター論文では、もし北極圏の探検においてライム果汁の錠剤が手に入らないとしても、ドラッグストアでは、風邪のトローチとして使えるような形状で販売されていると言っている。論文は、北極探検隊の食事にライム果汁を取り入れるより効率的な方法、それはペミカンに入れることだ、と主張した。この論文では1880年にP・S・ウェールズ将軍が、すでにレモン果汁の持ち運びの問題に対する実用的な解決法を、海軍の軍医総監への報告書のなかで提示しているとしている。

ソリに乗るとき、ライム果汁が欠かせないが、持ち運びや調理が大変なので、ライム果汁をペミカン1ポンドに対して1オンスの割合で混ぜるのが適当と考えます。ペミカンは味と風味が大幅に改善されており、より馴染みやすくなっていると思います。これは、通常の食料を食べることができない者がいるため、重要な変更点と言えます。[24]

しかし、ビタミンCと壊血病の直接的な証拠は、1930年代になってから確立された。ウォルター・ノーマン・ハースは、1933年にエドモンド・ハーストの研究チームとともに、ビタミンCの構造を正しく推論した最初の科学者であり、1934年にはビタミンCの最初の合成を報告するにいたった。この化合物には抗壊血病作用があり、「アスコルビン酸」という名称が提案された。ハースは1937年にノーベル化学賞を受賞したが、この賞は他のビタミンの研究を行ったスイスの化学者ポール・カレールとの共同受賞だった。1934年、極地探検で初めてビタミンC錠剤が使用された。[25]しかし、新鮮な野菜や果物のない長旅をする人たちのためにビタミンCが常備されるようになるまでには、あと数年程度の時間を要した。これは、ビタミンがまだ分離、合成、濃縮されていなかったからだった。ビタミンの効能は、それを含む新鮮な食品を食べることで生まれることだけは分かっていた。1930年代以降、ビタミンC摂取のために濃縮レモン果汁が供給されるようになった。1934年、ロンドンのリスター研究所のジルバ博士が、ビタミンCを合成したアスコルビン酸錠剤は北極探検に有用であるとの提案をおこなった。同年、コーマン博士はエルズワース南極探検隊に合成ビタミンCを提供し、これが南極探検に合成ビタミンが使われた最初の例となった。

南極に最適な食事

1939年、アメリカの海軍士官E・バード提督は、アメリカ南極局を代表して南極探検隊を組織した。この探検では南極観測隊に最適な、濃縮された安定した栄養を毎日摂取できるような食料設計を目指した。[26] 調理が簡単で、食べるまでに必要な加熱量が限られていることが条件と認識された。まず最適な食事を開発するために、人間が南極で生きていくために必要なカロリー、タンパク質、脂質、炭水化物、ミネラル、ビタミンの必要量などが検討された。身長180cmの普通の人間を想定すると基礎代謝に必要なカロリーは1日2000キロカロリーだが、他の経験や報告から極地遠征の場合は5000キロカロリーを目標とした。また、消化とカロリーを最適にするために、タンパク質と脂質と炭水化物の理想的な比率を定めた。たとえば、脂肪は重量あたりのカロリーがもっとも高いが、炭水化物がない場合には消化が悪くなる。

タンパク質、脂質、炭水化物については1：2：4の割合が、南極にいる人間には適していると考えられた。鉄、カルシウム、リンの摂取量が必要量に達していないとの報告が多かったため、それぞれ10ミリグラム、800ミリグラム、800ミリグラムが目標値とされた。また、当時ようやく認識されてきた壊血病に対するビタミンCの予防効果を認め、新鮮な果物や野菜がない北極圏の食事ではビタミンCを補う必要があることを提案した。バードの探検では、ビタミンD、A、Eを含む油溶性錠剤と、ビタミンC、B1、B2、鉄を含む水溶性錠剤の組み合わせからなる合成ビタミン剤が初めて船上で摂取された。当時、これらのビタミンの正確な一日所要量は確かに知られていなかったにせよ、この探検隊は、隊員の1日の必要量を完全に補おうとするビタミンの人工的な供給源を携行した最初の探検隊だった。この研究では、ペミカンに取り組むという野望もあった。

極地探検家たちがペミカンよりもおいしいものを求めていたのは周知の事実だが、濃縮された高カロリーの食品を食事に取り入れるには、それしか方法がなかった。それゆえ、すべてのソリによる探検でペミカンは携帯された。この最適な南極食の研究では、十分に安定し、安価で、栄養価が高く、食べやすい新しいペミカンの開発が目指された。粉ミルク、バター、砂糖、チョコレートなど、他の主食も検討されたが、もっとも差をつけたのはペミカンであった。そこで、風冷指数を開発し、「サイプル度」という語を作ったことで知られる生物学者ポール・サイプル博士と共同で、重さ32オンス、5000キロカロリーのレーションを開発した。これまでのレーションと異なり、コショウや乾燥野菜、オニオンパウダーなどを取り除き、それらをペミカンのなかに入れていた。ペミカンは2種類開発された。一つはジョンホプキンス大学のメディカルスクールのダナ・コーマン博士によるもので、もう一つはM．I．T．のロバート・S・ハリス博士とE・ロックハート博士によるものだった。コーマンのペミカンは、レシピに牛のスエット〔腎臓附近の脂〕が入っていた。しかし、牛のスエットは非常に繊細で腐敗してしまい、新たに調達する時間がなかった。そこで、牛スジ肉を使って製造した。この新しい製造法のペミカンでは、嗜好性のテストは行われなかった。このレシピで約500ポンドのペミカンが作られ、蝋引きされたボール紙の容器に詰められた。このペミカンの材料は、調理されたもの、あるいはすでにそのまま食べられるもので、好みの硬さになるように水を加えるだけで食べられるようになった。

コーマンのペミカンのレシピ

下処理をした牛のスエット…32%
牛レバーの微粉砕…12%
大豆…4%
全粉乳（クリム）…30%
乾燥エンドウ豆とライマ豆のスープ…5%
脱水マッシュポテト…7%
濃縮還元野菜…8%
ヨウ素添加食塩…0・8%
挽きたてのスパイス（ブラックペッパー、カイエンペッパー、ジャマイカジンジャー、タイム）…1・1625%
乾燥ビール酵母…0・0375%

ハリスのペミカンの味については、ピーナッツバター、ココナッツオイル、全粉乳、ビジェックス、グルタミン酸などの嗜好成分をテストしたが、風味を向上させることはできず、その代わりに、とてもシンプルなレシピが使われた。このペミカンは調理する必要がなく、固形の植物性油脂を含み、腐敗を防ぐことができた。このタイプのペミカンは３０００ポンドほど準備された。

ハリスのペミカンのレシピ

調理済みシリアル…25％
乾燥させた牛レバー（調理済み）…5％
乾燥させた牛肉（調理済み）…30％
濃縮還元野菜ジュース（パッテンズ）…10％
水添植物油（スプレー）…30％

配給品のほとんどは一般的に購入可能なものであったが、チョコレートやビスケットは特別に調合されたものだった。ルース・ワイルズ・ベイキング・カンパニーでは、ビスケットの配給の一部として、2倍の厚さのグラハムクラッカーを用意し、ユージニア・ミルズ社のアナ・Ｅ・シュナイダー夫人は、「ユージニア・ビスケット」と呼ばれることになる特別なトレイル・ビスケットを用意した。アナ・ユージニア・エマ・シュナイダー（１８８９年生まれ）は、米国初の女性製粉業者として知られている。ボルティモアにある彼女の会社は、ユージニア全粒粉を製造しており、1939年のバード提督の南極探検に、数百缶のビスケットを提供した。
アナ・シュナイダーは一般の女性とは少し違っていた。アナは、当時の新しい食品の発明家でもあった。アナは白いパンに対抗する全粒粉栄養キャンペーンに携わっていた。彼女の事業をサポートする医師や科学者のうち一人が、バードの南極探検の計画者に連絡を取るように勧めた。その一人とはポール・サイプル博士だった。サイプル博士はアナに、以下の条件を満たすトレイル・ビスケットの開発を依頼した。その条件はまず味がいいこと。そして、南極へ向かう途中の熱帯の暑さや、到着後の氷点下の気温のなかでも、極めて良好な保存性を保てるというものだった。

ハチミツをビスケットに練り込むという当初のアイデアが採用された。そして、4つの研究所で試験を行ない、ユージニア・ビスケットとして認められたレシピを考案した。このビスケットは、保存性はもちろんのこと、味も合格点に達していた。そのビスケットは南極に渡り、探検隊の間で、とてもおいしいと評判になり、25年後に缶を開けてみたら、まだおいしかったということもあった。[27]

ユージニア・ビスケットのレシピ、ユージニアフラワーから

全粒粉…16オンス
ハチミツ…7.5オンス
ココナッツオイル…2オンス
塩…1オンス
ベーキングパウダー…½オンス
水…2オンス

アナ・シュナイダーは第二次世界大戦中の軍用非常食としてユージニアのエスキモー・ビスケットを作り出した。このレシピでは、ビスケットにより多くのハチミツが含まれている。戦後、彼女はこのクッキーを「ユージニア・ハニービスケット」としてアメリカで販売した。現在でも、アナ・シュナイダーは小麦の栄養価の高さを世に知らしめた人物として知られている。[28]

探検隊のもつビスケットのバラエティを豊かにするために、ユージニア・ビスケットにネイビーパイロット・ビスケット、全粒粉クラッカーなどが加えられた。チョコレートについては3種類あった。ネスレのスウィート・ミルクチョコレート、ネスレのセミスウィートチョコレート、そして軍用の緊急糧食チョコレートだった。それぞれをどの程度持っていくかは何度かの試験のあとで決められた。最終的に、3人で2カ月もつ量の6つのレーションが準備されることになっ

た。これに加えて、ビタミン補給用のカプセル、トイレットペーパー、マッチ、そしてメタ・タブレット（キャンプ地での燃料としてつかうメタルアルデヒド）などが含まれた。レーション全部のなかには、つぎの13の食品がふくまれることになった。ベーコン、ビスケット、バター、ココア、シリアル、ドライフルーツ、レモンパウダー、チョコレート、粉ミルク、ミックスナッツ、ペミカン、塩、砂糖である。

重量を軽くするために、鉛の容器に入れられていた食べ物は紙の袋に入れられるようになった。この実験の間、紙の袋は大きな問題になることがわかった。紙袋が破れて粉ものが漏れてしまうことが分かったのだ。タールと紙で覆われた袋に包まれたベーコンは、カビで完全に腐敗してしまった。セロハン包装の方がよかったかもしれない。また、再梱包してもナッツの味が新鮮でなく、腐敗しており、食べてもおいしくなかった。現在では、プラスチックやアルミを多層にした軽量なポーションパックやジップロック、真空パックなどが、これらの問題を解決している。もう一つ重要な現場での教訓は、心理的な要因であった。長い間、毎日野外で食べる食事は、量だけでなく種類も豊富でなければならない。たとえば、甘めのチョコレートは甘すぎて、割り当てられた量を食べるのは難しい。

それでは、結局、どのペミカンが味覚テストを制したのだろうか？　答えは2つとも不合格というものだった。この新しいペミカンは、この食べ物に対する馴染みがないため、問題を引き起こした。奇妙な味がし、甘すぎることがわかったのだ。ハリスのレシピは味がしなかった。コーマンのレシピは味が強すぎ、単調な味になってしまった。

ハリスのレシピの方が、見た目からくる心理的な効果はあった。コーマンのレシピは、準備の段階で油っぽい印象があった。ペミカンについての研究の結論は、味覚についてさらなる開発が必要というものになった。最終的には、「食事のバリエーションを増やしてほしい」という提言がなされた。こうして「完璧なペミカン」は、矛盾した表現として残らざるをえなかった。

エレファント島の濃いスープとアザラシ

南極探検の英雄時代を築いたイギリスの探検家、アーネスト・シャクルトン卿は、3度南極に行った。最初はスコット船長のディスカバリー号の探検隊の一員だった。2度目は、南極へ向かうニムロッド探検隊を率いてだった。1914年の3度目の挑戦では、エンデュランス号で南極大陸を海から海へ、極点を経由して横断することを目指した。この旅で船は流氷のなかに閉じ込められ、上陸する前に徐々に押しつぶされてしまうという、英雄的な危機脱出の物語を披露した。乗組員たちは、海氷が崩壊するまで海氷の上でキャンプをし、救命ボートを出してエレファント島にたどり着き、難を逃れた。

この島には定住者がおらず、それを可能にする動植物も存在しなかった。シャクルトン探検隊の船長フランク・ホージーは、島の名前の「t」を無音化し、頭に「H」を前置きして「ヘル・オブ・アン・アイランド（Hell-of-an-Island）」と発音したと、この時の記録で記している。[29] シー

3日半ぶりの飲み物と温かい料理。エレファント島に到着したウェッデル・シー・パーティーの乗組員（1916年）。王立地理学会。英国地理学会。

ズンには、ジェンツーペンギン、アゴヒゲペンギン、アザラシなどの動物が海岸にやってきた。この島は、1916年に遭難したアーネスト・シャクルトンとその乗組員が、エンデュランス号を失ったあとに、荒涼とした環境のなかで避難した場所として有名になった。漂流する氷との格闘の末、28人を乗せた船はこの島に上陸した。シャクルトンは5人の隊員とともに、800マイル離れたサウス・ジョージアの捕鯨基地に向かうため、副官であるフランク・ワイルドにエレファント島の隊員たちを任せたまま、屋根のない救命ボートに乗って出航した。残された男たちは、ひっくり返して石で補強した2隻のボートのなかで、数カ月間、鯨油ランプの明かりで生活することになった。かれらは、シャクルトンの救助船による帰還を4、5カ月も待つことになった。

隊員たちはペンギンやアザラシを狩っていたが、秋から冬にかけての成功率は非常に低かった。多くが病気や凍傷になり、餓死寸前の状態に陥った。

フランク・ワイルドは、食料の入手と配給に問題を抱えていた。シャクルトンがいつ助けを連れて帰ってくるかわからない。一方では、かれらの健康や体力を維持しなければならないが、他方では食料をあまりに多く貯蔵しすぎて、救出の望みが薄いと思われるのも困る。当時の苦労話は、エレファント島で日記を書いていたトーマス・オルド・リーズの記述にある。リーズは、食料の担当を任されていた。かれは銀行の小切手帳を何枚も使って日記を書いていた。すでに船上でも嫌われ者だったが、島に上陸して食べ物を交換したり売ったりするようになると、さらに嫌われ者になった。結局、フランク・ワイルドが食料の交換を止めさせた。しかし、リーズはその態度といびきで、相変わらず軽蔑され続けていた。後年、リーズはもし人肉を食べるような事態になっていたら、かれが最初の標的になっていただろうと語っている。

当初、かれらの小屋は暗闇のなかにあった。リーズは、夜の間の明かりとして鯨油ランプを作った。その明かりで、数少ない本、それもマーストンのペニー・クッキング・ブックを読むことができた。隊員たちが最初に取り組んだのは、ストーブ作りだった。

そしてペンギンの皮を燃料にする小さなストーブを設置した。ビスケットの缶で煙突をつくったが、度々詰まり、これもペンギンの皮で作ったブラシで掃除して詰まりを除去した。ゾウアザラシ、カニクイアザラシ、ウェッデルアザラシ、マダラフルマカモメ、ウミツバメ、イソアイナメ、何千ものカサガイ、海藻など、ほとんどの場合、かれらは殺せるものを組み合わせて食事を作り出した。こうした動物の肉だけでなく、心臓、肝臓、舌、腎臓、そして脳髄まで食べた。6月になるとリーズの日記にステーキを食べすぎたという記述がでてくる。7月には保存してある食料の目録をつくっており、そのなかは依然としてビスケットや野菜、肉、魚、ビーツの根、カリフラワー、パースニップ、キャベツ、ニンジン、サヤインゲン、玉ねぎ、ほうれん草、カブ、スープ、スエット、モンツキダラ、ニシン、缶詰、魚、子牛のハムのパテ、コーンビーフ、魚のシチュー、子牛の頭、マトンの切り身、ローストマトン、アヒルと豆、ウサギ肉の煮込み、ラム肉と豆、ハム、えんどう豆、乾燥豆、粉ミルク、コーヒー、ココア、ジャム、ステーキなどが記載されている。[30] また、脂身とビオール（骨髄を鍋で煮たもの）、ビスケットを揚げたもの、ビスケットをプリン状にしたものなど、独自のレシピを考案した。フーシュは、肉、脂肪、雪を溶かした粥で、砕いたビスケットでとろみをつけることが多かった。これを基本形として、脂身を揚げたものをフーシュに入れたもの、フーシュにホットミルクをかけたもの、アザラシの肉のフーシュに砂糖を加えたものなど、さまざまなレシピに応用された。[31]

一行は肉食に飽き、糖質を欲していた。玉ねぎやトマトの味が恋しくなっていた。それでも、一日のメインイベントである食事の時間は楽しみにしていたようだ。8月に入ると、食料も燃料も足りなくなってきた。なかには、タバコの不足が最大の難関だったという人もいた。タバコが6月の中旬に無くなると、かれらは落ち込んだ。リーズはジリジリとした字で書いている。「タバコを切らした連中は、とてもイライラしやすくなり、無作法になっている。連中はすわってモップをかけながら罵っている」。かれの記録をみると書かれる内容は、気分や食料品の変化を映している。「明るい天気は、私たちに元気を与えてくれる。冴えない雨の日は、それに応じて憂鬱になる」。寝袋で横にならなければならない時は憂鬱を感じるが、外に出て食料を集めると一日が早く過ぎていく。リーズは毎日どのくらいのペンギンを捕まえ、どのくらいのウェッデルアザラシがやってきて、そのうちの何頭をしとめることができたかを日記に記している。8月14日、リーズは「巨大な妊娠したウェッデルアザラシが小屋に近いアイスバーンになった岸辺にやってきて、それを仕留めた。とてもあつい脂肪をもっていた。ハーレーはダルス（赤藻）を一日中焼いている。ダルスからはまずまずの味のゼリーが手に入る。みたところ800ポンドのアザラシだ。船員はもし我々が食事に不満だったら釣りにでた」と記している。

8月24日、リーズは「今日は最高にいい天気だ」と、またまた陽気なことを書いている。8月30日にはリーズは依然として食料（ビスケット、マトンを塩で煮たもの、マトンの切り身とジャガイモ、うすく切った桃、そしてコーヒー）があるという記録を残しているが、だれもそれらを食べたいという食欲をもっていなかった。

シャクルトンは3度にわたって救助を試みたが、エレファント島を取り巻く氷塊が重く、失敗に終わった。隊員たちは4回目の挑戦でようやく救出された。『ニューヨーク・タイムズ』紙によると、かれらは海藻とカサガイを使った昼食をとっていたところ、助けられたという。[32]

リーズの日記には、アザラシの死骸を煮た昼食の最中に、隊員の一人、マーストンが魔法の言葉を叫んで割って入ったという。「船だ！」と。[33]

1916年の9月11日の救助の後で、『ニューヨーク・タイムズ』紙はシャクルトンとワイルドのインタビュー記事を載せ、天候のせいでアザラシの上陸がなく、かれらの食料が非常に乏しい状態だったと述べている。アザラシの肉が手に入ったときは、隊員のなかには喜びがひろがったが、アザラシの胃のなかに消化されていない魚があったときは喜びはいや増した。別の時、かれらの朝食はペンギンを油で揚げたもの、昼食はビスケットと生のままの脂肪、夕食はペンギンのむね肉とボウリルだった。夏にあたる月がくると、氷が解け始め、岩肌に海藻を見つけることができ、水生の巻貝であるカサガイをつかむことができた。[34]

かれは、これまでの旅で、良い食事を与えることが重要であることを知っていた。そして、壊血病を防ぐために新鮮な肉を食べることの重要性も知っていた。壊血病を防ぐため、かれはビタミン剤を持っていった。ライム果汁のカプセルも持っていったが、これは使わなかった。エレファント島では、結局、隊員たちは新鮮な肉を食べ尽くした。この遠征で、リーズはシルバー・ポーラー・メダルを授与されることになる。驚くべきことに、救助が来た時、男たちはエレファント島に上陸した時よりも良い状態だった。リーズが言うように、「充実したメニュー」で壊血病とは無縁だったのである。

現在の南極圏の食事

南極への探検の多くは、極限の地形に到達すると同時に、人間の限界に挑戦するものであった。最近では、1989年に探検家のアーベド・フックスがパートナーのラインホルト・メスナーとともに南極点に向けて、徒歩による南極点を越えての大陸横断を達成するために出発した。動物もモーターも使わず、スキーとパラセールで行く初めての極地への旅であった。ソリの重さは100キロメートル以上あった。極寒の地であることは承知しており、十分な燃料と食料を準備していた。総走行距離は2800マイルに及んだ。1日に45キロメートル走れるときもあれば、4~5キロメートルしか走れないときもあった。かれらは11月に出発し、大晦日に南極点に到達した。フックスは、同じ年に徒歩で両極に到達した最初の人物となった。南極点に到達したあと、メスナーはより多くの距離を歩こうとし、フックスはそれほど長く歩きたくなかったようで、ときには1日12時間も歩いて空腹に陥るなど、毎日どこまで歩くかで喧嘩があった。食料はごくわずかで、体重は激減し、やがて筋肉が萎縮してしまった。かれらは海岸線に1990年の2月13日についた。その後、メスナーはエベレスト登頂を「南極に比べれば、子供の遊び」と言うようになった。

極地探検では、重要な器官を機能させるために体を温める熱を必要とし、エネルギーの必要性が飛躍的に高まる。その上、ソリを引くとなると、さらにエネルギー必要量は増え、1日約

現在の南極圏でのレーション。現在のソリ旅用の箱に入っている内容。男一人当たりの20日分。男性一人なら20日分、二人なら10日分。ポール・ワード氏提供。

6500キロカロリーと、通常の食事の3倍以上のカロリーが必要となる。このエネルギーは、軽くて、よく詰まっていて、カロリーが凝縮されている携行食でまかなわれる。

現在、南極の旅に持ち出される食料は、より洗練されたものになっている。高カロリーで軽量・コンパクトなフリーズドライ食品は、調理が簡単で時短が可能で、燃料や時間の節約にもなる。フリーズドライにすることで、重量はかなり軽減され、現代のパッケージは、かつて持っていったブリキ缶に比べて格段に軽くなっている。また、脱水食品は昔に比べてレシピのバリエーションが増えた。バラエティ豊かな食品を取り入れる試みはしているもののソリ旅行に携帯する料理の味は、現在では似たり寄ったりになっている。また、高価な脱水食品を使用するため、ベースキャンプで食事する場合の2倍以上のコストがかかる。

ペミカンはどうなったのだろうか？　なぜ、南極の「人気食品」として残れなかったのだろう。缶詰、乾燥食品、フリーズドライ食品、濃縮食品など、現代のあらゆる食品を考えると、ペミカンの本場と言われるカナダでもペミカンが人気を保てなかった理由は、１９０２年の故サスカチュワン主教の言葉にあるのかもしれない。かれはロンドンで限られた聴衆を前に、次のような落胆の言葉を述べたと言われている。「ペミカンを食べるのは、ろうそくを嚙むようなものだ[35]」

第4章　山の探検

地上から天に向かってそびえ立つ山は、天や神に近い存在である。そうした山々は多くの文化で神聖視されてきた。威圧感を感じる者もいれば、そこへ誘い込まれる者もいる。初期の山岳探検は、まだ装備も改良されておらず、山歩きの延長線上にあり、しばしば豪華な食事がポーターたちのキャラバン隊とともに運ばれた。18世紀後半にはアルプスの山々にも登ることができたが、移動は遅く、ほとんどが徒歩であった。電車やケーブルカーで山麓まで行くことはできなかった。プロのガイドは少なく、アドバイザーと相談することもなく、ポーターや召使いが連れて行かれることが多かった。

登山がスポーツとして成立するのは、19世紀に入ってからだった。登頂を目的とした登山がスポーツとして認知されるようになったのは、1854年、アルフレッド・ウィルス卿がウェッターホルンに登頂したことに始まる。その3年後、アルパイン・クラブ（英国山岳会）が設立され、アルピニズムの黄金時代と呼ばれる時代が始まった。黄金時代の初期には、登山はスポーツ的であると同時に科学的なものであった。登山家が機器を担いで山に登り、科学的な観測を行うことも珍しくなかった。登山は徐々に、象徴的な成果をえるために努力する対象となった。観察よりも勝利が追求されるようになり、一番、最速、最多が測られるようになった。

モンブランからの手紙

アルプスの貴婦人、モンブランは、ヨーロッパ最高峰で、イタリアとフランスの国境に白いドームがアーチ状に広がっているが、18世紀半ばまでまったく知られていなかった。スイス人はシャモニー渓谷の危険な山々を「呪われた山」と名付けた。スイス人技師で地図製作者のピエール・マルテルは、1745年にモンブラン山の高さに言及し、その高さを測定している。1760年、ジュネーブの貴族だったホレス・ベネディクト・ド・ソシュールは、モンブランの初登頂に成功した者に金銭的な報酬を与えることを提案した。試行錯誤の末、1786年8月8日、シャモニーの医師ミシェル・ガブリエル・パカールが、ガイドのジャック・バルマとともに初登頂を果たした。当時は今のようにロープもアイゼンもピッケルもない時代であることを忘れてはいけない。パカールたちは長くて重いアルペンストックしか持っていなかった。しかも、パカールは科学機器、とくに重い水銀気圧計を長い木製のケースに入れて運んでいたのだ。

かれら二人の内どちらも出版された形で登頂までの記録を残していない。当人以外が二人の登頂について書いているが、おもにバルマにその功績を帰しており、パカールの役割については低い評価を与えている。イギリスの登山家、アーネスト・ハミルトン・スティーブンスはパカール

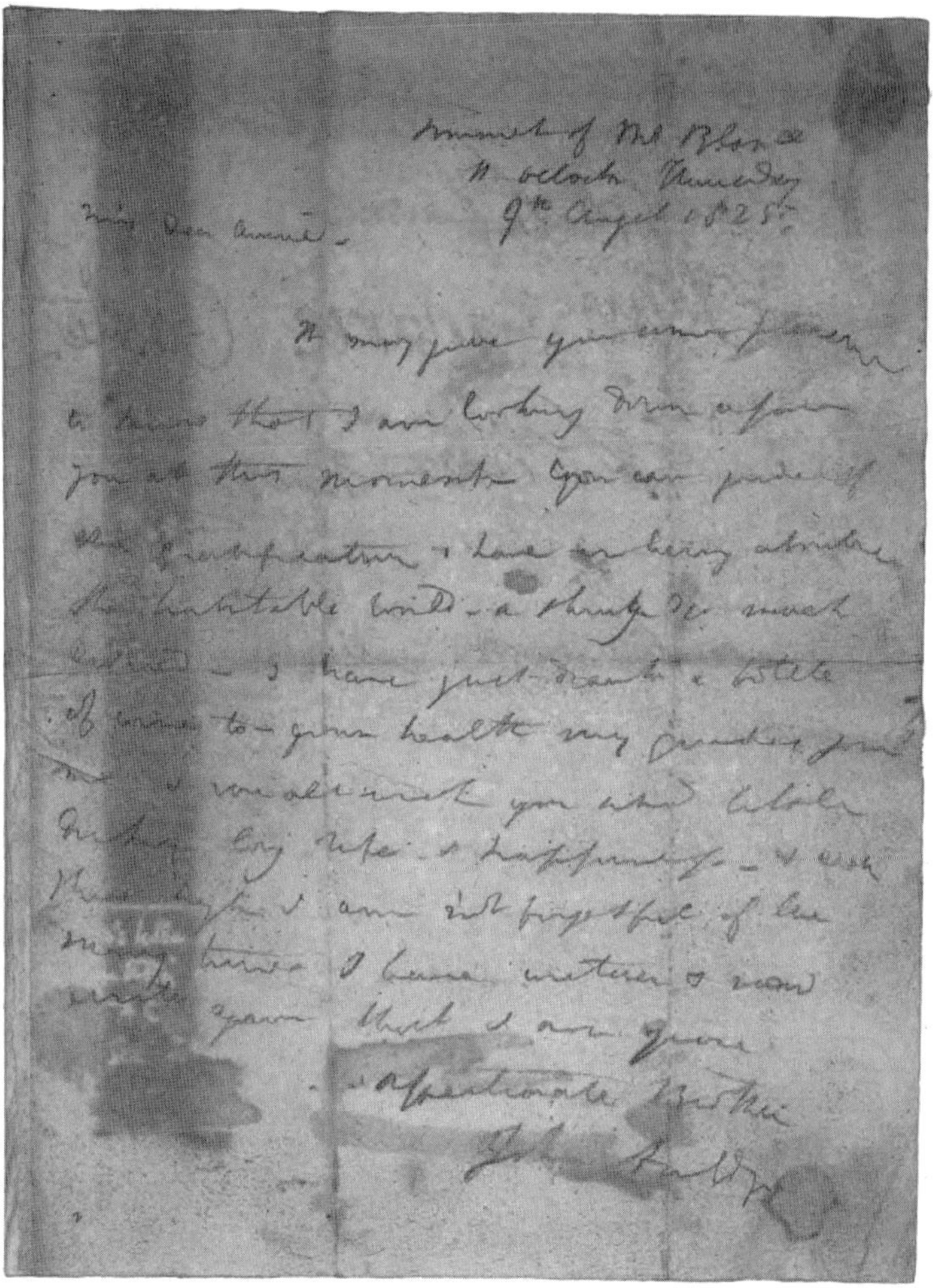

Summit of Mt Blanc
11 o'clock Thursday
9th August 1827

My Dear Annie -

It may give you some pleasure to know that I am looking down upon you at this moment. You can judge of the gratification I have in being above the habitable world - a thing I so much wished - I have just drank a bottle of wine to your health my dearest friend [illegible] & [illegible] wish you the whole during my life & happiness - & [illegible] [illegible] I am not forgetful of the many [illegible] I have [illegible] & now write again that I am your

affectionate Brother
John Auldjo

1827年にモンブランの山頂でジョン・アージャが、かれの妹に宛てて書いた最初の手紙。英国山岳会の写真図書館所蔵、ロンドン。

のモンブラン初登頂に関する失われた記録を『アルペン・クラブ・ジャーナル』誌に発表し、そのなかでかれは、パカールの登頂記録を参照しながら、いかにこの両人が登頂したのかを明らかにした。これによってパカールとバルマを巡る論争に終止符を打った。[1] かれらが登頂に要した2日間の登山における2日目の記録によると、モンターニュ・ド・ラ・コートのビバークを出発した二人は、14時間半もの長い間、勇気と忍耐を振り絞って歩き続け、頂上に到達した。急斜面やクレバスを乗り越え、何時間も登り続けた末に頂上にたどり着いた。もう一晩、山のなかにいたら、凍死してしまっただろう。パカールはのちにこう書いている。「頂上で、記録をつけて食事をしようと思ったら、ポケットのインク瓶のインクが凍っていた。バルマがバッグに入れていた肉も凍っていた」

バルマとパカールはこの初登頂で、エリック・シプトンを含む何世代もの登山家にインスピレーションを与えた。エリック・シプトンはヒマラヤ登山の重要人物となり、ほぼ初めてエベレストに登った人物となった。シプトンはのちにこう書いている。「かれらの勇気と決断は、登山史に残る偉業である。未踏の地であるだけでなく、ガイドの誰もが不可能と信じていたルートによる登頂を、二人が成し遂げたのだ」[2]

1回目でも2回目でもない19回目のモンブラン登頂は、本に掲載されたあとに大変な関心を呼んだ。[3] 1827年にスコットランド系のカナダ人の地理学者ジョン・アージャは6人のガイドとワイン一本と一緒に山頂にたどり着いた。山頂からかれは妹のアニーに情愛を込めた手紙を書いた。これは史上初めて山頂から書かれた手紙だった。この手紙はちゃんと保存された状態でイギリスの英国山岳会に保管されている。この手紙に記された奇妙なスペル、アージャの不安定な筆跡、日付の混乱（かれは１８２５年と記している）は、高度の影響を物語っている。

親愛なるアニーへ
今、私があなたを見下ろしていることを知れば、喜びもひとしおでしょう。私が望んでいた人の住む世界の上にいることの喜びは、あなたにもおわかりいただけるでしょう。今、あなたの健康を祈って、ワインを一本飲みました。私のガイドも一緒になって、ワインを飲みながら、あなたの長寿と幸福を祈っています。そして、この高さでも、私は何度も手紙を書いたことを忘れずにいます。そして、今また、私はあなたの愛情深い兄であることを手紙に書いています。

ジョン・アージャ

当時、モンブランにワインを持っていくことは、決して奇異なことではなかった。下に記す探検隊の食料は、登山用ではなく、ヴィクトリア朝時代のご馳走の買い出しリストに似ている。1851年8月12日、５人の登山者と４人のガイドでモンブランに登るための物資は、量からみてもコストからみても酒が中心であった。[4]

ヴァン・オーディネールのボトル　60本
ボルドーワイン　6本
コニャック　8本
レモネード　6本
パン　20斤
チョコレート　6個
プルーン　4包み
塩　2包み
レモン　6個
マトン肩肉　4つ
牛肉　一切れ
小鳥の肉　85個

サン・ジャン　15本
ラズベリーのシロップ　1本
シャンパン　2本
小さいチーズ　10個
砂糖　6包み
レーズン　4包み
蝋燭　4本
マトンの足　4本
子牛肉の切り身　6つ
大きな鳥の肉　11個

とはいえ、当時にしても、依然として変わったことだと思われていたのは、女性が山に登ることだった。

スカートでの登山とシャンパンに合う食事

19世紀後半、女性が山に登るようになったとき、男らしさを証明する手段として登山を重要視していた男性にとって、それは確かに脅威だった。

この時代、女性は一般に考えられているほど従順でもなく、飼いならされた存在でもなかった。女性たちは文学、哲学、博物学など様々な分野で活躍していたが、競技スポーツや過激な運動には手が届かなかった。これはおもに、女性が生殖器官を守り、母親や妻としての役割を果たす必要があるという認識から、医師が激しい運動をしないようにアドバイスしていたことが大きな要因だった。医学雑誌には、月経の危険性や管理方法についての記事も掲載された。月経の期間、女性は安静にしていなければならないというのが、医師たちの共通認識だった。しかし、これは女性が従順であったということを意味するわけではない。イギリスの町や都市に住む上流中産階級の女性は、好奇心旺盛で教養があり、時には外国語を話すこともあった。そのため、必然的に医学的なアドバイスに対して批判的になり、それが間違っていることを証明するために挑戦するものも出てきた。その頃、医療関係者に対しても多くの批判があったことがそうした動きの助けになった。疾病、早死、障害などに苦しむことが珍しくなかった当時、医師は必ずしも尊敬されていたわけではなかった。医学的なアドバイスを無視して、サイクリングや運動を始めた女性やその家族もいた。そのようななか、女性たちが男性にいち早く続いた分野が、黄金期を迎えていた登山だった。1870年代半ばには、ほとんどのアルプス山脈の山頂に女性が登るようになり、その登山のほとんどが様になっていた。

1830年、アンリエット・ダンジュヴィル嬢がモンブラン登頂に挑戦した際、荷物のなかには羽毛の襟巻、黒いビロードのマスク、そして檻に入った鳩があった。防寒着と杖のほかに、「旅の便利グッズ」と称して、内側に小さなポケットのついたわら編みのバスケット、酢塩の小瓶、オーデコロンの小瓶、折り畳み式のポケットナイフ、大小の扇子、摩擦ブラシ、「ブーツの履き替え用の」靴べら、ゴム枕なども携帯していた。手帳、削った鉛筆6本、ルーペ、一級品の望遠鏡、温度計、キュウリのポマードが入った箱、ビーカー付きのフラスコ2本、アーモンドミルクとレモネード、「5分でお茶を入れるかスープを温める」小さなケトル、お茶の入った箱などを持っていた。

アンリエット・ダンジュヴィルは、シャモニーの6人のガイドと6人のポーターとともにモンブラン登山に出発する前に、医師に相談し、遺書を作成し、そして旅行のための目録を作成した。彼女は「男たちが健康で栄養不足にならないような十分な食料、すなわちマトン2脚、牛の舌2枚、家禽24羽、大きなパン6個、サン・ジャン18本、ブランデー1本、シロップ1本、ヴァン・ノディネール1樽、レモン12個、砂糖3ポンド、チョコレート3ポンド、フランスプラム3ポンド」をもっていくことを命じた。この食料を運ぶのに6人のポーターが必要だったようで、この食料は男性たちを支えるためにも必要だったようだ。自分のためには彼女はわずかなものしか持っていかなかった。レモネード、鶏のスープ、フラスコに入ったブランマンジュ、そしてプルーンだ。ブランマンジェとは、砂糖、牛乳、生クリームにデンプンやゼラチンでとろみをつけた白いプリンで、どうやってフラスコに入れて持ち歩いたのかは謎のままである。[6]

　女性によるヨーロッパ最高峰の初登頂は、このように豊富な記録で語られている。アンリエット・ダンジュヴィルは、まったく別の動機で、文字通りガイドに引きずられてきたもう一人の女性を除けば、最初の女性である。シャモニーの谷で生まれたマリー・パラディは、ダンジュヴィルより22年前の１８０８年、ジャック・バルマに連れられて山に入った。「あなたは可愛いし、お金を稼がないといけないでしょう、とガイドに言われたんです。旅行者はあなたに会いたがるだろうし、かれらはあなたに良いチップをくれるでしょう」[7]。18歳のパラディは、バルマと2人のガイドとともに出発した。翌日の終わりには、バルマに懇願するようになっていた。「私をクレバスに放り込んで、あなたたちは好きなところへ行ってください」と。代わりにガイドたちは彼女の腕を引っ張って頂上までいった。この恐ろしい登山のあと、彼女は「モンブランのマリア」という名で、シャモニーでもっとも有名な住人となり、地元のレ・ペレリンで繁盛するティールームを開いた。

　その22年後にダンジュヴィルがモンブランに登頂したとき、彼女の名はもっとも高いところにのぼった女性として名を刻んだ。ダンジュヴィルのガイドであったクッテは、「あなたはモンブランより高いところへいくべきだ」と言った。かれともう一人のガイド、デスプランは二人で腕を組んで椅子の形にして、その上にダンジュヴィルをのせて、雪上でダンジュヴィルを可能な限り高いところまで持ち上げた。このことで、ダンジュヴィルは以前にモンブランにのぼったどんな男よりも、どんな女よりも高いところに達したことになる。頂上で、ダンジュヴィルは友人に向けて手紙を書いただけでなく、小さな本にメモ書きを残している。彼女の思考は自身に向けられたものでなく、自然に対する驚嘆で占められていた。彼女の目がイタリアとの国境に向けられた時、彼女は愛国的な気持ちになり、「私の魂は、フランスの栄光と幸運を願って、熱烈な祈りの言葉を唱えた」と記している。この時、足にメモを結んだ伝書鳩を放ち、パリの伯爵に吉報を知らせようとした。しかし、このハトプロジェクトは、計画通りにはいかなかった。メモはシャモニーに届かず、鳩も巣箱に戻らなかった。レ・コンタミンの上空を飛行中に撃たれた可能性が高い。

1時間ほど山頂で過ごしたあと、ダンジュヴィル一行は帰路についた。男性よりもコンディションが良いのは、かれらに欠けている彼女の意志とモチベーションを考えれば、当然のことであった。「私と違って、楽しみに来たわけではない人たちは、時間が長引き、苦しみに耐えるのが大変だったようです。私は、かれらのところへ戻って、みじめなかれらの状態を見るやいなや、もうためらうことはありませんでした」。彼女は出発前に、大好きなことわざを雪に刻んだ。「為せば成る」[8]と。翌日、木の下で、彼女を運ぶためのラバを連れた男たちが待っていた。ところが、彼女はいたって健康で、自身の足で歩いてシャモニーに入った。

19世紀後半になると、ますます多くの女性が登山の歴史に加わるようになった。

同時に、登山を志さないにもかかわらず山の素晴らしさに導かれる女性も増え続けた。

1854年、ある夫婦が登頂のような華やかさはないにせよ、それなりの満足をえられるモンブラン登山に参加した。

アルフレッド・ウィルズ卿は、アルプス登山の先駆者でもあったが、ちょうど結婚をしたころで、かれの新妻にアルプスの高みを見せたいと思っていた。アルフレッドはガイド役のジャック・バルマだけと秘密の取り決めをしておいて、その夜をメール・デ・グラスでビバークをして過ごすことにした。バルマは老人一人と少年を荷物持ちとして雇った。かれらはかなりの量の装備、マットレス、毛布、シーツ、コーヒーポット、グラスなどに加えて、ナイフとフォーク、スプーンを持って、8月28日に出発した。老人がこうしたもの一式を背負い、少年はその瞬間を祝うための品を持った。かれらは一日中氷河を登り、トレラポルテの近くで昼食をとった、そしてメール・デ・グラスまで登り続けた。この喜びにあふれていた午後、かれらがビバーク地点に到達したとき、アルフレッドの妻は座ってスケッチを始め、その間に荷物持ち達は宴会の準備を始めた。午後7時に大きな平たい岩の上で、バルマはテーブルクロスをとりだし、その上にご馳走を並べた。鶏肉、マトン、パン、バター、チーズ、ビスケット、レーズン、塩、砂糖、クリームなどが並んだ。ジャガイモがローストされ、コーヒーが沸かされた。グリューワインもこの宴に並んだ。「この晩よりも嬉しい晩はなかった」とアルフレッドは書いている。すべてが終わったあとで、バルマはことをそつなくこなす人物として知られるようになる。このあと寒い夜と氷点下の寒気がやってきたにもかかわらず、ヴィクトリア朝の応接間において、この晩のことは若い花嫁にとって最高のハネムーンであったとの評判に浴した。[9]

1860年代前半には、名峰のすべての山頂が次々と征服されていった。そして、4つの顔を持つピラミッド型の山、マッターホルンは、「山のなかの山」とも呼ばれ、登頂を巡る国際的な競争の対象になっていった。1865年、エドワード・ウィンパーとかれの探検隊はマッターホルンの登頂に成功した。しかしその帰路に悲劇が起こった。雪崩との遭遇、ロープの切断、そして4人の死という結末によって、登山はヨーロッパ中で忌むべき言葉になってしまった。この悲劇の2年後、イタリア人のグループがイタリア側からマッターホルンに挑戦した。この隊にはウィンパーのライバルであったJ・A・キャレルとかれの探検隊、そしてキャレルの娘のフェリシテも参加していた。彼女は、女性初のマッターホルン準登頂者と言ってもいいだろう。準がつくのは頂上からたった300フィートの地点でひどい嵐が探検隊を襲い、彼女の服をひっくり返してしまったからだ。彼女はクリノーリンという頑丈な繊維でできた特殊なペティコートをドレスの下に着ていた。父親と一行は彼女の服を元に戻そうと頑張ったがかなわずそれ以上登るのをあきらめた。この出来事がおこった場所にはコル・フェリシテという名がついた。これが、いかにして若き女性がその名をマッターホルンに残したのかという謂れとなっている。[10]

4年後の1871年、アンリエット・ダンジュヴィルは、その年の暮れ、マッターホルンに初めて女性が登ることになるのを知ることなく、77歳でこの世を去った。登頂に成功したのはルーシー・ウォーカーで、入念な準備でことに臨んだ。これ以降、女性の登山の黄金時代が始まる。

ルーシー・ウォーカーはイギリス人女性で、22歳の時に医者からリューマチの治療の一環として勧められたことから登山をはじめた。この時は依然として19世紀後半であり、あまり多くの女性が山頂はおろか雪線より上を目指して登山をしていた時代ではない。ルーシーはアルプスの山に登った初めての女性ではないにせよ、登った回数からすると史上初の女性だった。彼女が81歳で亡くなった時、計89回の登山を成功させていた。ルーシー・ウォーカーはいくつかの初登頂も達成している。1868年にリスカム、1871年にマッターホルン、そしてヴァイスホルンに1873年といった具合である。悲しいことに、彼女はその足と同じくらいにペンを動かすことがなかったので、これらの記録達成についての個人的な手記は残っていない。[11]

ウォーカーは数々の山の初登頂を達成した初の女性である。彼女がマッターホルンに初登頂したことで、著名な登山家の仲間入りを果たすことになったが、当時は依然として女性は、男性で「さえ」死んでしまうような山頂を目指すよりは安全な谷を歩いた方がいいと思われていた時代だった。彼女は大柄な若い女性で、どんな男性にも負けないほどに、自分のペースをもち、忍耐力があり、決意をもっていた。それに加えて、彼女は数か国語を話し、針仕事の達人で、持ち前の魅力で人の心をつなぎとめ、リバプールの自宅で人をもてなしていた。特筆すべきはヴィクトリア朝時代のライフスタイルが彼女の登山のやり方にも影響を及ぼしていたことである。白いプリントのワンピースを着て、山に登ったりしていた。山での食事は、スポンジケーキとシャンパン。[12] このおかげでマッターホルンに登った直後、イギリスの週刊誌『パンチ』誌に掲載された文章に見られるように、彼女のファンも敵も大喜びで喝采を送った。

マッターホルンの頂まで、あるレディが櫛を持って登ってきた

まるで空を指差すモニュメントのようなその場所に
真っ逆さまに落ちる勾配の連なりを
ハエでもなければ登れないその吊るされたような勾配を
このレディは同じようにヴァイスホルンにも登ったのだ
そして、さらにすごいことにそこから降りてきた
足の先に見えるはその名もアイスホーン
とても滑りやすいので、うっかりできもしない
どんな氷河も彼女を邪魔できず、どんな絶壁も彼女を止められない
どんな頂も彼女の上には昇れない、それがどんなに高くとも
三度、三つの声援をミス・ウォーカーへ送ろう
私は言うよ、お前たち、彼女が山に登る方法を知らないだって？[13]

ルーシー・ウォーカーは女性登山家のパイオニアの一人だと考えられている。だがドレス姿で山に登るのは実用的でないのは明らかだった。登山に適した服装は、それまでにも問題になっており、スカートの裾に輪っかを縫い付けたり、紐を付けて裾を上げ下げして、散歩を楽しむ斬新な女性もいた。つねにドレスを着ていたウォーカーとは対照的に、アルプスでウォーカーのあとを追って毎シーズン活躍したマルグリット・ブレヴォートは、ズボンを穿いた先駆者だった。イギリスに住むアメリカ人として、ブレヴォートはアルプスで数々の重要な登攀《とうはん》を行った。ブ

レヴォートはアルプスに到着する数日前に、お手本となるウォーカーが登頂を果たすまで、女性初のマッターホルン登頂者になる野望を抱いていた。[14]彼女の登山着における試みは、スカートの裾にある輪に紐を通し、スカートを持ち上げる仕組みを考案したことから始まった。しかし、この実験がうまくいかなかったので、彼女はあきらめ、絶対的なタブーに立ち返った。ズボンを穿くことにしたのである。彼女はシャンパンを飲んだ後、モンブランの山頂でラ・マルセイエーズを歌ったという。

ブレヴォートは、ほとんど甥のクーリッジと一緒に山に登っていたが、もう一人変わった女性が同行していた。この女性は、ツッヘル峠越えを成功させたことから、ツッヘルと呼ばれるビーグル犬だった。彼女は血統書付きではなく、普通の犬だった。ツッヘルは子犬を産むまでは雄だと思われていた。[15]彼女が11歳の時には30の山頂に登り、36の峠を越えていた。おそらくは赤ワインと温かい薄い紅茶をのんでいたおかげだろう。[16]

歴史家が女性登山家を見過ごすのは、彼女たちが自分の体験を書かなかったか、あるいは環境や自然について、外的な観察を記述することの方が多かったからである。女性登山家の名声に目を向けると、シャンパンやケーキなどのその奇抜な習慣に出くわすことがある。しかし、当時は男も豪華な食材や酒を持って山へ行った。歴史家のクレア・ロッシュは、「新しい女性」が現象化する以前から、女性はすでに山に登り、歩いていたと主張している。そのことは英国山岳会の図書館に保管されているガイド誌に、顧客の記録が残っていることからも明らかである。この「新しい女性」は、教育を受け、未婚で、母性を拒否した自立した女性として紹介された。しかし、女性登山家は混成したグループだった。夫と山に登る女性登山家もいれば、父親や兄弟、あるいは友人たちと山に登る者もいた。必ずしもすべての女性が頂上を目指したわけでもない。ある者は歩くことを、ある者は絵を描くことを、そしてある者はなにかを書くことを楽しんでいた。女性にとって、一般的には、登山は色々な理由で行うものだった。ある者にとっては肉体的な努力であり、ある者にとっては個人的な旅だった。彼女たちのもつ色々な動機は、彼女たちの食習慣にも、さりげなく反映されていた。たとえば、キャサリン・リチャードソンは、1888年にアルプスの最後の未踏峰であるメイジュに挑戦する女性がいると聞き、アルプスのドーフィネ地方に駆けつけた。するとその噂の女性は、なんとほかでもない自分自身のことだった。あるガイドは次のように話している。「彼女は眠らず、食べず、悪魔のように歩いた」。登りでは、ガイドの回復を待つために45分待ったといわれている。[17]彼女がいざ食事を取るとなっても、彼女の控え目な食事はパンとバター、それにハチミツとジャム、そして紅茶といったものだった。[18]

山における印象的な業績のリストに入る女性たちの数は多い。ピジョン姉妹、ママリー夫人とメアリー・ペロンなど、挙げればきりがないほどだ。また、ヴィクトリア朝の女性旅行者は、世界を旅する者、航海者だった。彼女たちは、19世紀末から20世紀初頭にかけて、中流階級の、教育を受けた女性たちの間で女性解放の機運が高まっていた時期に活躍した人たちである。ヴィクトリア朝の「自分を高めたい」という情熱は、世界旅行という形で発露された。彼女たち全員に共通しているのは、自立への願望が高まっていたということである。旅の動機は、執筆、絵画、写真、布教など多岐にわたったはずである。社会通念に反する自己顕示欲の現れだという非難を避けるため、女性は個人的な日記や手紙を記し、匿名の出版物を書くようになった。[19] これが、彼女たちが食べ物について書いた理由でもあるのかもしれない。

世界を旅する女性の一人であるイザベラ・バードは中産階級の女性で、医師から野外で過ごすことを勧められ、自分の世界から解き放たれた。彼女の旅はオーストラリアから始まり、夫に先立たれてからも、さらに世界中を旅して回った。彼女は、食べ物と事実と景色に対して鉄のような消化力を持ち、一握りの米とレーズンだけで、高い山や遠い川を馬に乗って何千キロメートルも移動したことで知られている。彼女の旅は、自分で資金を調達しての伝道活動であり、贅沢を許す予算はなかった。彼女の旅は地理的な特性も異なるため、イギリスから食料品を持ち運ぶことは論外であった。そこで地元の食べ物でやっていくことになった。『ペルシャの旅 *Journey in Persia*』のなかに「ローストマトン、ライス、チャパティ、紅茶、ミルクなど、贅沢でも、バラエティに富んでいるでもない食事を楽しんだ」という記述がある。また、マリアンヌ・ノースは、父親とヨーロッパを放浪し、父親の死後、ジャマイカやブラジルに長期間、旅をした人物だ。彼女は以前から、南国に行ってその土地特有の植物の絵を描きたいという夢を持っていた。旅先での主食はパンとバターで、女性旅行者の食習慣の「多様性」の有様を示している。[20]

目標のためにスタイルで妥協することをしない女性もいた。アメリカ生まれのメイ・フレンチ・シェルダンは、裕福な家庭の出身であった。キリマンジャロのサファリなどの旅では、シルクのドレスを着て小道で夕食をとるために敷く可憐な布、ナプキン、エナメル仕上げの食器、コースごとのカトラリーをキャラバンに乗せて携えていった。[21]

また、レディース・アルペンクラブの初代会長であるオーブリー・ル・ボンドは、よく食べることで知られていた。アルペンクラブの雑誌『アルペンジャーナル』では、長年の食の体験を振り返っている。彼女の好物はジャムやフォアグラのパテだった。山では山小屋は少なく、食べ物も提供されていないことは分かっていた。しかし、半世紀にわたる登山をへて、1930年代の保存食の種類の多さに感動したそうだ。魔法瓶が発売されたとき、彼女はこれを現代の登山への贈り物だと宣言した。山中で体験した最高の食体験は、北極圏のノルウェーでのことだったようである。「遠征に持参した食料は、登山家にとって願ってもないほどおいしいものでした。釣ったばかりのサーモントラウトの切り身、トロムソのおいしいパン、おいしいバターとジャム。飲み物は、キャンプ地の近くの小さな農場で作られた濃厚なクリームと、いつでも入れたての紅茶で、登山家のための完璧な食事でした[22]」

同じ頃、遠くオーストラリアでは、フレダ・デュ・フォールがニッカーボッカーに膝下のスカート、ゲートルを巻いて、山での充実感を表現し、同時に食べ物など基本的な欲求に対する一部の女性の姿勢を伝えていた。「すべての原始的な感情（飢え、渇き、暑さ、寒さ。歓喜、恐怖など）は、私たちのものであり、私たちは征服者として立ち、私たちの領域を調査するために、1ヤードごとにその道を獲得している[23]」

エベレストと薄い空気

アルプスのつぎに、世界が目を向けたのはヒマラヤだった。19世紀初頭、イギリスはすでに世界最高峰の山々の位置と名称を決定する「大三角測量」をインドで開始していた。１８５６年、かれらは標高８８４０ｍの最高峰を確認し、王立地理学会は地理学者で元インド測量局長官のジョージ・エベレスト卿にちなんでその英語名をつけた。登山の食の歴史を探る上で、エベレストの歴史を見ることは、人間の能力の限界にある徒歩での食事について多くのヒントを与えてくれる。

イギリス人は、エベレストを常に自分たちの山として捉えていた。インド国境を支配していたため、他国がエベレストにアクセスできなかったからである。ヒマラヤ登山の歴史については、イギリス人登山家が多く書き残している。エベレストへの登山は１９２１年にはじめて試みられており、この時にはイギリスの偵察隊が同行していた。１９２２年、イギリスの登山家たちがはじめてエベレストの登頂を目指し、山に入った。一行には、のちにアンドリュー・アーヴァインと共に探検に参加することになるジョージ・マロリーも含まれていた。アーヴァインとマロリーはともに行方不明になり、マロリーの遺体は75年後に頂上のすぐ下で発見された。

１９２２年の登山でははじめて酸素ボンベが使用された。チベット人とネパール人の荷物持ちたちはこの酸素ボンベを「イギリスの空気」と呼んだ。

イギリスのエベレスト探検隊の登山途中のキャンプでの朝食、1922年3月。英国山岳会フォトライブラリー、ロンドン。

初期のヒマラヤ登山は、あたかも軍事作戦のように捉えられていた。これは、登山が国家的な資金援助を受けた象徴的な試みであったこと、また登山家たちが軍隊にそのバックグラウンドを持っていたことによるものである。登山で使う言葉にも、それが反映されていた。1900年代前半の登山記録には、登頂を試みることを「攻撃《アタック》」と呼ぶものが多い。食に対する考え方も軍隊式だった。山での食料は兵士の食料であった。それは山に合うからではなく、計画に合うという理由からであった。かれらの食料は、栄養や体重、ひいてはパフォーマンスのコントロールという、必要なものを表現していた。後年発行された旅行記で、ブルース将軍は高地キャンプでの食料の様子を報告している。「実際、私たちは食事をどのような名前で呼ぶかはほとんど考えず、食べ物や飲み物が欲しくなったときに、食べやすそうなもの、作りやすそうなものを選ぶだけだった。私はそのうちのいくつかを標準パターンとして分類した。固形物3種類、流動食2種類、刺激物（紅茶を指す）1種類で構成されるものだった。このようなものは、私たちが知っているように、常に豊富にあり、いわば私たちのもつ食料のほんの一部だった」。この固形物3種類はビスケット、ハム、チーズで、流動食が豆のスープとココアだった。ハムとチーズはとても人気があった。[24]

エベレストに初登頂した1920年代、イギリスの登山家ジェフリー・ウィンスロップ・ヤングの代表的な登山マニュアル『マウンテンクラフト *Mountain Craft*』は、山での食の重要性と食と足の関連性を強調している。「登山家は健全な男で、弱点は足と胃袋の2つしかないのが普通だ。新しいブーツや過労は足を、慣れない食事、気圧の変化、過酷な睡眠・食事・運動時間は胃袋を悪化させる」[25]。ヤングは、口当たりの悪い食べ物や楽しく食べることのできない食べ物はあまり効果的でなく、高地では食欲が抑えられるため、登山者には「味のいい楽しい贅沢品」を提供するべきだとアドバイスしている。そのため、初期の山岳遠征では、フォアグラやトリュフ入りウズラなどの珍味や、ワイン、シャンパン、ウイスキーなど、大量の食料が携行された。1922年の遠征における食料には、ソーセージ、イワシ、ニシン、スライスベーコン、スープ、牛のタン、緑黄色野菜、エンドウ豆、豆類などが含まれていた。贅沢品について言うと、トリュフにクオリス、生姜の砂糖漬けやイチジク、プルーンなどのお菓子、ハインツのスパゲティなどがあった。[26]

1922年の挑戦は成功しなかったが、マロリーはあきらめず、再びエベレストを目指すために資金を集めようとした。なぜエベレストに登ろうと思ったのかという質問に対して、かれがこう答えたのは有名な話だ。「そこに山があるからだ[27]」と。しかし、エベレストの登頂は国家の誇りであり、他の国の登山家もエベレストに挑戦しようとしたが、イギリスによる独占的なアクセスの壁に阻まれた。

1924年にジョージ・マロリーのあとを追って、エドワード・ノートンというイギリス人登山家がエベレストに挑戦した。かれはペミカン、紅茶、砂糖、コンデンスミルク、イワシや牛肉の缶詰、ビスケットの箱など、缶や袋に入った食料を第五キャンプに持ち込んだ。これらは極地探検におけるお馴染みの食料である。ノートンは高地における食事の違いについてこう説明している。「高地での食事の難しい点だが、義務感から食べているのであって、体の細胞が使った一日分のエネルギーを補うほどの量を無理に取ることは不可能だ[28]」

1930年代以降、低高度では現地の食べ物を食べて、エネルギーと士気がもっとも必要とされる高高度では、従来型の食料を食べるという新しいライトウェイ方式の探検スタイルが登場していた。しかし、1933年にエベレストに行ったイギリス隊付きの医師だったレイモンド・グリーンは、「ロンドンにいる長官は、遠征隊員がなにを食べたいかという希望に全く耳を貸さない」と苦言を呈している。[29]

それでも、1933年の部隊には、タフィー、ケンダル・ミント、メープルシュガー、缶詰・

保存フルーツ、ジャム、缶詰コーヒーオレ、オヴァルティン、ココア、ボーンヴィータ（チョコレートモルト飲料）、ビスケット、ブランズエッセンス（チキンエキス）からなる高地用特別食が支給された。

標高1万8千フィート以上で登山家のとる食事は単調で口に合わないものだった。1935年のエベレスト遠征に参加したエリック・シプトンは、標高1万8千フィートから2万1200フィートの間ではカロリー摂取が1500から2000キロカロリーあたりまで、減ったと記している。このぐらいの高度になると、登山家は大量の砂糖を、それも一日最大で14オンスほどを欲しがるようになる。登山家は糖分をおもに飲料を通して摂取するようになり、その味に抵抗を覚えることもない。なぜなら、高高度では甘さを感じにくくなっているからである。食欲がなくとも、登山家たちは料理することを楽しむことが多く、なかには鮭やイワシ、果物の缶詰など、特別な食べ物が欲しくなる者もいた。糖分摂取による高所での疲労回復と食欲増進の効果は、軽度の低血糖が大脳皮質を酸素不足の悪影響に対してより敏感にするという動物実験を考えると、興味深いものだった。[30]

フレデリック・マーシュマン・ベイリーは、イギリスの情報将校で、チベットの高地や中国の未知の地域で多くの時間を過ごした人物である。結婚するまでは缶詰や地元の物資に頼っていたが、妻は缶詰を使うことを「非効率な家事」と考えた。チベットではいつでも羊が手に入り、ベイリーはヤクのミルク、バター、クリームなどを入手できたし、旅先に持って来ていた小麦粉とあわせて毎日パンやビスケットを焼いており、かれはこれらが高山病に効くこともわかっていた。

1948年の『ジオグラフィカル・ジャーナル』誌に掲載された論文では、エベレストに向かう大規模な隊員たちに、非常にユニークな方法で新鮮な野菜を手に入れるようアドバイスしている。「シッキムからギャンツェへ行ったときは、特別に野菜を作ってもらっていた。エベレスト遠征では、アルンなどの隣接する谷で野菜を栽培し、数日おきにベースキャンプまで持っていくよう提案する」。さらに、ベースキャンプに一流のシェフ、できればヨーロッパ人か、本当に腕のいいインド人の山岳民族出身者がいれば、一流の食事ができるだろうと勧めている。こうしておけば、山を下りる登山者に大きな精神的優位性を与えるはずだった。しかし、当時のエベレスト探検チームは、食事の計画を立てるのに、より技術的な側面を重視していた。

1939年の遠征では、食事の限界を追求した。ティルマンは、食料の重量を極限まで減らした。そのため、チームは空腹を訴え、自分たちの不振の原因を食料不足に帰するようになった。ティルマンは、加工食品よりもシンプルな食品が良いと考え、ジャムを排除し、配給の量を減らして、地元の単調な味の食品に大きく依存した。[31]

1952年、イギリスの生理学者グリフィス・ピュー博士は、標高25000フィートのチョー・オユ〔ネパールと中国チベット自治区にまたがるヒマラヤ山脈の山〕でデータを収集した。かれの予測では、エベレストの山頂は人間の限界で、生きてその高さまで登るのは不可能だった。

また、ピューは血液が濃くなり、体内の酸素が効率よく運ばれなくなることを防ぐために、水分補給が重要であることを初めて理解した人間でもあった。かれは1日に3〜4リットルの水を飲むようにと、登山者に呼びかけた。また、水に砂糖を入れることで、十分なカロリーを摂取できること、高地で固形物を噛むより楽であることも理解していた。この探検でのもう一つの重要な発見は、圧力鍋である。一行は圧力鍋の価値を確信するようになり、1953年のエベレスト登山には圧力鍋を持参することになった。1952年の探検は、多くの意味で、確固とした科学的背景に基づく1953年の登山の基礎を築いた。

ピューは1953年のエベレスト遠征において、酸素補給の効果や身体能力の測定のほかに、遠征食も担当した。ピューは遠征隊最年少のジョージ・バンドとチームを組んだ。ピューは1年前のチョー・オユでの食事を調査して科学的な証拠を再度検討した。バンドは隊員たちにどういったものが食べたいのか聞き取り調査を実施した。隊員たちのなかにはその好き嫌いに明確な特徴を示すものもいたが、まったく食べ物に関心がない隊員たちもいた。エド・ヒラリーとジョージ・ロウは食べたいものの長大なリストを提出し、そのなかには缶詰の果物、サーモン、脱水加工したスープ、ドライフルーツ、チョコレート、圧力鍋で調理した料理、作り立てのシチュー、ハチミツなどが含まれていた。かれらはまたはっきりと食べたくないものも指定した。このブラックリストのなかには、いつの時代も好まれることのないペミカン、グレープナッツ、サービス・ビスケットが含まれていた。[32]

かつてのヒマラヤ遠征では、現地の食料とイギリスから輸送された食料が混在していた。標高1万フィート以下では、米、ダール（レンズ豆）、アッタ（石臼でひいた小麦粉）を使い、標高1万フィートより上ではジャガイモ、ツァンパ（大麦を炒ってヤクバターとお茶を混ぜたもの）を使っていた。卵と鶏肉は1万3千フィートまで使用可能だった。ヤクと羊は12000フィートから14000フィートの間で購入し、18000フィートの高さまで送られた。ヒマラヤ遠征の食事は、ほとんどが朝食と夕食の2回の食事で消費され、さらに一日に必要なカロリー(4000キロから4500キロカロリー)をまかなうには、非常に大量の食料が必要だった。それでも、計画したカロリーを消費しきれないという問題が発生することがあった。ノイスは探検記のなかで、食べ物に苦労したことを語っている。「朝食、7時15分大きなお皿に盛られたお粥に、グレープナッツを入れる。グレゴリーも私もベーコンを食べたくはない。これは高さのせいではなく、ベーコンのせいだと思う。昨夜のヤクの煮込みだけは無理だったが、ほかの物はよく食べられている[33]」

標高1万8千フィートまで薪をくべて料理を行った。それより上になると料理や十分な量の液体をえることが難しくなる。そこでパラフィンのストーブが使われることになる。雪を溶かして紅茶を飲むための水分をえる。これは時間をくう作業で、燃料の消費も大きくなる。水が手に入れにくいことと渇きを感じにくくなることが相まって、水分補給を難しくする。高高度では水の沸点が低くなり(2万フィートでは摂氏80度、華氏176度で沸騰する)、効率的に料理をするのに十分な熱さをえられず、燃料もかさむ。

1951年までは、業者が提供する圧力鍋を登山家たちは敬遠していた。しかし、1953年のエベレスト遠征で肉とジャガイモの料理に圧力鍋が使用された。シェルパの料理人は、「ビスケット缶に無理やり蓋をして、小さな穴を棒で塞いで安全弁にした、即席の圧力鍋も作って料理していた[34]」。1954年までには、圧力鍋が登山家にも受け入れられるようになっていた。

ピューは、1953年の探検を成功させるためには、登山家の食事に工夫をしなければならないと考えていた。かれは、高地における食の重要性と、食がもたらす幸福を目の当たりにしていた。かれは、より軽量でより甘い、登山家の好みに合った食料を開発したいと考えていた。かれは伝統を破り、陸軍の小部隊の食料を組み合わせて使用した。配給される食料は2種類で、一つ目は缶詰の通常食で14日分と28日分の毎日異なるメニューを組み合わせたものだった。重量が考慮されることなく、この配給品に米とジャガイモが追加された。二つ目はアサルトレーションで2万フィートより上の高度で使用され、重量をできるだけ軽くするために缶詰は使用されなかった。かれはさらに隊員たちに高高度のキャンプでなにであったら食べられるのかと聞いてまわった。その答えにでてきた品はひとまとめにされて「贅沢品の箱」と呼ばれた。こうして、各隊員はアサルトレーションに含まれるもののうち、気に食わないものを贅沢品の箱の内容物と取り替えることができた。ベースキャンプでは、ピューは人気のなかったペミカンやアーミービスケットを食料として採用しなかった。隊員全員の楽しみのために、ピューはアサルトレーションのなかにロールドオーツ、粉ミルク、砂糖、ジャム、甘いビスケット、チーズ、ケンダールのミントバーとバナナバー、アメ菓子、塩、ココア、紅茶、スープ、レモネードパウダーを入れた。ヤクの肉、マトン、コメ、ジャガイモが通常食に付け加えられた。頂上への挑戦の間に、隊員たちはレーションのなかに含まれる砂糖とミルクの大部分を消費した。それ以外は、「贅沢品の箱」のなかのイワシ、サーモン、チーズ、フルーツの缶詰、フランス製ソーセージや、前年のスイス隊の遺棄物のなかにあったビタウィート、雑穀のクラッカー、ハチミツなどを食べていた。

荷物持ちたちの食事はそういったものでなく、シンプルにツァンパやアッタなどで、ペースト状にしたり、生地にしたりしたものを一日3食とっていた。ツァンパ8ポンドは、3日半の旅に出る男の標準的な食料で、1日3500カロリーに相当した。また、砂糖や紅茶も大量に用意されていた。これらの調整により、隊員たちの体力は一昨年よりずっと良くなっていた。改善状況は、体重の減少として測定することができる。1953年には、最初の1カ月間、つまり1万3千フィートに到達後の平均体重減少が2ポンドだったのに対し、1952年は11ポンドだった。1953年は2カ月目に入っても体重は4ポンドしか減らなかった。[35]

1953年の遠征後、ピューとウォードは、より多くの砂糖を摂取することが高地における苦痛の緩和につながると書いている。

「エベレストのウェスタン・クーム〔2万5百〜2万2千フィート〕で、高度に対する耐性の個人差が明らかになり始めた。無食が続くと、標高が低いときよりも異常な疲労感があり、糖分を摂ると緩和される」[36]。また、回収された物資〔以前に登った隊が遺棄した物資が残っていることがある〕から救いの手が差し伸べられることもあった。1953年の探検隊の最年少隊員の一人、ウィルフリード・ノイスは、第4キャンプに到着した時、前年に探検を行ったスイス隊の箱を見つけた時の喜びを語っている。「いよいよ左へ、左へ、箱が見えてきた。オボスポーツ、ネスカフェ、チーズ、オレンジジュース……これらの贅沢品は、冬の間、私たちのために冷蔵保存されていたのだ。今では、食生活に変化を与えるために使われるようになっている」[37]

1953年5月29日、エドモンド・ヒラリーとシェルパのテンジン・ノルゲイは、362

エベレスト登頂に成功したテンジン・ノルゲイとエドモンド・ヒラリーは、ウェスタン・クームの第４キャンプでお祝いのお茶を飲んでいる。ジョージ・バンド撮影、1953年5月30日。王立地理学会。英国地理学会。

人のポーター、20人のシェルパ・ガイド、1万ポンドの荷物に支えられて、ついに世界の頂点に立った。[38] 頂上を制覇した時、ナムチェバザールからカトマンズの英国大使館に無線でそのことが伝えられた。その数日前、『ニューヨーク・タイムズ』紙はエベレストを「地球第3の極」と呼んでいた。[39] 新しい酸素セットと食事、水分補給の工夫もあって、ようやく遠征が成功した時、ピューは日記にこう書いている。「エベレスト登頂は、人間が環境を克服するためのもう一つのマイルストーンだ[40]」

ピューの高所登山への貢献は多大なものだった。かれの科学は、ジョン・ハントのリーダーシップと総合的なチームワークと相まって、ヒマラヤでなにが可能であるかを示した。このあと、エベレスト初登頂からわずか3年で、各大陸の最高峰がすべて登頂されることになる。これがヒマラヤ登山の黄金時代の始まりで、女性もすぐにあとに続いた。

女性たちがヒマラヤへの遠征を計画するようになったのは、初登頂から間もなくのことだった。1955年、エリザベス・スタークは、彼女と2人の友人、モニカ・ジャクソンとイブリン・カムラスが参加する初の女性ヒマラヤ遠征のための食料を手配する際に、エベレスト、カンチェンジュンガ、南極での経験がある男性に助言を求めた。

彼女は、1週間ごとに食料を分けるパッキングプランを作成した。高地での数週間のため、より高地向きの食料が入った別の箱を用意した。北極圏の探検家たちがそうであったように、この作業は彼女にとってもかなりの困難をともなった。大きな箱に入っている食べ物もあり、それを適量に切り分けなければならなかった。さらには、イブリンからは元気がないときのおやつを、モニカからはイワシが好きだから多めに持っていくようにと、仲間から難しい要求が出された。幸いなことに、多くの企業が無償または特別な条件で食料を供給してくれた。企業によっては、「要求する量が少ないのでは」という意見もあった。また、ミンマ（彼女たちのシェルパ）には、ベースキャンプやそれよりも低い場所にいるシェルパのために食料やお茶を買うお金も渡した。シェルパは自分たちの食事、米、ダール、アッタを好んで食べていた。しかし、旅の途中、ジャムが物資から消えたりしたことで、シェルパが洋食に抵抗がないことを発見することもあった。対決の末、女性たちは行方不明のジャムと引き換えに、卵とジャガイモを受け取った。[41] のちに、シェルパはジャムに雪を混ぜてデザートを作っていたことがわかった。[42] ジャムと雪のデザートは、1953年のウィルフリード・ノイスのエベレスト探検記にも、第4キャンプに到着したときに食べる気を起こさせた数少ない食べ物の一つとして紹介されている。「『ラズベリージャムの雪』と、チョコレートもある。我々はあまり食欲がない[43]」

さすがに女性陣は、ベースキャンプでは、ほかのどこのキャンプ地よりもたくさん食べていた。おもな理由は、料理人が食事の準備に多くの時間を割くことができたからである。スープやホットポテトを食べたり、オレンジジュースやレモンフィズを飲んだりした。夕食前の食前酒の代わりに、紅茶とさらにつまみとしてポテト、ビスケットとジャム、イワシを食べた。しかし、より高いところでは空腹を覚えず、登山の途中でチョコレートやミントケーキ、乾燥フリット、アメ菓子などを食べるのが精一杯だった。夕方には食欲も出てきて、マサラ（カレー）やダール、野菜などをおかずにして米を食べた[44]。

この遠征は、より多くの女性がヒマラヤへ向かう道を開くものであり、それは登山家だけに限られたものではなかった。1958年、実質的には主婦である3人の女性が冒険の旅に出た。インドまでの10カ国を車で、6週間で踏破し、ザンスカールでは21日間かけて300マイルを徒歩で踏破した。ザンスカールは当時チベットの一部で、外国人の立ち入りを禁止していた。彼女たちはこの地を初めて横断したヨーロッパ人で、処女峰に登り、ビティ・ギリ（妻たちの頂）と名付けた。そのなかの一人、イブ・シムズは、自らいうところでは「新婚で料理の経験がない」のだが、旅行の食料を整理する役目を担っていた。農業省に脱水食品を依頼し、探検記を読み、食品を供給している会社の名前を書き留めた。彼女は配給リストをつくり、ほかのチームメンバーであるアン・デイヴィスとアントニア・ディーコックに送り、承認をもとめた。2人はすべてをそのまま受け入れたが、ただひとつ、コーヒーの銘柄を変更した。シムズは脱水した肉、野菜、果物、魚、粉ミルク、コンデンスミルク（雪と混ぜてキャラメル・グラッセを作った）、砂糖、ビスケット、ジャム、チョコレート、レモネードパウダー、マスタード、寝酒、ポテトパウダー、インスタントコーヒー、紅茶など、すべての物資を寄付や割引価格で受け取った。シムズはお茶を大量に注文したので、みなの話題にもなった。彼女は、すべての荷物を分類し、梱包し、リストアップし、往路用、山行用、帰路用と分けた。山行用、帰路用の2つは、船便でボンベイに送られた。[45] 5カ月後、かれらはイギリスに戻り、二度と登山をすることはなかった。イブ・シムズの言葉は、彼女が山を探検する動機が、ほかの人に劣らず高貴なものであったことを証明している。「私はこれまで父の娘であり、夫の妻であったが、今回は私自身になったのです」

1970年代になると、ヨーロッパの山で女性を見かけることは当たり前のようになった。しかし、日本ではまだ、女性にとって夫や家族が第一であった。田部井（旧姓：石橋）淳子が女性初のエベレスト遠征を計画していた頃の話である。彼女は妊娠したために、まず義務を果たしてから遠征の計画を立てた。登山許可は妊娠4カ月の時点で下りたが、最終的に彼女は1975年にエベレストに挑戦することにした。娘は2歳半になっていた。文化的にも財政的にも非常な困難を抱えていたが、なんとか10名の女性からなるこの遠征を組織した。

この計画には3年ほどかかった。彼女たちの食料計画は経済的で、あまり贅沢ではない基本的なものから構成されていた。しかし、それでも190種類ほどの食品が含まれていた。持ち込まれた食品は日本の食文化が反映されたもので、旅先の食べ物がどのように故郷の文化を反映するのかという証言ともいえるものだった。ベースキャンプでは、彼女たちは餃子、卵スープ、五目寿司、筍、ジャガイモ、カナッペ、シューマイ、フルーツゼリー、酒などを食べた。朝食には炊いたコメ、味噌汁、メザシ、目玉焼き、そして海苔を食べた。夕食は、炊いたコメ、卵焼き、味噌汁、ソーセージ、野菜炒めなどが献立としてならんでいた。第二キャンプでは、ベースキャンプで焼いたパンにバターとジャムをつけたもの、ハムの缶詰、チーズ、そしてお茶を食べており、これはヨーロッパの探検隊のアサルト用食料に似ている（焼きたてのパンを除けば）が、これは単に高地にあるキャンプに食料を運ぶ際に軽量化が必要だったからである。第二キャンプでの朝には、雑煮、野菜の漬物、緑茶などを食べ、晩は炊き込みご飯、味噌汁、海苔、サラダ、乾燥させたインスタントのマッシュポテト、漬物、紅茶などを食べた。残念ながら、彼女たちはこれより高地のキャンプでの食事について記録を残していない。記録されているのは、最後の登山の日、コーヒーを3杯飲んだ後、使用可能な装備の量の関係で人数を増やすことができず、シェルパのアン・ツェリンと田部井淳子の2人で最終ステージに登ったということであった。

1975年5月16日に田部井淳子は世界で初めて世界の最高峰に登った女性となった。[46]

高山における栄養

高所で生き残ることと成果を出すことは、つねに登山家にとって大きな困難をともなった。高山の薄い空気は、すなわち少ない酸素を意味する。人体はヘモグロビン、赤血球を増やすことによってそうした環境により適応することができるとしても、完全に適応することはやはりできない。それゆえ、5100メートル以上の高地に暮らす先住民族は存在しない。

標高の低いところに住んでいる登山家が標高の高いところに登ると、体内の酸素は指数関数的に減少し、登りながら苦しむことになる。頭痛、吐き気、めまい、睡眠障害、疲労感、脈が速くなる、手足や顔が腫れるなどの症状が出る。これは急性の高山病の症状で、一つ一つはそれほど危険なわけではないが、治療せずに放置するとより危険な生命を脅かす高山性の脳浮腫や肺水腫につながる。また、神経心理学的な障害も頻繁に報告されている。初期のエベレスト探検では知覚や気分の奇妙な変化が報告されている。1933年の探検では、隊員のフランク・スマイスが、自身の経験した幻覚についてドラマチックな証言を残している。かれは空に脈打つ雲のような物体を見た。もう一人の人間が同行していることを強く感じると報告した。さらに、その想像上の仲間と一緒に食事をするために、食べ物を分けることもあった。同じ探検で、エリック・シプトンは7000メートル地点で失語症になった。「お茶を一杯くれと言いたいのに、路面電車、車、猫、置いてとか、全然違うことを言うんですよ」と振り返る。「頭は冴えているのですが、舌が

スイス隊の第五キャンプで、閉回路セットから酸素を吸いながら休んでいるエバンスとブルディロン。手前にハントの酸素セットが見える。1953年5月2日。ジョン・ハント撮影。王立地理学会。英国地理学会。

必要な動きをしようとしないんです[47]」

これまで、研究者たちによって、さまざまな形の酸素チューブや、マスク内の全気圧を高めて呼吸する空気中の酸素濃度を濃くする酸素増量型呼吸器などの実験が行われた。このマスクの効果は、高度5300メートルまで実証されている[48]。だが、現在もなお、5000メートル以上の空気の薄さを解消する手軽な方法はない。

1960年、エドモンド・ヒラリーとグリフィス・ピューは、「ヒマラヤ科学登山遠征隊」(別名「シルバーハット」)というプロジェクトを立ち上げ、標高5800メートル(1万9千フィート)の場所に断熱構造の小屋を設置した。ヒラリーとピューは、1952年にチョー・オユ、1953年にエベレストに行ったときからお互いを知っていた。

エベレストの南16キロメートルに設置されたこの研究所で、高所生理学者のピューは、高所順応に関する広範な研究を行った。この小屋には、最大で9週間ほど人が住んでいた。1週間あたり0・5キログラムから1・5キログラムの体重減少がすべての探検隊員で見られた。フリーズドライや缶詰、生肉やジャガイモ、卵などの食料が十分にあったにもかかわらず、このような事態になってしまった。肺や心臓の働きが海抜ゼロ地帯の3分の2程度であること、疲労により肉体運動が制限されることなどから、永続的に生活するには高すぎるというのがピューの結論であった。[49]

エベレスト初登頂後、補助酸素なしで世界の頂点に立つことが可能であることを証明するまでに25年の歳月を要した。1978年、ラインホルト・メスナーとペーター・ハブラーが補助酸素を使わずに登頂に成功した。この成果は、人間がこの環境で生き残ることができるのかという疑問に決定的な答えを与えるものだった。

また、このシルバーハット遠征は、1981年にエベレストでの極高地における人体生理学の研究を目的とした初の試みである、アメリカ医学研究エベレスト遠征隊（AMREE）を結成するきっかけにもなった。標高5400メートルのエベレストベースキャンプにプレハブ実験室を設置し、その他6300メートルと8050メートルに実験室を設置した。この探検の目的のひとつは、高地での栄養と体重減少を研究することにあった。この研究では、高カロリーでおいしい食べ物があるにもかかわらず、高地にいる人は、摂取カロリーとエネルギー消費量の計算から予想される以上に食欲が落ち、体重が減少するというシルバーハットの研究と同様の結果がえられている。その結果、超高度でも使用する燃料、つまり食事はあまり高所におけるパフォーマンスの制限要因にはならず、それよりも重要なのは食欲であるとの結論に達した。かれらの結論は、高所では脂っこいものはおいしく感じず、西洋式の食事は味気なく感じる、というものであった。高地では味覚が鈍るため、食欲をそそるカレーやハーブなどの強い味付けが必要だった。さらに、探検隊員たちは、手に入らないものを欲しがった。そのため、レクリエーション用の高度（8000フィートから12000フィート）では、食べたいと思ったものを食べることを推奨している。[50]

それ以来、多くの男女が補助酸素なしでエベレストに登っている。いまでも毎年何千人もの人が登頂を試みているが、登頂に成功して帰ってくる人は15％程度である。成功するかどうかは、十分な食事と水分補給を含む多くの要因に依存する。2008年、麻酔科医、統計学者、血管外科医、コンピューターアナリストなどの科学者グループが、1921年から2006年までの85年間にわたる、エベレストでの死因を調査した。直接の報告やインタビューなどの資料と、雑誌、書籍、ヒマラヤのデータベースなどの間接的な資料をもとに、死亡状況を検証した。14138人の登山者（うち8030人が登山家、残りがシェルパ）のデータベースを調査した。

計3058人が登頂に成功していた。死亡率は1・3パーセントで、おもに下山途中に死亡していた。調査によると、エベレストにおける死亡率は同じ程度の登山者によって登頂が試みられた、より低い山と比較してたしかに高いものだった。また調査が明らかにしたところによると、エベレストにおける死者はほとんどが標高８０００メートル以上の、デスゾーンとして知られるあたりで死んでおり、それも頂上からの下山途中であった。死亡者はほとんどが高地脳浮腫の症状である認知障害と運動失調を引き起こしていた。興味深いことに、通常、標高２５００メートルから５０００メートルでおこるとされる症状（呼吸困難、吐き気、嘔吐、頭痛など）はほとんど記録されていない。調査の結論として、水分が決定的な要因であると、次のような表現で示された。「８０００ｍ以上の高地では、高所への反応と、雪を十分に溶かして水を作ることも困難なために脱水症状がおこり、結果として血管内容積が減少することが広くみられる問題である」[51]。高所では、空気の乾燥、呼吸数の増加、自然な利尿作用に打ち勝つために、より多くの水を飲むことが推奨される。実際の問題としては、水分は摂りすぎると体内のナトリウム濃度を下げてしまい（これは低ナトリウム血症と呼ばれる）、脱力感、錯乱、発作、昏睡状態を引き起こすので、高地では1リットルから1リットル半の追加の水があればよいとされる。登山者は目安として、尿の色で適切な水分補給が行われているかどうかを確認する。澄んだ尿が出る場合は適切な水分補給ができていて、濃い色の場合は水分補給が必要ということになる。

水は間違いなく高度にともなう問題の対策の一つである。もう一つの対策は炭水化物にあった。運動と食事不足が重なると、炭水化物の蓄えを消耗してしまう。低血糖の兆候は低酸素と低体温、錯乱、めまい、幻覚とよく似ており、とくに糖尿病の場合はそうした症状が起きやすい。高所では炭水化物中心の食事がおすすめで、なぜならば消化するとき、他の栄養素よりも酸素を必要としないからである。登山家は高炭水化物、低脂肪の食事を好み、脂肪分の多い食事は好まれない。これは、アザラシの肉や脂身に舌鼓を打った極地旅行者の嗜好とは大きく異なっている。これは、高地での脂肪の吸収不良の影響が考えられるためだった。高地では、腸が吸収力のある健康な状態であることは珍しい。現在までの研究で証明されているわけではないが、人間と同じように腸内細菌が高高度で異なる行動をとり、その条件下で発生させるガスの量が異なるというのはありうることだった。遠征登山家の代表格であるビル・ティルマンは、登山家の一番の悩みは痔と床ずれだと言っている。[52]

呼吸、食事、消化、これらの問題が重なり、高所遠征時に体重が減少することは事実である。遠征食は食欲をそそるものばかりではなく、食欲が低下した登山者は、身体のエネルギーバランスを保つために必要なカロリー摂取量を補うために十分な食事を摂ることができない。このような食事を何週間も続けていると、ビタミン不足になる恐れがあった。

これは登山の間にビタミン補給のためのサプリメントをとる十分な理由になる。減量法としては推奨できないが、今日、エベレスト登頂を目指す登山家が6～8週間かけて順応し、適切な天候を待って登頂に挑めば、帰国時には数キログラム軽くなっていることが一般に認められている。

ＡＭＲＥＥの遠征隊員であったショーン医学博士は、登山でなにを食べるのが好きかという質問に対して、キャビアなどの贅沢品を除外せず、食べたいと思わせるあらゆる食事をとると答えた。１９８１年、かれは、ＡＭＲＥＥの旅の食事を計画する際、食料品店に行き、自分が欲しいと思う食品のラベルから会社の名前と住所を書き出し、それらの会社に探検のために寄付をしてもらえないかと手紙を書いた。「冗談半分に、ロマノフキャビアのオーナーに手紙を書いたんです。驚くべきことに返事がきました。『お好きなだけ差し上げますよ』、と！」[53]。

豪華な食事とキャンプ料理は矛盾しているように聞こえるかもしれず、海抜8キロメートルの地点に存在するキャビアは奇妙なものに思えるかもしれない。しかし、ロシアの登山家にとってはそうではなかった。ラインホルト・メスナー氏は、山での食事に関しては、東欧諸国でのそれがもっとも優れていたと語っている。「食料は十分にあったのですが、たとえばロシア人はキャビアを8000メートル級の山々まで持ってきていました」。メスナーはキャビアを山に適した食べ物だと考えたのだろうか。「もちろん。そこでつまらない、味気ないものを食べたくはないでしょう。味気ない食事は全然ダメです。美味しくないと、ただ捨てていかれるだけです[54]」。

キャビアは食べるのに値するものだったのだろうか。ペルシャ人達は古代からキャビアを薬として用いており、中世のイタリア人がそうだったように、エネルギーを与えてくれるものだと考えていた。ペルシャ語でのキャビアの呼び名チャブ・ジャーは力のケーキという意味で、ケーキはこの場合、丸くプレスされたものを指す。ペルシャがイスラム化すると、チョウザメは不浄なものとされ、キャビアはイランではロシアほど重要な食べ物ではなかった。それでもキャビアは、少数民族には海辺の食べ物として、山岳部ではパンとミルクと一緒に食べられていた。イランではチョウザメとその卵はハラム（食べてはいけない不浄なもの）とされた。なぜならイスラム法では鱗のない魚は食べてはいけないとされたからである。ロシア人達は19世紀の半ばにおいてカスピ海の漁業で利益をえていた。これはイラン政府から漁業権をえていたからだ。1927年に協定の期限がきれると、ナショナリズムの高まったイラン政府はカスピ海における漁業協定の更新を行わなかった。キャビアの生産と輸出は国家の独占事業となり、キャビア輸出はイラン政府の財政を百万ドル単位で潤すことになった。1979年のイラン革命の後、革命政府はキャビア輸出の旨味を失うのか、それともハラムを売ることを許すのかという悪魔の選択を迫られることになった。法学者たちと漁業専門家たちの慎重な議論の結果、キャビアの輸出という伝統は守られることになり、あわせてキャビアはハラル（食べてもよい清浄なもの）の認定をうけた。[55]

エベレストでキャビアを食べることがとくに贅沢なことでないのは、ロシア人に限った話ではなかった。

2009年に、英国最大のキャビア輸入業者で、キャビアの女王として知られるローラ・キングは9人の友人と連れ立ってエベレストのベースキャンプを訪れ、世界で一番高い場所での朝食会を開いた。この旅で、彼女は6800イギリスポンドの寄付金を慈善団体であるセント・デービッズ・ケアのために集め、中等度から重度の学習障害を持つ若年層を対象としたケータリングサービスを行った。彼女が提供したのは、エベレストの標高とは異なった場所で食べられるもので、それはチョコレート、スライスしたスモークサーモン、シャンパン、そしてキャビアだった。キャビアはとくに長持ちする。とはいえ、開封しない状態で冷蔵庫においておいても4週間から6週間しかもたない。開けてしまえば三日から四日しかもたない。[56] エベレストのベースキャンプでは贅沢品に耽ることもできるが、頂上に挑戦している間の食料はよりスパルタ的なものになる。
1924年のエベレスト挑戦では、エドワード・ノートンがもう一つの外国料理のエピソードを語っている。第五キャンプに向かう途中、かれらは先人のキャンプの跡を発見した。シェルパのアンフーと一緒にテントのなかに入り、残された食料を見つけた。残された食料のなかに海苔があり、「最初に見た時はとてもいかがわしいものに見えた。なぜならそれは黒い紙のようにみえたからだ」。しかし、ノートンはとにかく一回は試してみないとと思い、「そこで、試してみたところ、味はとても素晴らしいものだった、もちろんあまり食べ応えがあるものではなかったけども」としている。[57]

ノートンの逸話は興味深い。なぜなら、どういった食べ物が普通で、どんなものが変わっているのかという基準は、西洋のものだからである。この逸話のなかに、我々はさまざまな食文化が交差している様子を見ることができる。西洋世界の食文化、東洋世界の食文化、そして探検の世界の食文化がそれぞれ交差している。登山家は自国の文化だけでなく、山や探検にまつわる困難に属する文化と思われるものを携えてやってくる。アジア側のヒマラヤ登山の歴史について英語でえられる情報はほとんどない。しかし、現在の韓国、日本、東欧のチームが山に持っていく食事を見ると、そこに異なる文化背景をもつ登山者を慰め、支える食べ物の多様性を認めることができる。

エベレスト登頂者であり、冒険の遊牧民を自称するケネス・コーは、こう語る。「私の場合、よく効くのは現地のイカンビリス（天日干しのアンチョビと揚げたピーナッツに砂糖と唐辛子を

標高8300メートルでの唐辛子。2011年。ジャムリン・ボーテ／ケネス・コー所蔵。

添えたもの）です。甘く、塩気が効いてスパイシーです。栄養面では、山で不足しがちなミネラルやヨウ素を、魚介類から摂取することができます。そのまま食べても、おやつのように食べても、ご飯や麺類に加えてもOKです。焼いた豚肉も持っていきます。これは我々のジャーキーです。旅行用に真空パックで売られています。開封しても1週間ほどはもちます。私は2袋ほどもっていき、旅先で適当な時期に開けます。旅先では時々、十分なタンパク質が取れないことがありますが、この2つは、そうした時にタンパク質の補給に役に立ちます。エベレストでの教訓からホットソースか粉唐辛子か唐辛子のフレークを持っていきます。スパイスほど味気のない食べ物を食べやすくしてくれるものはありません」[58]

現在では、科学的な医学の世界からは疑

問視されているが、コカの葉、イチョウの葉、ニンニクなど、高山病に推奨される自然療法が存在する。また、高山病については代替医療の分野で深く研究されているアーユルヴェーダ（インドの伝統医療）による療法もある。たとえば、ヒマラヤの岩肌から夏場ににじみ出るゴム状の滲出液からなる生薬「シラジット」などである。しかし、医療現場では、こうした代替医療は嫌われている。

南米では予防薬として広く使われているが、噛むコカの葉やコカ茶の形のコカが急性高山病の予防に有効であることを示す根拠はない。イチョウの葉については、さまざまな結果がある。急性高山病の予防や症状の軽減に効果があることが、いくつかの対照試験で示された。この相違は、これらの研究で使用されたイチョウ製品の供給元と組成の違いに起因すると思われる。[59]

ネパールのシェルパとガイドは、昔から高山病の治療薬として、登山客にガーリックスープを勧めてきた。ニンニクは血液をサラサラにして血行を良くすると言われており、高所症状を改善する可能性がある。現代のアルピニストであり、『極限のアルプス *Extreme Alpinism*』の共著者であるマーク・トワイトは、寒冷地での必須サプリメントとしてニンニクを挙げている。「ニンニクはアスピリンよりも優れた抗血液凝固作用があり、血小板の粘着性を低下させ、血液全体の循環を良くする」。また、ラインホルト・メスナーなどの登山家が高所登山の際にニンニクのサプリメントを使用したのは、生理学者が血管の弾力性を高めると主張したからだと述べた。[60]また、ニンニクは疲労回復のために使用されるが、そのメカニズムはまだ解明されていない。動物実験では、ニンニクには運動持久力を促進する作用があることが示されている。ニンニクの加工方法の違いにより、抗疲労効果の強さが異なるが、もっとも好ましい加工方法は、生のニンニクから抽出し、水とエタノールの混合液で長期間自然熟成させることであることが分かっている。人間を対象にした試験では、肉体疲労、冷えによる全身疲労、原因不明の倦怠感などの症状改善が確認されており、ニンニクが様々な作用で疲労を解消することが示唆されている。現在入手可能なデータは、ニンニクが有望な抗疲労剤である可能性を強く示唆しており、高地での使用や一般的な使用に関する決定的なアドバイスをえるためには、さらなる研究が必要であると考えられている。[61] また、別の研究では、ニンニクはラットの高地肺水腫に対してテストされた。この研究では、5日間にわたるニンニクの大量摂取後、低酸素性肺高血圧症の発症が阻害されることが実証された。[62] ニンニクの医学的根拠は定かではないが、山の幸を美味しく食べることができるのは確かである。

そこで、念のため、ゲルブ・ペンバ・シェルパ・チャワのガーリックスープのレシピを、本人の言葉で紹介する。「ニンニクスープの作り方ですが、まずスープボウル1杯のお湯とスプーン1杯のコーンフラワーを用意し、それを混ぜてからネギとニンニク5〜6片を入れ、切るかすり潰します。そして塩と胡椒を加えて終わりです。でも、どんなスープにもニンニクを使うことができます[63]」

メスナーの積み荷

1970年代から1980年代にかけて、軽量という点で、ヒマラヤ登山の技術水準と規模は大きな盛り上がりを見せた。軽装備、軽衣料、軽食の、まさに登山の黄金時代だった。酸素を使わず、少ない装備で登るアルパインスタイルは、哲学的な考えとなった。登山者は身軽で速く歩くので、危険にさらされる時間は短いが、ひとたび天候やルートに問題が生じると、チームはより大きな問題に直面する。1970年6月、ラインホルト・メスナーは弟のグンターとともに、ヒマラヤ山脈のなかでももっとも厳しいとされるパキスタンの8000メートル級の山、ナンガ・パルバットの初登頂を目指す登山家チームを結成した。登頂日の前夜、メスナー兄弟は、悪天候が迫っているため、ラインホルトが単独登頂に挑戦することで合意した。しかし、早朝に出発したラインホルトにグンターが追いつき、山頂の台地までの道のりで、思いがけず合流することになった。

兄弟は日没直前に登頂し、山頂付近の緊急ビバークで一夜を明かした。予定とは違うルートで下山を開始したため、山肌の難所で立ち往生してしまったのである。二晩ほど経っても助けが来ない。兄弟は酸素の薄い空気のなかで、手持ちの選択肢を理解することができた。留まって死ぬか、動いて生きる可能性にかけるか。兄弟は、雪崩の危険を顧みず、トラバース〔斜面を水平方向に移動すること〕で下山した。4日間、水も食べ物もなしで過ごしたあと、幻覚が見え始めた。まるで近くに泉があるかのように流れる水の音が聞こえた。グンターには高山病の症状がではじめ、具合が悪かった。ラインホルトは、もっと強い気持ちで、ルートファインダーとして先を進んだ。しばらくして、弟の姿が見えないことに気づき、探しに戻ったときには、すでに遅かった。グンターの姿はどこにも見当たらなかった。高い確率で雪崩に遭って死んでしまったと考えられる。弟を失い、疲れ果て、寒さにやられ、足の指を7つ失いながら、ラインホルトは地元の羊飼いに会って助けられるまでディアミール渓谷に沿って下山を続けた。弟を亡くしたショックに加え、帰国後、メスナーは弟の死は自分のせいだと多くの批判を浴びた。

この悲劇はアルピニズムの世界ではいかに小さなミスでも許されないかを物語る。メスナーは、装備はなにも持たず、非常用のナッツやレーズン、発泡性のビタミン剤など、わずかな食料しか持っていかなかった。この高度では、1グラムでも重量が増えることが問題になる。しかし、そのナッツの量があまりにも少なく、体力を支えることができなかった。1日半のあいだ、飲まず食わずで、ビタミン剤を試したが、今度は溶かすための水がない。兄弟は雪をチューブに入れてタブレットを溶かそうとしたが、「寒すぎて、チューブを手で包んでも溶けない。泡のままでは飲めない、すごく濃い煮汁のようなものだ」とメスナーは回顧録で述べている。「スープが一口ありさえすれば、下山できたのに」と。[64]

この悲劇的な体験から8年後の1978年、メスナーはオーストリアの登山家ピーター・ハベラーとともにエベレスト登頂に挑むことになる。すべてが効率的でありながら、十分な計算の上に成り立っていた。「通常、2人で1日あたりガス約半キログラム、食事約600〜800グラムを目安にしている――パケットスープ、ベーコンやサラミ、脂身は少なめ。高地では食べ物が消化されにくくなる。胃袋にも十分な酸素が回らないのだ」[65]。科学者や医師の反対を押し切って、綿密な計画を立てて行ったこのエベレスト登頂で、メスナーは無酸素登頂が可能であることを世界に証明した。

メスナーの山での冒険は、エベレスト単独登頂、世界14カ所すべての8000メートル級の登頂を達成するまで続けられた。メスナーは史上最高の登山家として知られている。かれは世界中の登山家たちと一緒に山に登った。メスナーは登山家として活躍したあと、南極大陸、グリーンランド、ゴビ砂漠を初めて徒歩で横断することを目標に掲げた。かれはよく地元の人をガイドとして雇った。グリーンランドではエスキモーを、チャンタン高地ではチベット人、タクラマカン砂漠ではウイグル人を案内人として雇った。

メスナーは、かれらを自分の師であり、地球の守護者であると考えていた。メスナーは、冒険家と現地に暮らす人の違いを、身をもって体験している。「冒険を目的にするのは、世に暮らす多くの人にとって、おかしな考え方です。チベットの遊牧民は、生涯、ヤクとともに生き抜こうとします」[66]。メスナーは、幾度となく現地に暮らし、その環境を熟知し、そこに適応して生きてきた人々の知恵に救われてきた。また、メスナーはネパールからチベットに向かうシェルパ族の古代の移動経路をたどる数カ月の東チベットの旅で、ヤクのキャラバンに出会い、数日間、かれらと行動を共にしたことがある。地元の人たちは、メスナーにツァンパとシャカンポ（乾燥肉）を与えた。メスナーは決して大自然に属しているふりをしなかった。「荒野や岩場、砂漠はほんの一時のもので、決して私たちの故郷にはなりえないのです」とかれは言う。「私は自分の居場所がないところに行くことで、生きる術を体感しているのです[67]」

2005年8月、ディアミール岩壁で登山者の遺骨が発見された。ラインホルト・メスナーは、その登山者の靴が自分の靴と同じように、この旅のために特別に作られたものであることを確認した。DNA鑑定の結果、グンターだと判明した。弟を探すために何度も遠征し、登山界からの批判もあったが、この発見によってメスナーは「弟を山に置き去りにした」という非難から解放されることになった。山のなかでなにが起こったのか、それはメスナーの記憶のなかにある。その1カ月後、グンターの遺体は、チベットの伝統に従ってナンガ・パルバットの麓で焼かれた。参加者は「イエロ・ラク、神は慈悲深い」と歌い、米を空に撒いた。

第5章　砂漠の旅

探検家のなかには、砂漠という乾燥した大地を横断することを使命だと感じる者がいた。探検の意図は、ほとんどが科学的なものだったが、時には地理的なものもあった。砂層の下に埋蔵されている石油の量の調査などがこれにあたる。砂漠の探検は孤独であり、粘り強さが要求される。砂漠の旅は、環境を克服することではなく、環境に耐えることだった。また、ほかの地勢上の地域とは異なり、地元の人々の協力を必要とした。

もっとも寒い南極大陸の砂漠を除き、アラビア砂漠やサハラ砂漠がヨーロッパ人の関心と過酷な歩みをもっとも集めることになった。しかし、ヨーロッパ人が探検のためにそうした砂漠に足を踏み入れる前に、マルコ・ポーロは24年にわたる壮大な旅で、アジアのタクラマカン砂漠とゴビ砂漠を横断していた。

マルコ・ポーロとゴビ砂漠

ベネチアの商人であったマルコ・ポーロは中国に行った最初のヨーロッパ人というわけではないが、自身の経験について詳細な日記を残した最初のヨーロッパ人であり、クリストファー・コロンブスをはじめ、他の多くの旅行家たちに影響を与えた。かれの父親と叔父はモンゴル帝国の皇帝クビライ・ハンに、現在の北京で謁見した。クビライ・ハンは二人に、七技能（文法、修辞学、論理学、幾何学、算術、音楽、天文）に通じたキリスト教徒100人と、エルサレムのランプの油を送るように求める教皇への親書を渡すように依頼した。父親と叔父が親書を渡すためにベネチアに戻ったとき、この二人ははじめてマルコ・ポーロと会うことになり、1271年の旅にかれを連れていくことになる。こうして、およそ15000マイルに渡るかれらの旅が始まった。

マルコら一行は船でアッカまで行き、そこからラクダの背に揺られてペルシャの港であるホルズムに達した。ホルズムから出る船は直接中国へ行けるだけの強度がなかったので、一行は陸路で、シルクロードを辿る形で旅をつづけた。途中、塩の砂漠として知られるケルマン砂漠、世界の天井と地元民から呼ばれるパミール高原を通ることになる。パミールの山々は高くそびえ立ち、空気も薄く、マルコ・ポーロは「炎が弱く、上手く料理できない」と記している。一行はタクラマカン砂漠をかすめる形で進んだが、中国に入る前にゴビ砂漠を渡ることになった。マルコ・

ポーロはゴビ砂漠の荒涼とした風景に強い印象を受けたようだ。「食料は1カ月分備蓄しておくべきだ。これは砂漠のもっとも狭い場所を横断するのに必要な時間だ。砂漠が長く横たわっている方向に移動するのは、無駄な試みである。なぜなら、およそ1年弱程度の時間を要するからだ。そんな期間を賄えるだけの物資を運ぶのは非現実的である」[1]。

マルコ・ポーロはモンゴルの遊牧民が肉と牛乳を主食にしていたことについて細かく記述している。モンゴル人達はヤギ、ウシ、ヒツジを飼い、獲れるものは、犬やネズミをふくめ、なんでも食べていた。かれらの馬の鞍上には乾燥した馬肉の切れ端や乾燥した牛乳のケーキなどが入っていた。クミという雌馬の乳を発酵させたものを飲んでいたが、これはじわじわと効いてくるのだそうだ[2]。また、マルコ・ポーロの文章には、当時のヨーロッパの食生活と大きく異なる現地の人々の食生活への驚きが記されている。ホルムズのイスラム教徒について、かれはこう書いている。

かれらは11月に麦や米などの穀物を蒔き、3月に刈り取る。果物も3月に集めるが、ナツメヤシだけは例外で、5月に集める。こうした果物と他の材料と合わせて、良い種類のワインを作る。しかし、この飲みものに慣れていない人が飲むと、すぐに酩酊状態になる。だが、その最初の効果から回復したとき、ワインがかれらにとって有益であることが分かり、かれらの体をふくよかなものにすることに貢献している。ここの住民の食べ物は、私たちのものとは異なる。かれらが小麦のパンや肉を食べると健康を害してしまうだろう。

かれらはおもにデーツとスナスやセポルといった塩漬けした魚、そして経験から安全なものだとわかっているものを食べて生活している。

3年半後、マルコ・ポーロ一行はクビライの夏の宮殿のある上都（現在の張家口近く）に到着した。マルコ・ポーロは21歳になるかならないかの歳だった。ここでマルコ・ポーロはクビライに仕えるように言われた。結局、ペルシャから黒海を通り、戦争状態にあった故郷のベネチアに戻ったときにかれは捕虜となった。かれの物語は囚われの身になったとき、同房になったピサ出身のルスティケロに語って聞かせた内容をルスティケロが書き取り、かの有名な本になった。『東方見聞録』の記述には過剰な部分があり、歴史家のなかにはその正確性や、本当にマルコ・ポーロが中国に行ったのかについて疑問をもつものもいる。とはいえ、マルコ・ポーロはヨーロッパ人によるアジア探検の最初の記録を残し、「ヨーロッパ人の考えるアジアというものを作り出した」のであった。[4]

アラビア半島を探検した最初のヨーロッパ人探検家が、（こと探検ということに限っての話にはなるが）徒歩とラクダによってそれを成し遂げたヴィクトリア朝時代の変わり者だった、ということは驚くべきことではないのかもしれない。地理学者で言語学者でもあったチャールズ・モンタギュー・ドーティは、6千人の男たちとその2倍の数のラクダからなる、メッカに向かう隊商のなかにうまく紛れ込むという旅の計画を8カ月前から立てていた。あまりうまい変装ではなかったものの、とくに危険に遭うこともなく、アラビア半島の西側、紅海沿岸部地域を指すヒジャズにつき、そこでかれは最初の隊商から外れて、メッカにバターを運んでいた別の隊商に加わった。かれは、誰も読む気が起きないような古風な英語で旅のすべてについて書き記したが、商業的にはあまり成功しなかった。しかしその本に触発されて、情報をえた多くの探検家たちはかれの足跡をたどろうとした。そのうちの一人がトーマス・エドワード・ロレンスで、「アラビアのロレンス」[5]として知られている。51〜52日はほとんど水を飲まずに過ごすような水不足に悩まされながら、1年後に砂漠の北の端にたどり着き、ペルシャ湾を見ることができた。「目の前に海が見えた……砂漠の食事の後、アラビアの比類なきもてなしが約束されていた」[6]

アラビア砂漠の旅に足跡を残した人間は、どちらも最初のアラビア砂漠横断者というわけではない。ほかに二人おり、フィルビーとテシガーがそれである。

フィルビーの銅製コーヒーポット

ハリー・セイント・ジョン・ブリジャー・フィルビーは、第一次世界大戦中、英国の諜報機関で働いていた1917年に、ヨーロッパ人として初めてアラビア半島を東から西に徒歩で横断した人物である。1925年、かれはジッダに居を構え、貿易会社を設立した。1928年、かれはエンプティ・クォーター〔ルブアルハリ砂漠のこと〕と呼ばれる空白地帯を横断する計画を立て始めた。しかし、1931年にフィルビーが出発するわずか数カ月前に、バートラム・トーマスがエンプティ・クォーターを南から北へ縦断したため、かれはエンプティ・クォーターを踏破した最初の人物にはなれなかった。バートラム・トーマスは、マスカットのスルタンの財務アドバイザーで、この旅を密かに計画していた。これを知ったフィルビーはひどく失望したが、計画を北から南への縦断に変更し、数カ月に及ぶ旅にかかる人員、ラクダ、物資の準備を始めた。フィルビーは、トーマスよりも集中的にこの地域を探検した。フィルビーの探検旅行は2カ月半ほどかかり、ほぼすべての食料を使い果たした。旅から戻ると、フィルビーは砂漠でなにを食べたかの詳細を含む旅行記を出版した。かれは食べ物が「ベドウィンの間で、もっとも一般的な話題であった」ことを、驚きをもって記している。[7]

デーツと米が主食であったが、コーヒー、紅茶、砂糖、カルダモンなどを加えたバター、シナモン、玉ねぎ、塩、コショウなども忘れてはならない食べ物だった。しかし、フィルビーたちは小麦粉を持っていくのを忘れたために、旅の間、パンを焼くことができなかった。心の底からパンを求める気持ちがフィルビーの記録のなかに記されている。「灰のなかで焼いた粗いパンの塊に、ナツメヤシや砂糖、バターを加えて練り、フナイニと呼ばれるものを作れば、これほど満足感のあるものはない」。フィルビーはおもに箱に入れてビスケットを持って行ったが、箱が空になればそのなかに昆虫をいれるつもりであった。しかし、ビスケットは甘く、箱を空にするほどの早さでは消費が進まなかった。[8]

かれらは食料が不足すると、カルダモンと砂糖で代用茶を作るなど、別の解決策を講じた。フィルビーは眼前にならぶ食事の量が多いときは嬉しかったようで、「サリフは二番目の焚き火の前で、鞍の上に置いた革の水差しから取り出し、バターをたっぷり塗った米を調理し、ささやかな朝食を作ってくれた。確かに、力が湧いてきた」[9]。フィルビーは、メッカからフフーフまで、フフーフからエンプティ・クォーターまで、果物の缶詰2つをいざという時のために取っておいた。そして、その缶詰をそろそろ食べようかと思ったとき、10人程の人数が一緒にいることに気がついた。しかし、その10人と缶詰を分けるようなことは一切せず、サッダーン（フィルビーの個人的な付き添い）とのみ共有することにし、かれの良心を満足させた。「フルーツとジュースは、その日の暖かさでぬるくなっていたが、美味しかった。そして、私は今まで寝たことがないかのように横になったが、その間に雲行きが怪しくなってきて、遠雷が鳴り響いた」[10]。ほかにもフィルビーが隠しもっていたものについて触れている例がある。「確かに、非常用のお茶は持っていたが、これは水のない砂漠での最後の困難に直面した時のためにとっておいたものだ」[11]。フィルビーは自分以外にもこうしたものを隠し持っているのではと疑っていた[12]。

フィルビーは、この旅行の前にイスラム教に改宗していた。かれは砂漠でラマダンを過ごし、ベドウィンの断食に参加した。これは55日に渡って、フィルビーが日中なにも飲まず、食わずの状態にあったことを意味する。夜明けに米を食べ、夕暮れ時に紅茶とラクダのミルクを飲むだけだった。シャンナに着いたときにフィルビーはこう書き残している。「日没後、ご飯とバターとデーツの美味しい食事で、全員が元気になった」[13]。標本だけが豊富にあり、玉ねぎ以外の食べ物がない状態でシャンナに到着したとき、かれの仲間は砂漠の歌を歌った[14]。

シャンナまで来て、敵を3人見た
私たちは裏切りを恐れて逃げ出した
良い玉ねぎのあるワジを探し求めて

フィルビーは空腹に耐えかねて、ときどき道端に生える生花を食べながら進んだ。マナシル族は米とアバルの花（白い食用花）を混ぜたもので、マキカという料理を作ったが、革を硬くすることが知られているため、肉と一緒に食べないように勧めていた、とはいえ肉がなくても他のものへの硬化作用はあるようだ。フィルビーは、アバルの乾燥した小枝を乳鉢で少し砕き、お湯で割ると、かなり満足のいくお茶の代用品になることを発見した。「色合いは申し分ないが、味はやや苦く、便秘になりそうな液体である。ナイファの水が含む塩分に対する解毒剤であることを、私は知ることになった[15]」

フィルビーの回顧録のなかには、何十回もコーヒーとデーツを食べた話がでてくる。フィルビーはバターやミルクに浸したナツメヤシの実を食べるのが習慣になっていると書いているが、これはアラビア人の文化に深く根づいた習慣だった。かれらは旅の終わりを紅茶とコーヒーで祝った[16]。「美味しいものをたくさん食べ、コーヒーを飲んだ[17]」。そしてコーヒーが喜びを与えてくれるものとして登場する。「コーヒーとデーツは男たちに生気を運んでくれた。そしてかれらは、オリックス〔体長2メートル弱の角をもったウシ科の哺乳類〕に襲われる恐れがあるにもかかわらず、砂漠の偉大なシャイフの幕舎で、心を喜ばせるコーヒーと肉でおもてなしをする物語を、暗闇のなか

フィルビーがルブアルハリ砂漠を渡った時に貰った、曲がった嘴をもつアラブのコーヒーポット（ディル）、1932年1月1日。王立地理学会。英国地理学会。

でしゃべり歌った」[18][19]。

コーヒーポットが出てくると、それは寝る時間だと教えてくれる合図になる。フィルビーは次のように書く、「夜が更け、一旦お休みということになる。コーヒーが心を奮い立たせてくれる」。フィルビーの銅製のコーヒーポットは王立地理学会の所蔵品として意味深げに収まっている。

厳しい砂漠の環境のなかで、探検家たちはかれらのガイドのようになろうと努力したのだろう。あるいはそれが砂漠に惹かれた大きな理由なのだろう。また、バートラム・トーマスは、自分の快適さを犠牲にしてでも、ベドウィンと上手くやっていくべきだと考えていた。「私は、タバコや酒を断ち、正統派だという評判を勝ち取り、それが大砂漠の横断に役立った」[20]

だが、ウィルフレッド・テシガー以上にベドウィンの生活スタイルに適応した者はいない。かれこそが、アラビアのもてなしについてのもっとも愛情深い証人であった。

テシガーとベドウィンの生活

世界が戦争、虐殺、植民地支配に苦しむなか、テシガーは世界最大の砂砂漠であるエンプティ・クォーター（現在のイエメン、サウジアラビア、UAEの地域）を横断していた。ローマの食料農業機関（FAO）から、イナゴの動きに関する情報を収集するために派遣されていた。エンプティ・クォーターは、徒歩で踏破されたことのない最後の土地の一つだった。そこは、そびえ立つ砂丘、日中の気温が50℃に達し、夜間は氷点下まで下がるという極端な気候など、過酷な環境だった。テシガーは、家も車も家族も持たず、それだからこそ自由気ままに世界を旅していられると考えていた。

テシガーは1945年から1950年にかけてアラビアのエンプティ・クォーターを旅し、そこで人生最良の5年間を過ごしたと語っている。「人はきれいな水を飲むことのありがたさ、肉を食べることの贅沢さを知る。そして、14〜15時間くらい歩いた後に、眠りに身を委ねることができる。それが砂漠での行いだ」[21]

テシガーは、この旅でもベドウィンのいくつかの部族と一緒に7カ月かけて2000マイルを旅しているが、かれの旅はすべてベドウィンと一緒に行ったものだ。テシガーは1日に2パイントの水と、1カ月に8ポンドの小麦粉を、自分も含めての配給制にして配っていた。そのため、常に喉が渇き、空腹に悩まされ、さらに襲撃隊の追撃を受けていた。アラビアを旅した人はほかにもいたが、かれは新しいルートを開拓し、消えゆくベドウィンの生活様式を描き出した。ロレンスがアラビアのロレンスなら、テシガーはベドウィンのテシガーと言える。

テシガーは、ベドウィンやマーシュなど、部族の人々に受け入れられ、環境の一部となることを望んでいた。かれは外へでかけて見物に行くというのではなく、少しそこへ行って滞在してみるという方式をとった。ベドウィンやマーシュの人々と一緒にいるとき、テシガーはいずれの場合も、かれらの慣習、文化、食べ物を含み住民の過ごし方、すべてを取り入れた。

ベドウィンと同じ服を着て、ベドウィンと同じように靴を履かず、ベドウィンと同じものを食べていた。実際、缶詰を食べたのはアブダビで、国王の孫にあたるタイフ県知事のもてなしで、ヴィクトリア調の家具を配した部屋を持つ新しいホテルに泊まったときだけだった。それ以外は、仲間と一緒に、共通の食器でお粥を食べるだけの簡単な食事をとった。村々を通ると、村人たちが食事を与えてくれた。かれは旅のために米、小麦粉、ナツメヤシ、砂糖、紅茶、コーヒー、液体バターなどを買い求めた。米は炊くのに水を多く必要とするため、小麦粉を主食とすることが多く、小麦粉を使ったシンプルな種無しパンを作っていた。テシガーは40年に渡り、旅をするために旅をしていた。かれはヴィクトリア朝最後の旅行者だった。かれの初期のある旅の最中、召使いが近くの遊牧民のキャンプから、かれにラクダの乳を持ってきたとき、とても喜び、その時、かれは「砂漠こそ」が自分の居場所であると宣言した。

徒歩で旅をすることは特殊な条件であり、許可をえない旅でもあったため、テシガーは現地の風習への完全な適応を必要とした。それゆえ、かれの食べ物の話は、そのままベドウィンの食べ物の話となった。朝食には、急いでいない場合にはパンを焼く。あるいは前の晩の残り物を食べる。ときには甘い紅茶、大抵は苦いストレートのコーヒーを飲む。朝食後はラクダに乗る前に2、3時間ほど歩く。長い日には10時間程度、あるいはラクダが草を食べられる場所が見つかるまで歩く。ラクダの背が荷物でいっぱいで、水もない場合は、ラクダに乗らずに歩く。もしかれらが一日の途中で休む場合、ラクダの背から荷物を降ろし、草を食ませ、自分たちはパンを焼くか、粥の用意をするか、ほとんどの場合はデーツを食べるだけですます。いつもコーヒーを飲む。コーヒーとデーツは砂漠の主食だ。真鍮のコーヒーモルタルが鳴ると、全員が儀式に参加することになる。給仕は小さなカップに数滴を注ぎ、立ったまま、一礼して一人一人に順番に手渡す。おかわりはできるが、一人につき3回までで、飲む人は杯を振って「もういい」という合図をする。テシガーも、みんなと同じように、この儀式に参加していた。旅のあとでヒゲを剃って、ヨーロッパの服に着替えると、もはやかれらの仲間ではない。かれは再び、毛色の違う異邦人で、キリスト教徒になる。かれらがテシガーの前にコーヒーをもってきたとき、誰かが聞いた。「キリスト教徒もコーヒーを飲むのか」と。

ウィルフレッド・テシガーのガイドの一人、ムハンマド・ビン・アル・ジャバリ（右側）、ラムラット・アル・ラバド砂丘でのキャンプファイヤーを前にして。ピット・リバー博物館、オックスフォード大学。

かれらは山羊皮の袋に物資や水を入れて運んでいた。4、5人でグループを作り、そのグループでいろいろな食料を運ぶ。水が足りているときは、一人が調理を担当することになる。夕食は米になることもあるが、水不足のため、普通はパンになる。調理係は小麦粉を湿らせ、塩を少し加え、厚いペースト状に混ぜたあと、生地を等分し、手のひらで叩いて半インチの円盤状にする。その間に誰かが砂漠で拾った火打石とダガーの刃で火をおこし、服の切れ端をつかって火口にする。円盤状のパンは燃え盛る火の上に置かれ、すぐにひっくり返されたあとで熱い砂と種火の下に埋められる。

かれらは車座になって座り、おがくずのような味のこのパンを、溶かしたバターやスープの入った小さなボウルに浸して食べる。

砂漠の水は汽水だった。初めて口にしたテシガーは、エプソム塩〔硫酸マグネシウム〕の味を感じて吐き出した。ベドウィンはよく牛乳を数滴たらして味を調えたが、ラクダの乳も少し塩辛い味がする。テシガーはミルクを入れずに、シナモン、カルダモン、ジンジャー、クローブを砕いたものを混ぜてお茶にして飲んでいた。かれは空腹を覚えることも多かったが、一番困ったのは喉の渇きだった。「常に喉の渇きを覚えていた。寝ている間でさえ、氷のような冷たい水が流れてくる夢を見るのだが、そもそも眠りにつくこと自体が難しい」。喉が渇いているときは、パンを飲み込むことが難しく、それが余計にかれを空腹に追いやった。雨が降っても、それがかれらにやすらぎを与えてくれるわけではなく、それどころか一行をずぶ濡れにし、寒さを覚えさせ、喉は渇いたままだった。そして、火を付ける木が十分に乾いていない状態に陥る。ひとたび水を見つけると、かれらは限られたその水をラクダの背が重たくなりすぎないギリギリまで積む。

アラブ人がそのなかに水をいれてはこぶ山羊皮の袋は、時代を超えて愛され続けている道具である。この山羊皮の袋は軽く、空になれば丸めてしまいこむことができる。この袋は内側にバターが擦りこまれており、完全に密封できる。水漏れする場合は、木の破片で穴をふさいだ。しかし、そのために、ただでさえ不味い水に、さらにヤギの味まで加わってしまう。小麦粉や米、ナツメヤシなどを山羊の皮に詰めて、鞍にぶら下げ、反対側の水の重さと釣り合うようにして運んだ。バターは山羊皮の袋ではなく、18インチ程度の長さのトカゲの皮の袋に入れて運んだ。

ベドウィンたちには、色んな種類の食べ物を食べたいという願望がなかった。同じ食事でも日に二回、ひと月に渡って、よろこんで食べた。質より量が優先された。数週間にわたって飢えを覚えるときは、食べ物について話し、食べたことのあるものについて話し、これから食べる予定のものについて話す。かれらはしょっちゅう空腹を覚え、渇きを覚える。というのも、見つけた井戸が枯れていたり、出会った旅人に食べ物を分けあたえたりするからである。テシガーは空腹について詳しく書き記している。数週間に渡る、空腹のあと、かれは自らに向かって実は自分は飢えていないのだとか、あるいは飢えに慣れているとか、自分は飢えに無関心なのだと、暗示をかけようとした。一日目は、かれの空腹は空虚感のようなものだった。テシガーはそれを歯痛のようなものとして克服した。腹ばいに寝たり、腹を押さえたりすることで、かれは空腹の叫びを抑え込もうとした。晩になると、かれはウトウトし、食べ物の夢をみた。夜になると、目を覚まし、食べ物について考えた。なににも集中することができなくなっていた。なにかを読もうとしても、いつのまにか気が散って、いつのまにか食べ物のことを考えている自分に気がついた。こうした厳しい期間、かれはロンドンでオフィスに座っているより、砂漠にいるほうがましだと自分を慰めた。ただし、食べ物は除いての話であったのだが。

獲物を仕留めた日には、宴会になる。「みな肉を渇望していた。なぜなら我々の食事は毎度毎度、変わり映えのしない火の灰で焼いた種無しパンか、水が十分ならおかゆというものだったからだ[22]」

時にはヤギを買うこともできた。しかし、だからといって、いつも自分たちだけで楽しめるかというと、そうではなかった。砂漠では、客を追い返すことはできない。そして、自分たちのための肉があっても、その分け方がいつも厄介だった。ベドウィンは、欲深いことを表に出そうとはしない。肉を分ける段になると、他より大きな塊を誰も欲しがらない。かれらはくじ引きで誰が大きな塊をとるかを決める。そうでなければ、誰もが自分は大きめの塊を受け取ったとして、他と取り換えて欲しいという。他者からどう見られるかは部族の掟であり、文化規範の基礎であった。そしてそれは食べ物についても言えることだった。別の規範としては手の使い方がある。たとえば、肉汁のかかったご飯があるときは、右手を直接ご飯に差し入れる。右手でコメをボールの形に作り、丁寧に口のなかに入れる。食事は常に右手で行い、左手は用を足した後の洗浄のためにとっておかれる。

テシガーはハンターであった。アラビアを旅したあと、アイベックスの皮と角、ガゼルの皮と角、オリックスの皮と角、スナネズミ、ヒョウの皮、ジャスス、ジャード、ジャーボアなどを持ち帰った。テシガーとベドウィン達がガゼルを撃って、その半分を翌日のために茂みに置いたことがあった。目を覚ますと、それは狐に持ち去られ、消えていた。かれらは追跡し、別の茂みのなかにそれを見つけた。一行はその残り半分についた砂を払い落とし、持ち帰って食べた。[23]

かれらは1日1食で日没時に食事し、時には昼間にデーツを数個食べるということもあったが、これは一種の贅沢だった。ラクダもミルクを出すが、これは牧草がないことと長時間の移動もあってほとんど手に入ることはなかった。テシガーの最大の問題は水だった。かれは水がそのままではとても味が悪いと感じ、ブラックコーヒーかショウガ入りの紅茶という形でしか飲まなかった。なので、テシガーは水を水のままで飲むということを2カ月の間行わなかったのだが、記録によると体調は良かったそうだ。これは気候が幾分和らいできたことと、日中の気温が比較的低くなってきたことによるものらしい。[24]

ベドウィンたちはテシガーを「アンバラク」、祝福されたものと呼んだ。かれもベドウィンたちを「私のアラブ人達」と呼んでいる。テシガーは、ベドウィンたちが言うように、ベドウィンたちこそが砂漠そのものであることを、そして砂漠と上手く付き合うことはすなわちベドウィンたちと上手く付き合うことであることも理解し、尊重していた。テシガーはテントのなかで離れて暮らしたり、召使いに世話になったりするよりも、かれらの一員として、日常の仕事を手伝い、食べ物や水を分け合って暮らした方がいいと考えた。ベドウィンたちにとって、一緒に旅をしながら食べ物を分け与えないというのは考えられないことで、それがどんなに短い期間でも、来る人すべてに食べ物を分け与えることを理解していた。テシガーは、ベドウィンたちのなかに受容と平等の感覚を探した。テシガーは、かれらの自由と勇気と寛容さを愛していた。

テシガーは、ベドウィンの忠誠心と気高さに感心する一方で、その状況に心底、不満を感じることもあった。何日も肉を食べていないときに、朝からウサギを捕まえて、どうやって料理しようかと一日中話し込んでいたことがあった。宿営地に着くと、スープにすることが決定された。ウサギを料理していたとき、料理人が顔を上げると、砂丘の向こうから3人のアラブ人がやってきていた。客人の姿が目に入ると、テシガーのいた一行は立ち上がり、客人を迎え、口々に神がこの者たちを遣わした、かれらは数千回でも歓迎されると言って食事をかれらに与えた。

また、コーヒーを入れたり、デーツを出したりした。テシガーが驚いたのは、客が出迎えた側に「一緒にどうだ」と申し出ると、出迎えた側が「いやいや、君たちは我々の客だから歓迎するよ、食べて」と言ったことである。テシガーは客が、その調理法をめぐって一日中議論をしたウサギを食べるのを黙って見るよりほかに選択肢はなかった。かれは殺意を覚えたが、なにも言えなかった。ただただ他のベドウィンたちと一緒になって、神がこの場にかれらを連れてきてくれたのだと口に出して保証するしかなかった。

また、テントが見えたが、テシガーがサウジアラビアのパトロールを避けようとしたので、泊まらなかったこともある。そのテントの一つから一人の男が飛び出してきて、「なぜ、私のテントを避けるんだ。来れば、肉と脂肪をあげるぞ（これは、かれが家畜を屠るつもりだという意味）」と叫んだ。テシガー一行が「歩き続けたい」と言うと、その男はどうしてもという。「私のテントに来てくれ、さもないと妻と離婚するぞ」とまで言う。そこで、かれらは、かれがラクダを1頭殺すのを見に行くことを承諾し、3日間にわたって食事をした。これは、アラブのホスピタリティの典型的な例であり、畏敬の念を抱かせるものであり、テシガーには完全には理解できないが、完璧に尊敬できるものだった。[25]

3人の仲間を連れ、食料も水もないまま、ウルク・アル・アハイバの砂地を越えて、リワ・オアシスの近くにあるカーバの井戸まで行ったとき、日没まで水を飲まなかったという。その日没時だけ、ラクダの乳を混ぜた水1パイントが配給される。エンプティ・クォーターを越えてカーバに到着したテジガーは、「どんなに興奮したとしても、この旅は重要ではなかった」と思った。「それは個人的な経験だった。そして、報酬はきれいな水で、ほとんど味のしない水だった。わたしはそれに満足した」と書いている。[26]

テシガーが二度目にエンプティ・クォーターを渡ったとき、かれが外国人なのに許可なくエンプティ・クォーターに入ったことに怒った王に捕まり、救助される必要がうまれた。かれの救世主はほかでもないフィルビーで、かれはテシガーの前に、近代国家サウジアラビアの初代国王アブドゥル・アジーズ・イブン・サウドの後援でエンプティ・クォーターを横断していた。フィルビーは、イギリス人の友人を救うために国王に手紙を送り、幸運にもそれが受け入れられた。普通、人はそんな苦労をする意味があるのだろうかと考えるものだろう。事実、テシガーにとっては、探検は個人的な冒険だった。かれは砂漠の旅の苦難と砂漠の民との交わりで安らぎをえるために行ったのである。かれにとって旅の目的は割とどうでもいいものだったが、その達成には多大な努力と犠牲が必要で、それが旅を価値あるものにした。テシガーは、ある経験は必ずしも物質的な達成をもたらす必要はないと考えており、それよりもそこにいたる道筋が重要だと考えていた。困難な旅ほど、大きな報酬がえられることを知ったのである。

最後の旅から27年後の1977年、テシガーは再びアラビア半島を訪れ、アラビアのすべてが変わっているのを目の当たりにした。そして、自分だけが新しいアラビアの世界に馴染んでいないことに気づかされた。

サハラ砂漠を歩いて渡る

フィルビーやテシガーの著作は多くの人々にインスピレーションを与えてきたが、20世紀の終わりまで、サハラ砂漠という最大の砂漠を徒歩で横断した者はまだ一人もいなかった。

14世紀の旅行家イブン・バットゥータは、1352年にラクダのキャラバンを率いてサハラ砂漠を南から北に縦断した。かれはイスラムの支配者たちから寄付を受け、贅沢な旅をした。旅の道中で、かれは食べ物に興味を抱いた。かれの回想録は、情報の正確さに疑問がつくだけでなく、誇張されていることも分かっている。イブン・バットゥータはサハラ砂漠で手に入る食べ物として、デーツとイナゴについて詳述している、ミルクとマンゴーにも言及している。ここで言及されているミルクはココナッツミルクのことで、マンゴーはよく似た名前の別の果物のことだと信じられている。[27] また、トゥワット（現在のアルジェリア南部）が塩分の多い沼地で耕作地がないとの記述もあり、ヤシの木や小川が多いというイスラムの歴史家イブン・ハルドゥーンの記録と食い違う部分もあった。[28]

テシガーのもう一人の崇拝者であるイギリスのジャーナリスト、ジェフリー・ムーアハウスは、1972年にサハラ砂漠の踏破に挑戦した。「私は、サハラの大砂漠を西から東へ、一人で、ラクダで横断することに決めたが、その決定について恐れを抱いてしまった」[29]。そのためかどうか、かれは二頭のラクダとガイド一人を連れて徒歩での踏破に出発したが、失敗してしまった。かれはあまりにも孤独で、砂漠のなかで恐怖を抱き、食料と水が盗まれてしまうというような、数多くの悪夢に悩まされた。

1980年代においても、依然としてサハラ砂漠を西から東に向けて、徒歩で横断した者はいなかった。テシガーの伝記を書いた歴史家で、遊牧民を崇拝というよりも理想化していた別のイギリス人、マイケル・アッシャーはテシガーのように遊牧民とともに暮らすうちに、その一員となることを望むようになったと書いたが、アッシャーもそれが究極的には不可能なことだと気づくことになった。それは遊牧民の世界もまた変化の瀬戸際にあったからである。テシガーとは異なり、アッシャーは遊牧民がかつてのままの生活を送った方がいいとは言わなかった。アッシャーは遊牧民の未来はかれら自身が決めるべきだということを受け入れた。しかしながら、アッシャーは工業化に反対する過激な環境保護運動に身を投じ、サハラ砂漠を大西洋岸のモーリタニアからエジプトのナイル渓谷に向かって徒歩で横断することにした。かれは1986年の8月に妻のマリアントニエッタ・ペルーと3頭のラクダをともなって出発した。そして271

日かけて4500マイルを踏破してナイル渓谷に達した。これがサハラ砂漠を徒歩で渡った最初の記録ということになる。

マイケル・アッシャーは遊牧民のカバビシュ族とともにスーダンで3年ほど暮らしていたときに、かれらの食習慣を身に着けた。かれは筆者に、右手を使って同じ一枚の皿から一緒に食べていたことを話してくれた。「かれらのシステムはカトラリーや食器に煩わされないという意味で、私たちのシステムよりはるかに効率的です。洗わないといけない食器はたった一つです（通常、水は使わず砂で洗う）」[30]。かれらは玉ねぎを除いて野菜や果物を食べないし、それも手に入る時だけのことである。しかし、アッシャーがその3年の間に一度も病気にならなかったことには強く感銘を受けた。

かれらの食事は、基本的にアシダ（ソルガム粉）のポレンタにラクダのミルクをかけたり、乾燥トマトパウダーやスパイスで作ったムラー（肉汁の一種）をかけたりしたものであった。かれらは家畜を売買して農民からアシダ、茶、砂糖などを手に入れた。また、デーツ（粘り気のあるタイプではなく、固いタイプ）を食べた。ラクダの乳は（新鮮なものでも酸味のあるものであっても）神聖な主要食品であり、それを飲むための習慣や儀式があった。スーダン東部の遊牧民ベジャ族は、アラビアの人々と同じようにコーヒーを好む。アッシャーが共に生活した部族は大量の砂糖を入れた紅茶しか飲まない。砂糖が手に入らないときはデーツと一緒に飲む。

可能ならば、かれらは山羊、羊、ラクダを屠る。かれらは狩りも行い、おもにドーカスガゼルを獲物にするが、ウサギ、そして時には鳩のような鳥、そしてオオトカゲ（その卵も食べる）、フェネック、カンガルーネズミなども食べる。そうした獲物は皮のまま火で炙って食べる。肉はしばしば石で砕いて粉々にできる位の硬さになるまで天日干しにされ（西サハラではティシュターとして知られ、東サハラではシャームートとして知られる）、ポレンタの上にかける。動物の頭は一番良い箇所だと考えられている。そしてすべての部位が食べられる。舌、鼻、膜類、目、そして脳髄だ。頭部はふつう、焚火の下の砂のなかで調理される。「もし、ラクダが一頭屠られたなら、肝臓とこぶ（ゲル状物質）は生のまま食べられる。ラクダの胆嚢の汁を絞ったものがその上にかけられる。ラクダの胆嚢の汁はレモンのような味がすることから『砂漠のライム』と呼ばれている[31]」

西サハラでは、遊牧民の主食はソルガム粉ではなくクスクスになる。クスクスは、水分はすべて吸収し、無駄がなく、水を沸騰させる必要がないので燃料も少なくて済み、砂漠にとって非常に効率的な食べ物である（遊牧民は木で火をおこし、石炭は使わない）。またかれらは乳、水、砂糖を混ぜた「ズリグ」を飲む。

一人で、あるいは妻だけを連れて旅をするあいだ、アッシャーは遊牧民の食べるものをたべた。ソルガム粉や他のものを持って移動した。かれは山羊を殺し、その肉を茂みのなかで日にさらして自分のシャームートを作った。

アッシャーはイワシの缶詰を補助食として持ち歩いていた。「私は遊牧民と同じように3つの石でできた暖炉で料理をし、手で食べる[32]」。客とのトレッキングでは、皿やナイフ、フォークを個別に使って、いつもと違う食事をした。客はおもに肉や魚を含む、缶詰食品を食べたが、新鮮な肉を求めて道中で山羊を買って屠ることもよくあった。玉ねぎやトマト、茄子などの生野菜を運び、旅の途中で補充することもあった。朝食にはシリアル、卵、市販されているものか砂漠で焼いたパン、コーヒー、紅茶、そしてドライフルーツを取った。少なくとも最初の数日間は、新鮮な果物や、チーズ、クスクス、米、パスタなどの輸入食品を携帯していた。紅茶、コーヒー、ソースや調味料もあった。食事は炭火で調理された。大人数で調理する場合、薪よりも火力の調節がはるかに容易なため、炭を携帯していたのだ。食料を運ぶためのラクダを何頭も持っていた。水は井戸や水溜りから取るが、ヨウ素で処理された。これは一人旅ではやらないことだった。

遊牧民の生活は、かれが一緒に暮らしていた頃と同じなのだろうか。「答えはノーだ、2年前にカバビシュ族を訪ねたが、ラクダに乗り、テントで暮らすなど、表面的には同じような生活をしていても、『別世界』にいるような感覚はなくなっていた。女性はヘジャブ付きの正装、男性は輸入の綿シャツを着るようになった。遊牧民の多くが携帯電話を持つようになり、自動車も多くなった。私が見たテントは、ほとんどが古い袋で修理されており、女性たちがもはや機織りの技術を実践していないことを示唆している。私が見た昔のような一族郎党挙げての移動は、もうない。多くの集落に学校ができたが、ほとんどは使われていないようである。ラクダを扱うのに、より多くの合成素材が使われている」[33]

しかし、チャドでは、遊牧民はより伝統的で、今でも水皮やラクダ用の装備などを自分たちで作っているようである。携帯電話もなく、自動車もあまり走っていないので、昔ながらの遊牧民のような探検ができる最後の砂漠なのかもしれない。

西サハラと塩の不足

サハラ砂漠が巨大な板を敷き詰めたような塩の産地であるのと同時に、西アフリカにおける塩のニーズは高かった。植民地支配を受ける前の西アフリカでは、塩は鉄や金と並ぶ重要な地下資源だった。10世紀のソンハイ王国の首都、ガオでは塩はとても貴重であったため、王室の財産として保管されていた。これは別段驚くことではない。塩は貴重であったため、同じ重さの金と交換されていたほどである。沿岸部では海水を煮だすことで塩をえることができる。ところが内陸部ではそういったやりかたで塩を手に入れることは難しい。巨大な岩塩がとれる鉱床はサハラ内部にあった。奴隷が塩を掘り、ラクダがそれを運んだ。塩はミレット、コメ、トウモロコシのような穀物と交換された[34]。

スコットランド人の探検家、ムンゴ・パークが西アフリカを1795年に探検したが、かれはニジェール川流域の中心部分を探検した最初の西洋人として知られている。

二人の案内人を連れて、かれは未知の内陸部へ出発した。セネガル盆地上部を横断し、半砂漠地帯のカアルタを通過する。この旅は困難の連続であった。ルダマルでは、ムーア人の族長に4カ月も幽閉されたこともあった。1796年7月1日、かれは馬とポケットコンパス以外なにも持たず、たった一人で脱出し、7月21日に念願のニジェール川をたどってセグーに到達した。かれは川を下流に80マイル（130キロメートル）進み、セゴウに到着したが、さらに進むための資源がなく、引き返すことを余儀なくされた。

帰路にあった7月29日に、当初のルートよりも南下し、バマコまでニジェール川に沿って、約300マイル（480キロメートル）もの道のりをたどった。カマリアで病に倒れ、人の家に7カ月間滞在した。結局、1797年6月10日に再びピサニアに到着し、12月22日にアングアを経由してスコットランドに帰国した。かれはその旅の記録を本に書き、ヨーロッパ人にアフリカの実像をのぞかせた。その本には、ガンビアで現地の人々がトウモロコシを食べ、クスクスを作り、シアバターを使い、馬を狩って食料にしていたことが書かれていた。内地では、最大の贅沢品は塩であった。歴史的に見ると、農民は牧畜業者と交易する際に、動物の血や乳、肉などから塩をえていた。子供たちが塩を欲しがって、岩塩を砂糖のようにしゃぶるのを見た。かれもまた、塩の不足に苦しんでいた。「私自身、塩の不足で大変な不便を強いられた。植物性食品を長く使っていると、塩への欲求があまりに強く、どんな言葉でも十分に言い表すことができない」[35]

ムンゴ・パークの2度目の旅となるナイジェリア探検は一回目の旅ほど幸運に恵まれたものにはならなかった。かれはこの旅から戻ることはなかった。敵対的な地元民から逃げる最中に川で溺れて死んでしまったのである。かれの日記が回収されることはなかった。

パタゴニアと肉への渇望

もう一つの大きな砂漠は、パタゴニアである。南米への初期の開拓者は、陸地をあまり歩かず、海岸を航行することが多かった。スペインの征服者たちは錨を降ろして上陸し、おもに儀式を行ってその土地を所有したあと、船で生活しながら情報や富を探した。かれらの残した記録から、船から降りると、船上での粗末で腐ったような食事から一転して、食べ物が豊富であることが分かる。新鮮な魚、バター、米などの穀物、トロピカルフルーツ、地元のワインなど、地元の人が旅行者に提供した食べ物は、肥沃な土地に住むというイメージにぴったりであった。やがて探検家たちは、財宝や先住民、食料を求め、徒歩で内陸の奥地へと進まなければならなくなった。もっとも、すべての冒険が成功に終わったわけではなく、食料不足が失敗の原因であることも少なくなかった。アメリカが発見されたとき、スペインは新領域の植民地化のために多くの開拓者を送り込んだ。同じ要領で、パタゴニアはシモン・デ・アルカサバにその地の征服と人口増加のために与えられた。かれは250人の乗組員を用意し、2隻の船で出発したが、すぐに船の破損と魚と肉の腐敗という問題に苦しめられることになった。

そこで、乾パンの配給に切り替えたのである。水の問題が出てくると、ワインを飲むようになった。連絡が途絶えたにもかかわらず、2隻の船は一緒に海峡に入った。かれらは泥の小屋を建てて集落を作り、各人が20ポンドの乾パンを食料としてたっぷりと食べ、北西のパタゴニア平原への行進を開始した。わずか44マイル（70キロメートル）の行程だったが、アルカサバ（乗組員よりも年上で、旅で消耗していた）は諦めて戻ってきた。残りのメンバーは、玄武岩がちりばめられた広大な平原の乾燥した風景のなかを歩き続けた。川に沿って進むと、インディアンの集落に出くわし、そこで食べられる根菜類の見分け方を教わった。老婆がガイドとなり、金のありかを教えてくれた。その頃には、貴重な乾パンは食べ尽くされ、その土地でとれるもので生活するようになっていた。10日以上歩いても金が手に入らなかったので、かれらはあきらめて歩いて帰ろうとした。グループ内の反乱や、テントのなかに隠された砂糖、パン、レーズンなどの恥ずべき発見のために、グループはバラバラになった。ある者は川に戻ってアルカサバに一連の出来事を知らせる一方、ほかの者は飢えと復讐心を胸に海岸の方へ向かっていった。この復讐心を持ったグループが先に船に到着してアルカサバを殺したとき、あとから到着したほかの人々は港にとり残され、根菜類や他の食べることができるものをさがすはめになった。さらに船のなかで起きた別の反乱のせいで、この一行の人数はさらに減ることになった。首を切られたもの、首に重りをつけられて海に投げ込まれたもの、吊るし首になったもの、そして逃亡したものがいた。残された者たちは船にのって、パタゴニアを後にしたが、結局一隻が座礁したためにもう一隻に乗り移ることになった。こうした不幸のあとで、かれらはもっとも近い港へ向けて出帆した。食料が不足していたので、スペインに戻ることができなかったのだ。これが２５０人でスペインを発った一行が、１５３５年の9月に75名になってサントドミンゴにたどり着くことになる経緯だった。[36]

3世紀後、チャールズ・ダーウィンがパタゴニアを探検したとき、かれはこの土地をすっかり気に入ってしまった。ダーウィンはパタゴニアとティエラ・デル・フエゴを1831年と1832年に調査した。ダーウィンはチリの海岸の一部、リマ、ガラパゴス島、オーストラリアのブルーマウンテンズなどを見たあと、パタゴニアの平原にもっとも感銘を受けたと日記に書いている。人家も水も木も山もなく、ただいくつかの矮性植物があるだけである。「パタゴニアの平原は無限であり、ほとんど通過することができず、それゆえ未知であり、現在のように長い間続いてきたという印があり、将来の時間を通じてその継続に制限はないようだ[37]」

ダーウィンはパタゴニアの調査において、メンドーサで一行とキャンプした際に高所での調理に困難を感じていた[38]。

私たちが寝泊まりした場所では、大気の圧力が低下しているため、高度の低い土地で沸騰するよりも低い温度で沸騰することになる。そのため、ジャガイモは沸騰した湯のなかに数時間置いた後、ほとんど同じように硬くなった。鍋を一晩中、火にかけておき、翌朝、鍋は再び沸騰していたが、ジャガイモはよく煮えていないままだった。二人の仲間が原因について話し合っているのを聞いていると、かれらは「呪われた鍋(新品の鍋だった)がジャガイモを茹でることを選ばなかったから」という単純な結論に達したようであった。

ダーウィンはティエラ・デル・フエゴで、先住民が食べていた木に生えるキノコを発見した。

いくつかのベリーを除いて、これが、先住民が食べていた唯一の植物性食品だった。かれは、この国だけが隠花植物を主食としている国だと書いている。気候や植生からして、それ以外の方法はなかったのである。「フエギの野蛮人、この惨めな土地の惨めな主[39]」。ダーウィンの船ビーグル号の船長ロバート・フィッツロイは、3人の島の住人の証言をえてから、かれらに強烈な印象を抱くことになった。かれらは、敵対したあとや飢餓に追い込まれたときに、人間を食べるということだった。「征服された者は、まだ死んでいなければ、征服者によって殺され、食べられるのである。その腕と胸は女によって食べられる。男は脚を食べる。そして胴は海に投げ込まれる。厳しい冬の間、厳しい霜と深い雪でいつものように食料をえることができず、飢饉に直面すると、極度の飢えから、一団のなかでもっとも年長の女性に激しく手をかけ、青木を燃やして作った濃い煙に彼女の頭をかざし、喉をつまんで窒息させる。そして、前者のように胴を除いて肉の隅々まで食べ尽くす。しかし、犬は『イアポ（カワウソ）を捕る』ので、年配の女性のように食べない[40]」

ダーウィンが1833年の探検でアルゼンチン南部に行ったとき、ベルナンティオで友好的な部族に会い、サリーナに塩を取りに行き、「インディオは多くの塩を食べ、その子どもたちは砂糖のようにそれを吸っている。この習慣は、同じような生活をしていながら、ほとんど食べないスペインのガウチョとは非常に異なっている[41]」と記した。ガウチョはおもに肉を食べ、塩を必要としなかったのである。また、ダーウィンは、ガウチョが脂肪を多く食べることで、肉を大量に消化し、しばらく食べなくとも空腹にならないことを観察している。「我々はここではビスケットを買うことはできた。私は、ここ数日は肉以外のものを食べてはいない。私はこの新しい養生法がまったく嫌いではなかったが、厳しい運動があって初めて納得できるような気がした。イギリスの患者は、目の前に生きる希望があるにもかかわらず、動物性の食事だけにするように言われたとき、ほとんど耐えられなかったと聞いたことがある。しかし、パンパのガウチョは、数カ月間、牛肉しか口にしない。しかし、私が見るところ、かれらは動物化されていない脂肪を非常に多く食べており、とくにアグーチ（げっ歯類の一種）のような乾いた肉を嫌う」。かれは、ジョン・フランクリンの極海陸路探検の医師が１８２９年に観察した、「人々が長い間、赤身の動物性食品だけを食べていると、脂肪への欲求が非常に貪欲になり、混じりけのない脂肪や油性の脂肪でさえ、吐き気をもよおすことなしに大量に摂取できる」という言葉を引用している。[42]

砂漠のウルトラマラソン：歩くのでは速さが不足

山を登ったり、越えたり、周回したりすることは珍しいことではないし、都市を走るマラソンでランナーが小さな水筒やジェル、エナジードリンクをくわえる姿もよく見かける。比較的新しく、ますます人気が高まっているのは、徒歩で個人の限界に挑戦するもうひとつの方法である。トレイルランニングのコミュニティでは、（走れるときは走り、歩かなければならないときは歩く）長い距離を、困難をともなう道のりで走る。これらはしばしばウルトラマラソンと呼ばれる、マラソン（42・195キロメートル）より長い距離を走るフットレースである。距離がはるかに長く、地形、気候、標高もはるかに厳しいトレイルランでは、食事の準備もサバイバルに重点を置いたものになる。ランナーはこれらのレースを完走するだけでなく、体重を大きく減らさずに完走することを目指す。これはランナーが深刻な健康問題を抱えたままレースを終えることにならないようにするためである。有名なレースとしては、イタリアのツール・デ・ジュアン（330キロメートル）、アメリカのバッドウォーター・ウルトラマラソン（217キロメートル）、ウルトラトレイル・ドゥ・モンブラン（166キロメートル）、ウルトラトレイル・マウントフジ（168キロメートル）などが挙げられる。また、長距離を走るだけでなく、標高2000m以上の高地を走るスカイウォークという足頼みの挑戦もある。1990年代前半にアルプスのモンブランやモンタローザで始まったこのランニングの舞台は、ヒマラヤ山脈やケニア山、メキシコの火山などにも広がっている。しかし、山に限らず、砂漠や氷の上も走ることがある。砂漠では、サハラ砂漠でのレースが有名である。

28歳のフランス人パトリック・バウアーが、水と食料を入れた35キログラムのリュックサックを背負い、完全自給自足でサハラ砂漠を自らの足で横断することを決意したとき、そこはのちのマラソン・デ・サーブルの出発点となった。かれは村もオアシスも水場もない350キロメートルを12日間かけて走破した。

最初の大会が開かれたのは1986年のことで、モロッコのサハラ砂漠で250キロメートルの距離を自らの足で数日かけて走るこの伝説的なイベントには23人のパイオニアが参加した。

マラソン・デ・サーブルは、現在では極限状態で行われるウルトラトレイルの母体となった大会である。6日間、251キロメートルのウルトラマラソンで、通常のマラソン6回分に相当する、毎年、モロッコ南部で開催される数日かかるレースである。参加者は、食料、寝具などを入れたリュックを背負って参加する。日中は40℃を超えることもあり、体に負担がかかる上、十分なカロリーを摂取することも難しい。地球上でもっとも過酷な徒歩レースと言われている。

モロッコのサハラ砂漠ザゴラ近郊の遊牧民の家に生まれたラハセンとモハマドのアハンサル兄弟は、ウルトラマラソン「マラソン・デ・サーブル」を20年にわたり支配してきた。ラハセンは10回、弟のモハマドは5回優勝している。アハンサル兄弟はインタビューのなかで、ランニング中の食事について説明している。ラハセンはパスタ、クスクス、ドライフルーツを食べ、モハマドはデーツの缶詰やコブス・チャーマ（ベルベル人の詰め物パン）を食べている。「MdS（マラソン・デ・サーブル）では、デーツ、ドライフルーツ、パスタ、米、セロー（ナッツとスパイスを細かく砕いたデザート）、干し肉を食べている」[43]

ラファエレ・ブラットリは、イタリアのウルトラマラソンランナーで、これまでに4つの砂漠のグランドスラムを含む20の砂漠を走破している。ゴビ砂漠、アタカマ砂漠、サハラ砂漠、南極大陸の4つの砂漠を走破した。これは、地球上でもっとも困難な条件のもと、自分の足で1000キロメートルを走破することを意味する。かれは砂漠でのレースを、小さなバックパックに装備と食料を自分で管理し、サポートや補給を受けずに自給自足で走る。当初、ブラットリは他の多くの人と同じように調理済みの脱水食品を購入していたが、自分で脱水食品を作り、真空パックして水を加えればすぐに調理できるようにするようになった。かれは、さまざまな種類のベースに加えることで、3種類の料理を作ることができるミックスを作っている。かれのレシピには、北イタリアの食文化が反映されている。ブラットリは、調理した脱水ポレンタ30グラムと、自分で脱水した極小のブレザオラ（イタリアの乾燥塩漬け牛肉）30グラムを混ぜ合わせる。これに、すりおろしたグラナ・パダーノチーズ30グラムとオイル20グラム、野菜か牛肉のスープスプーン1杯、コショウ少々を加える。この食事は、粉ふきいもか、茹でて脱水した米のリゾットをベースに、ズッキーニ、ジャガイモ、ニンジン、玉ねぎなどの野菜と、季節の野菜を小さく切って脱水したものと交互に食べる。[44]

レース中は、ドライフルーツ、砂糖漬けのフルーツと蜂蜜を混ぜたナッツ、チーズ、ブレザオラを使った甘くて香ばしい独自のエネルギーバーをかじるのが好きということだ。ときには、マジパンやビスケット、チップスなどのスナックも食べる。ルール上、選手は1日最低2000キロカロリーを摂取しなければならないが、通常、一日、50キロメートルの距離を走ると、摂取カロリーはこの基準を超え、5000キロカロリーに到達する必要がある。カロリーの高い食べ物は、体重を維持するのに役立つ。それでは食欲の方はどうだろうか。

「砂漠を走っていると、食欲はなかなか湧かないものです。濃縮・脱水したトマトペーストは食欲を増進させ、水分を保つのに十分な塩分を与えてくれます」[45]。ブラットリは、歯磨き粉の空きチューブにヌテラ・チョコレート・ペーストを入れてデザートとして持っていくなど、変わった工夫もしている。

砂漠の太陽に向かって走るかれの目の前には、人間、動物、悪魔など、ストレスや恐怖とリンクした形が現れる。レースの間、食べ物の夢を見るのだろうか？「ええ、よく見ます」。冷えたビール、アイスクリーム、炭酸水、コカ・コーラ、スイカなどを夢にみるそうだ。「暑い日に海辺で夢見るようなものばかりです」[46]

ほかのランナーたちと、おもに好奇心で食べてみようと食べ物を分けることがあるという。たとえば、日本から持って来たという脱水コーラ飲料を試してみたところ、本物と同じ味とは思えなかったそうだ。オーストラリアのランナーからは、口のなかがとても乾いているときに小さな石を舌の下に置くと楽になるというコツを教えてもらった。これは、アボリジニーの人たちが唾液を出し続けるためのコツだという。蛇の干物、サメの肉、ワニの干物など、かれが走りながら食べた奇妙な食べ物も、アボリジニーの知恵と同じオーストラリアが発祥地である。

ブラットリはレースではプラスチックの小皿を持っていくが、食事のときはペットボトルを真んなかで切って、そのなかに脱水した食事を用意する。そして食べるときはこのプラスチックボウルで食事をする。プラスチックのアイスの容器を持っていく人もいる。持ち運ぶ重量を減らすための工夫である。

ブラットリがもっとも長く止まらずに砂漠を走ったのは、オマーンでの3泊2日だった。オマーンのレースで走っていたとき、古いピックアップトラックに乗ったベドウィンの一団が砂漠でかれを止めて、食料を奪っていった。水はまだあったが、食料がなければ長くは生きられない。かれは黒いものを見始め、気を失う直前にＧＰＳの緊急信号を送った。1時間後に目を開けると、そこはチェックポイントだった。5時間ほどの休養のあと、走り続けることが許され、完走することができた。なにがベドウィンたちをこのような行動に走らせたのか、かれはまだ分からないでいる。

もう一つのウルトラマラソン・トレイルにイラン・シルクロードがある。このレースは2つの形式で行われる。250キロメートルと150キロメートルの2種類があり、砂丘、沼地、岩場など、さまざまな地形が広がっている。チェックポイントでは医師や看護師がサポートする。ランナーは10キログラムほどのリュックサックにウェアや食料、必須の安全装備などを入れて走る。朝、テント村のキャンプを出発し、選手が毎日のステージをスタートしたあと、キャンプは現地でスタッフによって解体され、各ステージの到着地点でふたたび組み立てられる。各キャンプには、寝袋、温水・冷水の供給、医療テント（医師、看護師、医療機器）が備えられている。各ステージ終了後、選手たちはテント村のキャンプに到着し、夜を過ごす。チェックポイントやキャンプ地では、1人あたり1日10リットル程度の飲料水が支給される。アルベルト・タグリアブエは、私が話を聞いたとき、このレースから帰ってきたばかりのレーサーだった。

タグリアブエもまた、トレイルを愛するがゆえにアスファルトを離れた、有能なイタリア人ランナーである。ポレンタ、パルミジャーノチーズ、モチェッタ（北イタリアの乾燥肉の一種）など、ブラットリと同じようなエピソードを語ってくれた。かれは誇らしげにこう付け加える。「ほかの人は、パスタを乾燥させて持っていくんですよ。私たちが食事をしているとき、かれらは皆それを見ています」。パンの感覚を保つために、南イタリア・プーリア州のタラッリ（プレッツェルタイプの小さなクラッカー）を食べ、1時間ごとにジェルなどを食べて、コンスタントに食事をすることを覚えた。そうしないと、「足が疲れる」というのである。たしかにレース中、かれは冷たいコカ・コーラやパスタ、ピザなど、食べ物の夢も見た。タグリアブレは、最後にとても上手に、その内容をまとめている。「食事はとても大切です。1週間も家を離れていると、快適さや自分の好きなものを求めるものです」[47]

第6章　巡礼の旅

徒歩旅行の歴史では、世界の果てを見てやろうという目的とは違った理由で旅した人もいた。巡礼者は自分自身の心のなかにある場所へとたどり着くために、地理上の目的地を目指して歩いた。巡礼は精神的な徒歩の旅である。精神と物質、思考と行動は、歩くという行為を通して結びつく。到達することは、それを体得することである。旅路が厳しいほど、えるものも大きい。そして徒歩での旅は、つねに厳しい。

多くの宗教は、隠遁や悟り、精神的な成長へといたる道として、その宗教の歴史上、重要な巡礼地を旅する強固な伝統をもつ。巡礼はしばしば徒歩で行われて、聖都、寺院、墓を目指したり、聖なる山や洞窟、川を目指したりするものである。ガンディーが1930年に行った塩の行進のような政治的巡礼を別にすれば（これはイギリス政府が製塩に課した税金に抗議するために、海で塩を製造するために歩いた）、伝統的に巡礼はその人の自己や愛する人を癒す目的で行われる。いくつか、その歴史的な重要性と訪問者の数で目を引く巡礼の道がある。

ホタテ貝の巡礼料金

伝承によれば、聖ヤコブの遺骸は、エルサレムから船でスペイン北西部、現在のガリシア州にあるサンチャゴ・デ・コンポステーラの大聖堂へと運ばれて埋葬されたとされる。カトリックの巡礼の道は十二使徒の一人である聖ヤコブの聖堂へとつづき、聖ヤコブの道とも呼ばれて、その歴史は9世紀にまでさかのぼる。事実、この道は9世紀以前の交易路をなぞるような形で伸びている。

中世の伝説によると、コンポステーラはラテン語のカンプス・ステラ(「星の原野」という意味になる)に由来する。813年、明るく輝く星に導かれて、ある羊飼いがサンチャゴ・デ・コンポステーラの聖ヤコブの埋葬地にたどり着いた。この羊飼いは、司教であるイリアのテオドミロにこの事実を報告した。テオドミロ司教はこの遺骸は使徒ヤコブのものだとし、オビエドのアストゥリアス王アルフォンソ2世に知らせた。この聖ヤコブの遺骸があった場所に聖堂が建てられたといわれている。

サンチャゴ・デ・コンポステーラに関して、フランスの錬金術師、フルカネリは別の話を伝えている。フランスではコンポステーラはヴォワ・ラクテ(フランス語で「ミルクの道」)、すなわち天の川と呼ばれていた。ギリシャの神々はこの道を通ってゼウスの宮殿に行き、英雄達はこの道を辿り、オリンポス山にたどり着いたとされる。天の川を指す一般的なスペイン語での呼び名は、エル・カミーノ・デ・サンチャゴになる。中世の伝説によると、巡礼者の巻き起こした土埃が天の川を形作ったとされる。

　中世期には多種多様な歩く人々が、この道に姿をみせた。供を引き連れた王侯貴族、近所や道中で知り合った人達と共に歩く平民、裁判所の命令で辱しめのためにつながれて歩く巡礼者、そして金持ちの代参として歩く人達などである。

　ひとたび巡礼の旅が始まると、巡礼者は巡礼服をまとい、生まれ変わる決意をその姿に示す。１４０６年にイギリスからの巡礼者、リチャード・アルカートンはつぎのように記している。「巡礼者は杖を持ち、スクラビンを身に纏い、スクリップを肩からかける」。スクラビンは長いチュニックで、スクリップはなかに食べ物、ごみ、お金を入れるポーチである。これが11世紀終わり頃の巡礼者の装いとなる。スクリップの始まりについてははっきりしないが、4世紀のエジプトで巡礼する修道士達が身に着けていたといわれる。ポーチは徒歩で旅行するものにとって必須のものであったが、巡礼者のポーチは多くのお金を待ち運ぶには小さすぎ、巡礼者が生きるために施しを必要としたためにポーチは慈善の象徴となった。[1]

　巡礼の旅は、道中や修道院での人々の思いやりに支えられていた。ベネディクト会の規則では、修道院は巡礼者に食料と住居を提供することが義務づけられており、この規則のために、いくつかの修道院は深刻な財政難に陥った。とくにカタルーニャ地方のモンセラットなどでは、教会までは急な山道で、食料を運ぶのに非常に苦労した。こうした理由で、14世紀には説教師達が巡礼者に対して、貧しい者、障がいのある者でない限り、自らの食べ物を自分で用意するように呼び

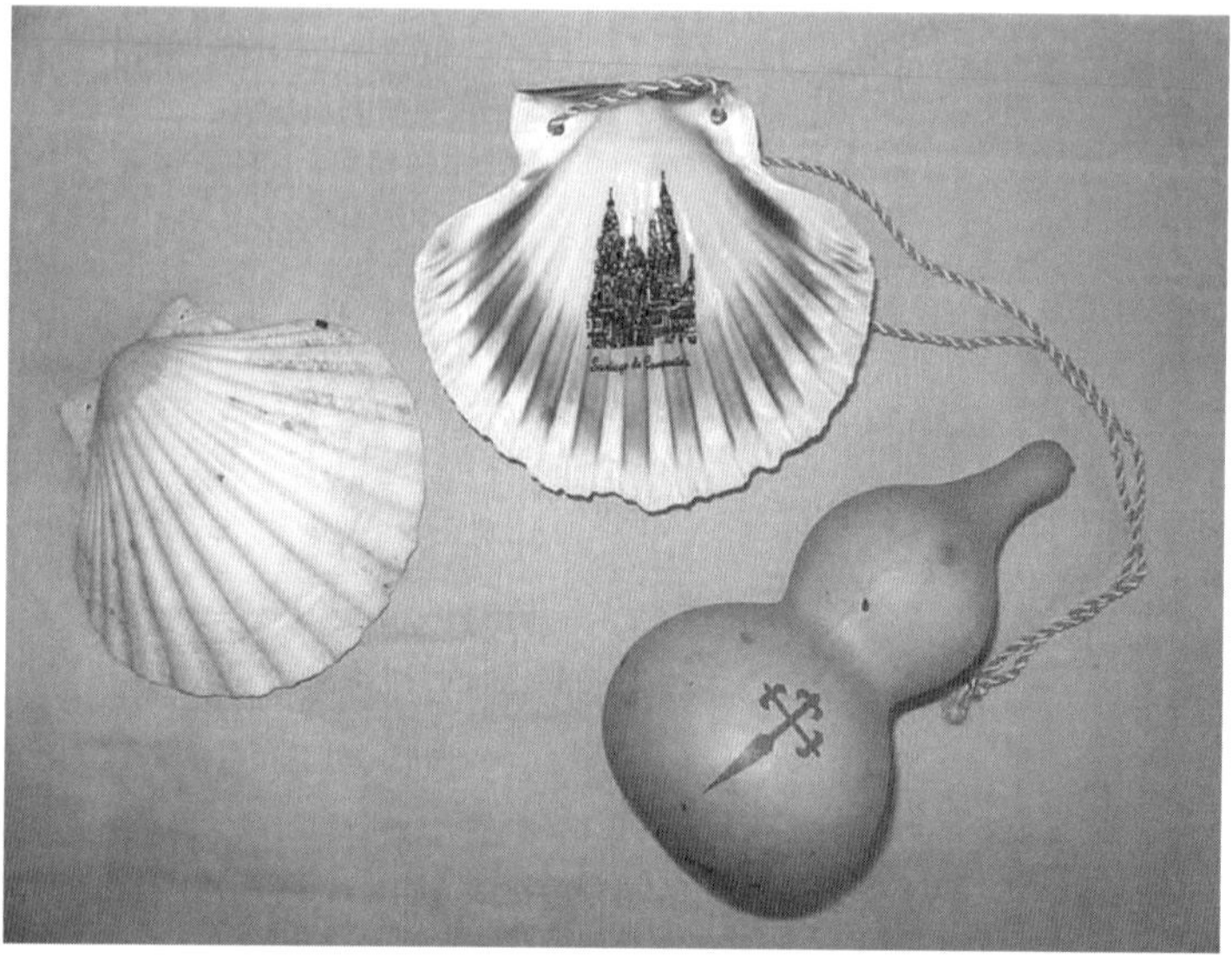

カミーノ・デ・コンポステーラの巡礼者の持つホタテの貝殻と瓢簞。クリエイティブ・コモンズ。

かけた。[2]

現在では様々な歩き方があるが、もっとも有名なのは中世以来の道で（かつヨーロッパ最初の文化的な道で）あるカミーノ・フランセス、フレンチ・ルートとも呼ばれる道である。この道はフランスからピレネー山脈を越えてスペインに入り、イベリア半島の北沿いを、この道の終着点であるサンチャゴ・デ・コンポステーラに向かって伸びる。この道をたどる巡礼は徒歩で行われ、道のどこでも巡礼の出発点にできる。中世においては、巡礼者は、自分の家がどこであろうと、そこから出発した。

典型として、カミーノ・フランセスを辿る巡礼の旅では、途中で1～2日の休養を挟み、通常4週間以上かけて歩いた。

ホタテの貝殻は、カミーノのシンボルである。ホタテ貝はメタファーとして機能し、貝殻の溝は巡礼者が一つの目的地にたどり着くまでの様々なルートを表現している。また、貝殻には巡礼者が水を汲んで飲んだり、その場しのぎの食器として使い食事をしたりと、実用的な目的もあった。また、初期の巡礼者が水筒として使っていた瓢箪も巡礼のシンボルだった。かつては、ホタテの貝殻を持つことが巡礼を終えたことの証明になったという。フランス語でホタテをコキュ・サン・ジャック（サンジャックの貝殻）と言う。英語の名前であるジェームズはラテン語のヤコブからきており、ヤコブはフランス語で「ジャック」となる。

また、ホタテの貝殻は洗礼のシンボルでもあり、洗礼盤の意匠に多く見られる。洗礼の際、司祭が洗礼志願者であるキャテキューメン（初期の教会においてキリスト教の初歩的な教義について指導をうけているものを指す）の頭に水をかける皿は、ホタテの形をしたものが多い。ホタテの貝殻は誕生のシンボルであり、多くの人にとってカミーノは再生と新しい人生の始まりと結びつくものだった。

イギリスの詩人で探検家のウォルター・ローリー卿は、断罪された後、死の前日に書いた詩「情熱的人間の巡礼」[3]で、巡礼を死の間際になぞらえている（学者によっては、これはドラマチックな効果を狙ってのことだと考えているものもいる）。

　　ホタテの貝殻を、静寂の貝殻をください

私の頼るべき信仰の杖を
喜びのスクリップを、不滅の食事を
救いの瓶を
栄光のガウンを、希望は真のゲージ（決闘の印として投げた手袋）
そして私は巡礼の旅に出る

……

血は私の体の香油に違いない
ほかの香油は与えられない
私の魂は白い椰子の木のように
天の御国へ旅に出る
銀色に輝く山々を越え
そこはネクタルの泉湧く
私は口づけをする
祝福のボウルに
そして永遠に満たされた一杯を口にする
乳の流れる丘で
かつて渇いた私の魂
しかし、もう渇くことはない

そして喜びと祝福に満ちた道で
より安らぎに満ちた巡礼を目にする
ガウンの土埃を払い落とし
私のように装いを新たにする
私はかれらを連れていく
その渇きをいやすために
そしてネクタルの一口を味わう
その澄んだ井戸で
そこには甘美なものが宿る
聖人は輝く桶でくみあげる

ほとんどの巡礼者は、クレデンシャルと呼ばれる書類をもっており、その書類をもっていると、安価に、時にはただで巡礼路沿いのレフュジョと呼ばれる宿を一晩、提供してもらえた。この「巡礼パスポート」には町ごとの聖堂や教会、あるいは巡礼者のいるレフュジョでハンコを押してもらえた。

それをみれば巡礼者がどこで食事をし、寝たのかが分かるようになっており、サンチャゴの巡礼記録所で公に認められた順路を通って巡礼を行ったかどうかの証明に使われた。こうしたやり方に従って巡礼者はコンポステーラ（巡礼を終えたという証明）を受け取る資格をえた。カミーノ沿道にある小さなレストランやカフェの多くもスタンプを押してくれる。このスタンプを押す行為は一種の儀式のようなものになっており、スタンプを押す側と巡礼者はこの儀式で情報交換を行う。巡礼者がサンチャゴに近づくと、多くの小さな町のスタンプは、巡礼者の多さのためにセルフサービスとなる。

コンポステーラは巡礼を終えた証で、巡礼者以外は受け取れない。宗教的な動機に基づいて、最低で100キロメートル以上を歩いてサンチャゴ・デ・コンポステーラに到着した巡礼にしか与えられない。巡礼記録所ではクレデンシャルと呼ばれる記録のスタンプと日付が調べられ、巡礼者はカミーノを旅した動機が「宗教的」なものであるのか、「宗教的なものと他の理由」なのか、あるいは「宗教的なものでない」のかを説明しなくてはならない。動機が「宗教的」なものか、「宗教的なものと他の理由」である場合はコンポステーラが手に入る。「宗教的なものでない」場合はスペイン語で書かれた簡単な証明書が与えられる。「宗教的なものでない」動機について言うと、今日のカミーノは霊的な巡礼と同時に料理を楽しむ巡礼としても機能している。それぞれの休憩地点では、寝床と朝食が提供され、一日歩いてどこまでいけるのかを教えてもらえる。果てしなく広がる空の下での魂の探求は、夜になると今度は地元の珍味とワインに託される。カミーノ巡礼路はナバラ、リオハ、カスティーリャ・イ・レオン、ガリシアとその料理で名高い土地を通る。食文化という観点からみると、カミーノはメニューのように見える。

ナバラの名物はハモンセラーノのスライスを詰めたトラウトを焼いたものと、油とニンニクで色々な野菜を混ぜたものをソテーした、サクサクとした食感のメネストラ・デ・ヴェルドラスだ。ナバラはワインの産地としても知られる。リオハにいたると素晴らしいワインと、赤ピーマンの詰め物が待っている。狩りのシーズンには獲物の肉と野生のキノコもメニューに並ぶ。カスティーリャ・イ・レオンでは、一面に小麦畑が広がり、ロースト料理、シチューと強い赤ワインが名物だ。ガリシアでは緑の丘と山々が、これまた緑色のスープであるカルド・ガリエゴというガリシア風スープが見られる。このスープにはコラードのような葉物野菜、白インゲン、ジャガイモ、豚肉とソーセージ、玉ねぎ、ニンニクがたっぷり入っている。また、殉教した聖ヤコブの遺体が到着したという伝説のある町、パドロン周辺ももうひとつのガリシアの名物料理を誇る。パドロンはパドロンのペッパーを意味するピミエントス・デ・パドロンで知られ、新世界から戻った修道士によってもたらされた。このペッパーは薬指程度の大きさで、そのままの状態でオリーブオイルと共にフライパンに入れられる。このピミエントス・デ・パドロンはさっと炒めて皿にもられ、海の塩をかけて食べられる。ガリシアは新鮮でジューシーな貝や魚の産地でもあり、さっと焼くか蒸すか、オリーブオイルと海塩でシンプルに料理されることが多い。内陸部では森で栗が採れ、栗のスープができる。もう一つの名物はエンパナーダ・ガジェガで、豚肉、玉ねぎ、赤ピーマンが入ったガリシア風の香ばしいパイだ。

しかし、ほとんどの人は巡礼宿に泊まり、地元の名物料理やワインではなく簡素な巡礼メニューを食べることになる。こうした場所で自ら料理し、それを別の巡礼者と分け合うこともある。

イタリアにおける多彩な食と巡礼

もう一つ、世界的に有名な巡礼路としてヴィア・フランチジェナがある。カンタベリー大司教シゲリックがローマ教皇ヨハネ15世を訪ねて歩いたことが、この道の始まりとされる。全長は1700キロメートルに及び、カンタベリーを始点にし、フランス、スイスを経てローマにいたる。中世におけるこの精神の旅の記録は食べ物の印象で満たされている。とくに13世紀になると、この巡礼路の宗教性が少なくなったわけでもないのに、経済的な交易と食べ物の記録がさらに増える。巡礼者はたいていの場合、空腹か病気で、それは宿で出される食事の質が低かったり、古いものだったりしたせいだった。[4]

昔の巡礼者は自身の教区の司教や教会で巡礼パスポートを受け取った。それはイタリア語でクレデンジアーレと呼ばれた。この巡礼パスポートに道中、スタンプを押してもらったり提示したりすることで食事と宿の提供を受けた。巡礼者はスクリップ（小さなナップサック）をもち、そのなかにごく少量の食べ物と水を入れていた。シゲリックは巡礼者がサービスや宿、食事を提供してくれる場所のリストを10世紀の自身の旅の記録に残している。興味深いことに、シゲリックは巡礼者にゆっくりと旅をし、当地で提供される物産を楽しむべく多くの場所で泊まるように勧めている。たとえば、ヴァルデルサでは、それほど歩くのに難しい場所ではないので、それほど多くの休みを取るまっとうな理由はないにもかかわらず、8つもの休憩地点を書き記している。

ヴァルデルサは、土壌の肥沃さ、農業の豊かさと多様性、多くの小さな町やさらに多くの村があることから、一種の「約束の地」として紹介されたのである。この記録は、シゲリックのローマからの帰途、かれの秘書によって書かれたもので、巡礼者のための最初の「ガイドブック」ともいえた。馬やラクダに乗った巡礼者もいたが、より大きな功徳をえるために徒歩で行く者が多かった。[5]

数十年前まで、ヴィア・フランチジェナへの関心は研究者だけに限られていた。その状況に変化が起きたのは、スペインのカミノ・デ・サンチャゴを歩いたあと、ローマにも徒歩で巡礼したいと思う人が多くなってきたからである。このため、ヴィア・フランシジェナは人気を博し、この道は宗教的な観光地として特徴づけされるようになった。教会や自治体は、本来のルートを回復させようとした。今日のルートは可能な限り古代のものを踏襲しているが、時には歴史的な道から外れて、交通量の少ない小道や道路を優先している。イタリアでは、観光客向けの商売の可能性が認識されると、巡礼路を自分のバールやレストランの周りを通るように迂回させようと努力する人たちが出てきた。

中世から残っているのは、チェルタルドの玉ねぎ、サンジミニャーノのサフランなど、道沿いにある有名な食材と、砂糖などの食材が普及したあとに発展した、より充実した料理である。トレイルを訪れる人は、中世のレシピの数々から恩恵を受けており、そのレシピは観光のために作られ続け、地元の伝統を守り続けている。

トスカーナの街道沿いには、日持ちのするパンやアクアコッタ（肉のスープで、料理した水という意味）、玉ねぎ、ひよこ豆、レンズ豆などを使った野菜スープなどの料理が今も残っている。また、ルニジャーナ地方のテスタローリは、小麦粉の生地をテスティ（鋳鉄製の専用調理皿）ではさみ、熱湯でさっと茹でた生パスタの一種である。また、ルニジャーナ地方のトルタ・デルビは、小麦粉、水、野菜、ハーブで作る詰め物のパイである。歩き回る巡礼者に渡す栄養のあるお菓子として、スポンガタと呼ばれる2層の生地に蜂蜜、パン、ドライフルーツ、ハーブ、スパイスなどを詰めた甘い菓子が用意された。ガルフニャーナ山地では、ビロルドという、濃い赤色で柔らかい食感の、豚の血とスパイスが混ざった強い香りのするローフ型のソーセージが名物である。

中世以降、食材の入手の都合で時代とともに変化したレシピもある。たとえば、シエナでパンペパトと呼ばれる中世のケーキは、生地に胡椒などのスパイスをふんだんに使って作られていたとされる。現在、パンフォルテ・マルゲリータと呼ばれるパンペパトの白いバージョンは、よりソフトで甘く、砂糖漬けのフルーツやアーモンド、スパイスを加えて作られている。また、十字軍の兵士はパンフォルテをもって遠征に出たそうで、十字軍遠征のために用意したのがパンフォルテの始まりという説もある。

現在では、ランスのシャンパンフェスティバル、ボージョレーのフェスティバル、ローザンヌのフードトラックフェスティバル、ピアチェンツァのヴァルティドーネのワインフェスティバル、サンミニアートのトリュフフェア、トスカーナのペコリーノチーズフェスティバルなど、トレイルに沿って開催される興味深いフードフェスティバルに合わせて歩くことが可能になっている。

実際、多くの食べ物がある今日、この道は宗教的、非宗教的な食の巡礼者たちの喜びの場となっており、旅がゆっくりであればあるほど、大きな報酬がえられるようになっている。

カイラス山：尊敬の念を込めた歩き

山は到達のシンボルである。頂上に登ることは、美徳や創造主へ近づくことを連想させる。しかし、人が登らないことでその神聖さを保ってきた山がある。カイラス山はチベット西部にある標高6718メートルの聖なる山である。カイラスがとくに困難で危険な山だからではなく、ヒンズー教の神シヴァが住むことに敬意を表して、登頂されていないのである。この山は4つの宗教、ボン教、仏教、ヒンズー教、ジャイナ教の聖地であるため、その斜面に足を踏み入れることは罪であるとされている。1926年、イギリスの登山家ヒュー・ラトリッジとコロン・R・C・ウィルソンが登頂の可能性を見出したが、時間切れで断念した。[6] 1980年代半ばには、イタリアの登山家ラインホルト・メスナーが、チベットの信仰に配慮して、中国からのカイラス登頂の申し出を断っている。2001年に中国がスペインチームの登頂を許可したものの、国際的な反対にあって中止された。

現在、カイラス山への登山はすべて禁止されている。

この山に登る代わりに、その周りを時計回りに歩くことができる。この山の周囲を回る道のりは全長52キロメートル、通常3日かかる行程である。巡礼者のなかには、カイラス周回の全行程を1日で歩くべきだと考える人もいるが、整えられていない土地、高山病、寒さなどに直面する一般の巡礼者にとっては、簡単なことではないと考えられている。カイラス周回をもっとも困難な巡礼路のひとつにしているのは、一部の巡礼者が選択する困難な歩行方法によってである。この巡礼者たちは、五体投地をもって巡礼を進める。チベットやヒマラヤの登山家だったジョン・ノエル大尉は、1931年、この歩みを畏敬の念をもって観察した。「うつ伏せになり、頭から少し離れたところに指で印をつけ、立ち上がってつま先を印に近づけ、また倒れ、地面に全身を伸ばし、腕を伸ばし、すでに何百万回も繰り返されている祈りをつぶやくのである」[7]。このやり方で歩くと、巡礼には3週間かかる。

巡礼者のなかには、道中の民宿に泊まる人もいるが、ほとんどは自分たちのテントに泊まる。巡礼者の食料は、巡礼路沿いで売られている、乾麺とヤクのバターをいれたお茶だけである。ノルウェー出身のアメリカ人写真家ミケル・アーランドは、2013年に自身が行ったカイラス山への巡礼をこう語る。かれは夕食にフリーズドライの鶏肉と麺、ガイドはツァンパ（炒った大麦にヤクのバター、お茶、砂糖を混ぜたもの）を食べた。朝食には、ノルウェー産の茶色いヤギのチーズ「イェトスト」を持参し、カトマンドゥのお店で買った全粒粉のパンと一緒に食べた[8]。

円錐形の雄大な山は、その雪に覆われたドームに到達不可能であることから、今も畏敬を集めている。

四国：巡礼とお供え物

四国は日本列島の島のなかでもっとも小さく、人口の少ない島である。四国は、９世紀の高僧で、日本に仏教を広めた空海にまつわる88か所の巡礼地で知られている。この巡礼では、寺院を訪れるためだけに歩くのではなく、寺院と寺院の間の道を歩くこと自体も重要なことだとされている。その目的は、巡礼者が内面を見つめ、巡礼のあとにより良い人間になることにある。１６８７年にある僧がガイドブック〔真念によって１６８７年に出版された『四國邊路《しこくへんろ》道指南《みちしるべ》』〕を書き、僧以外の人が歩き始めるまでは、この道は僧のための道であった。

　標準的な巡礼路は約１２００キロメートルで、30日から40日ほどかけて歩く。昔ながらの方法は徒歩ですべての寺院を巡り、初期の巡礼者のなかには裸足で歩いた人もいたといわれる。第二次世界大戦後、11日間でこの巡礼路を、バスを使って回る巡礼が始まったが、１９９０年代の健康志向をきっかけに、ふたたび徒歩で巡ることへの関心が高まっている。

　お遍路さんたちは、「道行二人」と書かれた白い上着を着て歩く。これは旅人と空海が一緒に旅をするという意味である。

　お遍路さんは納経を携え、各寺院で納経を集めながら、１日に30キロメートル以上歩く。かつて、女性は遍路小屋に入ることを禁じられていた。しかし今となっては、四国遍路は女性に人気で、家族での行楽に四国遍路にいく人もいる。

四国遍路に米を配る人々。1821年、十返舎一九が描いた四国遍路の道。デイヴィッド・モートン氏提供。

歩いて遍路する巡礼者に贈り物をする習慣があり、これを「せったい」という。せったいには食べ物、飲み物、宿、そして手ぬぐいなどが含まれる。せったいは、お遍路さんに協力すること、巡礼の旅に参加することを申し出ることである。せったいは1690年にはすでに見られ、『四国へんろくどき』では、新年が貧窮者や巡礼者に宿や食べ物を与えるよう諭している。お遍路さんに村人が配った食べ物の一つに麦こがしがある。文化年間（1804～1818年）の夏には、冷たい水で割って飲み物にしたり、砂糖を入れて粥にしたりした。1821年に四国を旅した十返舎一九は、せったいとして与えられた食べ物の種類をはっきりと記している。茶飯、麦こがし、こわめし、もち米、味噌、梅干し、豆腐汁、小豆飯、海苔、肉野菜炒めなどであった。食事はもちろん、散髪や宿泊を無料にするなどの慈善事業が行われた。宿の主人がメニューの一部を無償で提供することもあった。また、１８２５年のある本には、四国の遍路道では、松の木にわらじや団子が吊るされていたと記されている。団子をとったら、入れ物にお金を2文ほど入れることになっていた。その他にも、米、粟、ひえ、なんば、きび、そば、ソーメン、いり豆、はったい粉、さつま芋、ごま酢など、信心深い村人たちからの贈り物があった。お遍路さんが食べ終わって赤飯や餅が余ると、翌日泊まった宿の息子に残りを渡して、朝に起こしてもらったという。[9]

日本には旅人にお茶をふるまうという根強い習慣がある。16世紀後半には、お遍路さんにお茶が配られるようになった。時代とともに寺社周辺に茶屋が増え、四国でもお茶を飲むことが盛んになった。17世紀後半には、すべての旅館、居酒屋、道端の屋台、そして野山に設けられた多くの小屋でお茶が飲まれるようになった。

この衣食住を提供する伝統は、病気を抱えたり経済的に迫られたりして四国にやってきた巡礼者が、途中で空腹や眠気で倒れたというような問題を未然に防ぎたいという土地の人たちの願いからも説明される。癒しや霊性だけでなく、貧困も巡礼の動機の一つであった。１８３３年から１８３９年にかけて飢饉の時期があり、お遍路の途中では食料の寄付を受けることができたため、お金も仕事もなく飢えた人たちがここに集まってきたという。巡礼者の数は増えていった。島を一周したあとも歩き続けることもあった。日本の民俗学者の桂井和雄は、村から遠く離れた土地では、貧しい村の家族が金のために巡礼者を殺してしまい、多くの巡礼者が途中で死ん

お遍路さん（デイヴィッド・モートン、デイヴィッド・ターキントン）が日本の柑橘類「夏みかん」をせったいとして受け取っている。2006年。トム・ウォード氏提供。

でしまったと述べている。このような話には、ある家族が巡礼者を家に迎え入れ、その人が大金を持っていることを知ると、殺して金を奪うという筋がよくみられる。こうした家族は、最初は豊かになるが、しばらくすると病気やけんか、精神的に病んだ子供の誕生、早死になど、さまざまな災難がつづく。このような一族は代々汚名を着せられ、呪われる。村人たちはこの一族との結婚を避け、この一族には代々多くの不幸が訪れると信じられた。

このようなよそ者のもつ不思議な一面が、巡礼者を歓迎し、また恐れさせもしていた。一般に、村人たちは巡礼者に親切であった。しかし、その極端な優しさが巡礼者を助けるわけでもない。お遍路さんは原則として一回の巡礼中に21回以上食べ物を乞わなければならず、村人が食べ物を寄付したり、旅館が食べ物を無償で提供してくれたりしたが、これは大変なことであった。20世紀初頭まで、日本には米、小豆、漬物、梅干し、豆腐、醤油、干し柿、味噌、薪、多少の金、草履などの食料や物資を持参して巡礼者を援助する協会が組織されていた。また、小豆島では最近まで、各家庭から遍路に米やみかん、餅、お金などが贈られていた。また、徳島の藤井寺では、地域団体が米や小豆、餅を集めて遍路に炊き出しをしていた。[10]

今日のお遍路さんは、弁当を持ち、朝食と夕食は旅館や民宿に頼るのが普通である。また、道中には無料で泊まれる宿もある。日本の民宿や旅館では、部屋と夕食と朝食が提供される。昼食は、レストランで定食を食べるか、途中の食材店で食材を買ってきて作る。弁当も売られている。

四国には地域ごとに特産品がある。徳島にはラーメン、ワカメ、レンコン。香川にはうどん。宿は海に近いところが多いので、獲れたての魚介類が食べられる。シンプルな伝統食としては、カタパンが挙げられる。1896年に軍人の食べ物として考案され、当初は「兵隊パン」と呼ばれていた。これは小麦粉と砂糖を練り合わせたものを伸ばし、切って焼いて乾燥させたものである。1913年以来、四国遍路の75番札所・善通寺を訪れたお遍路さんは、熊岡菓子店からカタパンを購入することが多い。また、集落の人たちがこの地に豊富にある柑橘類をせったいするのも、昔から変わらない伝統のようである。

四国の山野道には、修験道の遺跡がいくつかある。修験道という宗教は、山の力を信じていた。修験道の巡礼者は山伏と呼ばれる。かれらは日本の巡礼者と同じように死者の色である白衣を身にまとい、山に入ることで死者の世界へ渡ったと考えた。山を登っている間に霊力をえて、麓に帰ってくるとこの世に生まれ変わるのである。

富士山は、遠くからではあるが、宗教的にも美的にも、常に理想の山のイメージであった。しかし、富士登山が目的となったのは、中国文化や仏教、修験道が伝わってきてからである。1872年の明治時代になると、修験道は迷信とされ、禁止された。富士山は閉鎖され、修行は密かに行われたが、1945年、宗教法人令によって再開された。富士山などでの修行には、必ず断食と断水が含まれていた。修験道は、仏教以前の民間信仰、密教、道教の呪術が融合したものである。仏教の倫理観、とくに六徳も修験道の教義に取り入れられ、山の修行にも適応している。修験道において持つべきもの、あるいは守るべきものは、慈愛、戒律の遵守、忍耐、献身、瞑想、知恵であり、飢えている人には食べ物を、喉が渇いている人には水を分け、疲れている時には荷物を持ち、不適切な飲食を避け、暑い、寒い、空腹、喉が渇いた時に不平を言わないというものであった。[11]

また、天台宗の僧侶たちは、登山道を速いペースで歩き、「マラソン僧」と呼ばれるようになった。日本では、スポーツが自己実現の手段であることも重要なポイントである。スポーツの名称は、柔道や剣道など「道」で終わるが、「道」は「経路」「やり方」を意味する。自己実現を求める修行が道である。京都の北東にある比叡山などの山々を歩くマラソン僧たちは1日80キロメートルの長距離を、1年間に100日以上歩く。7年かけて千日後に悟りを開く。ヒノキで編んだ丸い笠をかぶり、衣は白で、日本文化では死を連想させる。履物は蓮の花びらを表すわらじで、300日を過ぎると足袋に履き替える。この行に挑む僧は短刀と麻縄を持っていて、修行が終わらないときはこれで自害すると言われている。千日回峰行を終えた僧侶は、7日間、無食・無水・不眠・不臥の修験道の修行をする。この行の基になる思想は、自分の体をできるだけ死に近づけようというものである。

現代の日本では、修験道は廃れてしまったかもしれないが、1967年に富士山に登った修験道の巡礼団がいた。足をつかまれながら崖の上からぶら下がり、行者小屋に着くと茶碗で三十六穀米の薄粥を食べる。山頂に着くと、火口を一周して小屋に10日間閉じこもり、最後にお祝いの赤飯を炊いて東の斜面を下山した。村に戻ると、火の儀式を行い、祈りを捧げ、お返しに食べ物をもらったという。[12]

山形の羽黒山の麓には、徒歩で旅をし、さらに断食を行うという古い伝統が残っている。毎年8月24日になると、正善院に巡礼者がやってくる。巡礼者は僧侶ではなく、普通の仕事をしている人たちで、いろいろな事情でここにやってくる。まず、小さなごちそうをふるまわれる。そして、葬儀に参加することから旅が始まり、その後、かれらは死んだものとみなされる。3日間は食事をとらず、その後、かゆと野菜などの小食が許される。日中は長い距離を山中を歩き、夜には小屋に戻る。5日目と6日目は詠唱と祈祷を行い、最後にみんなで酒を飲み、7日目の8月30日には、先祖の霊が住んでいる場所を巡る。8月31日、かれらは山を下りる。9日目の9月1日、空き腹を、宴会をして満たし、傷跡に包帯を巻き、別れを告げて出発する。経を唱え、香を熱い炭に投げて悪霊を追い出すなどの儀式をへて、4日間の巡礼が終わる。出発前には火が焚かれ、その火を飛び越え、生まれ変わりを祝う。[13]

インカの巡礼からフェルス・ヴィアジェ(幸せな旅)まで

インカの大道は、南米に張り巡らされた道路網である。インカ帝国では、これらの道は帝国の四隅にそれぞれ通じており、天の川のような形をしている。この道路網(カパック・ニャン)は、南北に3万キロメートル、西から東に側道があり、現在のコロンビア、エクアドル、ペルー、ボリビア、チリ、アルゼンチンを結んでいた。道路は帝国のために確保されていたが、貴族、軍隊、巡礼者も使うことができた。道路を歩くには許可が必要で、橋の上では通行料が課されることもあった。このインカの道は、歩行者だけでなく、リャマを満載したキャラバンにも利用された。約20キロメートル、1日の旅程ごとに、国が建てたタンボ(ホスピス)が旅人の寝床となり、食事や水、そして武器まで提供するように言われた。[14]インカ帝国の主食は、トウモロコシ、ジャガイモ、キヌア、豆類で、アヒ(唐辛子)は一般的な調味料であり、コカは儀式や薬用に使われていた。[15]

ペルーとの国境に近いボリビアは、コロンブスがやってくる前、太陽神の聖地であるコパカバーナ巡礼地だった。チチカカ湖にある島で太陽の島という俗称で知られるチチカカ島とインカの太陽神殿の遺跡がある。インカ帝国の人々は、この島を創造の発祥地とみなし、15世紀には島の神殿は帝国の主要な巡礼地のひとつとなった。コパカバーナ半島の向こう側にインカは壁を作り、巡礼者が遠くまで歩いていく前に検査した。そのときから、肉、塩、唐辛子を口にすることを禁じられた。貧しければ、国の倉庫から食料を調達することができた。そこから3時間歩いて、船で島に渡り、いくつもの遺跡を巡り、お布施をするのである。供物としては、リャマやアルパカ、子供たちが埋められ、衣類や食材の残骸が考古学者によって発見されている。太陽の島のあと、巡礼者は月の島を訪れることになる。一般に巡礼者は、この島で育つトウモロコシを持ち帰ると、故郷の畑が豊穣になると信じていた。現在、キリスト教の巡礼者は、太陽がチチカカ湖の空でもっとも高くなる2月2日ともっとも低くなる8月5日にコパカバーナの祠に参拝する。そして、巡礼者はトウモロコシを持ち帰る代わりに、コパカバーナの聖母が与えてくれることを祈り、家やトラックの陶器や金属の模型を持ち帰るようになった[16]。

インカの巡礼者は、山の頂上を目指し、生け贄を捧げるために道を行くこともあった。カパック・フーチャはインカの人身御供の習慣である。生け贄にされたのはおもに子供たちである。生贄に捧げる前に食べ物を与えて太らせ、神々へのもっとも貴重な贈り物をするために、肉体的に完璧で健康な子供が選ばれた。子供たちは、インカの高僧に連れられて高い山頂で最後の食事をする。長く厳しい旅のなかで、かれらは子供たちにコカの葉を食べさせ、呼吸を助けた。それは、子供たちが旅を意識しないようにするためでもあった。埋葬地に着くと、子供たちは苦痛や恐怖、抵抗を最小限に抑えるために、トウモロコシから作られたチチャという酔わせる飲み物を飲まされた。

インカでは、酩酊は精神世界への通路を開くと考えられ、チチャは社会的、儀式的な集まりの重要な要素であり、儀式的な酩酊はしばしば義務であった。そして、絞殺や頭部への一撃、あるいは極寒の地に意識を失った状態で放置されることによって殺された。

考古学者がアンデスの山頂でこれらの犠牲者を発見し始めたとき、かれらの身体は氷点下の気温と乾燥した山の空気により、ミイラ化し保存されていた。胃袋にはコカの葉が残っていた。1995年、アンパト山で、ほとんど全身が凍りついたインカの少女の遺体が発見され、のちにミイラ・フアニータと呼ばれるようになった。しばらくして、さらに2体の冷凍状態のミイラ（女児と男児）が近くで発見された。いずれも頭を殴られて死んだ形跡があった。

1999年、アルゼンチン・ペルーの探検隊は、ユーヤイヤコの標高6739メートルの山頂付近で、約500年前に犠牲になった3人のインカの子どもの完璧な保存状態の遺体を発見した。この子どもは、15歳の「ラ・ドンセラ（乙女）」と呼ばれる少女、7歳の「ルルラヤコ（少年）」と呼ばれる少年と、6歳の「ラ・ニーニャ・デル・ラージョ（雷娘）」というあだ名をつけられた少女であった。後者の愛称は、ミイラが山頂で過ごした500年の間に雷に打たれ、保存されていた遺体とミイラと一緒に残されていた儀式用の遺物の一部が燃えたことに由来する。現在、3体のミイラはアルゼンチン・サルタの高地考古学博物館に展示されている。研究者が頭髪を分析したところ、コカとアルコールの痕跡が見つかり、死にいたるまで摂取したことが示唆されている。埋葬地からの出土品は、木製の酒器（ケロス）、陶器（液体用のリバロスなど）、装飾が豊かな織物の袋（コカ用のチュスパなど）で、トウモロコシ、ピーナッツ、コカの葉などの一日分の食材が入れられていた、埋葬地からはラクダの乾燥肉も発見された。また、乙女が最期には嚙んだ葉の残骸があったのである。[17] コカの葉が歯の間に挟まれたまま見つかり、口の周りになにを嚙んでいたかも明らかになった。

今日、有名なインカの道では、人が払う犠牲といえば、ほかの多くの観光客に採まれることだけである。コカの葉は今日でもペルーのポーターやガイドが嚙み、その葉は苦いお茶にして観光客に配られるが、ほとんどは高山病（ソローチェ）対策である。

インカの道は、インカの中心地からマチュピチュへ近づく2つの主要な方法のうちの1つである。壮大なインカの道は、標高4200mの「死の女神峠」を越える、非常に不安なルートである。このルートでクスコからマチュピチュまで移動する場合、インカ人は徒歩で少なくとも丸4日間を要した。

また、マチュピチュは聖地であり、巡礼地であったとする説もある。標高2400m、ワイナピチュ（若い峰）とマチュピチュ（古い峰）という2つの峰の間にコンドルの巣として作られた場所である。1911年、探検好きのイエール大学の講師、ハイラム・ビンガムがマチュピチュを発見したとき、かれはこれをインカ最後の都市ビルカバンバの失われた都と考えた。現在では、インカがいつ、なぜこの町を作ったのかは不明だが、インカのパチャクチの王領であると信じられている。

インカの道は、少なくとも乾季には、機能的な道としてではなく、おもに儀式的な道として考えられていたようである。冬（乾季）にマチュピチュで過ごすために旅する支配者は、自分の領

インカトレイルでの「Feliz viaje（幸せな旅）」ケーキ、2015年。左からインカトレイルの料理人、モデスト・フランコとトリビオ・コンドリー。提供：キム・ヒョンジュン。

地に到着するためにこれほど長く不安な道を通る必要はなかった。なぜなら、乾季（5月〜9月、インカがマチュピチュを訪れたとされる季節）には、クスコからマチュピチュまで、ウルバンバ渓谷をマチュピチュ尾根まで進み、そこからウィニャイワイナや町まで登っていく、もっと簡単で自然な方法があるからである。この道は、大雨が降ると危険で通れなくなるが、乾季には3日程度の静かな旅が可能であった。また、2004年にマチュピチュの尾根の東側の深い森のなかで、川から町へ直接登るインカの道がもう一つ発見された。ほかのすべての道は、古典的なインカの道が持つ儀礼的な役割を裏付けるものである。[18]

インカ道は、現在人気のあるトレッキングスポットである。現在のインカ道では、ポーターが客の数より多く、快適な旅を提供してくれる。4日間の旅では、旅行者は森のなかに入り、標高差を体験し、探検隊のコックが作るペルー料理を味わう。ペルー料理のおもな食材がキャンプ場で調理される。スープに入れたりご飯として食べたりするキヌア、ジャガイモ、鶏肉、牛肉、トウモロコシなどだ。また、結婚記念日や誕生日など、客の特別な日を祝うために、料理人がケーキを作るようにもなった。このケーキは「フェリス・ヴィアージュ（幸せな旅）ケーキ」と呼ばれ、オーブンを使わずに焼かれる。ストーブの上に鍋を置き、弱火で45分〜1時間焼く。そして、生クリームでデコレーションする。「卵をはじめ、調理に必要な材料はすべてポーターが運ぶ。卵を割らないように慎重に運ばなければならない」[19]

聖地における食事

聖地とは、現代のイスラエル、パレスチナ、レバノン、ヨルダン西部、シリア南西部が存在する地域である。エルサレムは、紀元前10世紀以来、ユダヤ教でもっとも神聖な都市とされてきた。古典古代には、世界の中心であり、神が住む場所と考えられていた。エルサレム旧市街には、第一神殿の「西の壁」または「嘆きの壁」が残っており、ユダヤ教徒にとってもっとも神聖な、訪れるべき場所となっている。また、ユダヤ教、キリスト教、イスラム教など、さまざまな宗教の聖地でもある。

中世ヨーロッパでは、巡礼という概念と体験は、時代の想像力をかき立て、あらゆる種類の旅の基調となった。文学の世界では、ダンテの『神曲』が聖なる旅というコンセプトで構成され、作者自身が地獄と天国を行き来しながら変容していく様子が描かれている。キリスト教の巡礼者たちは、イエスや使徒たちがこの世で暮らした場所を見たいと願った。それは、聖地への旅を意味する。4世紀、ローマ帝国がまだ地中海世界を統一していた時代には、これは比較的容易なことであった。しかし、聖地の支配を勝ち取るための十字軍は、特殊な巡礼であった。

エルサレム巡礼は、10世紀末には陸路で行われるようになった。12世紀になると巡礼路は少なくなり、13世紀末以降は海路での巡礼が主流となった。陸路の旅は困難で、少なくとも馬を持つことができない人たちは、一日に30〜40キロメートルを徒歩で移動しなければならなかった。高い山を越え、病気や悪天候に見舞われ、強盗に襲われ、さらには殺されることもあった。海を渡る旅も、安全とは言い難い。騒音、ネズミ、船酔い、飢え、渇き、ウジが湧いた食べ物など、巡礼者からは苦情が相次いだ。食中毒で死亡した巡礼者も少なくないし、海賊行為もあった。到着後、巡礼者のなかには、10日間で聖地を駆け足で回らされたと不満を漏らす者もいたが、これは長く苦しい船旅を考えると非常に短い期間であった。[20] エルサレムでは、すべての家庭にオーブンがあったわけではないので、巡礼者は路上での商売を頼りにしていた。12世紀には、街の中心部にある市場で、すぐに食べられる調理済みの食事やパンが巡礼者に売られていた。この通りは、フランス語で料理のまずい通りを意味する「マルキナート通り」と呼ばれていた。ハーブ通りでは、ハーブや果物、香辛料などが売られていた。南壁の外側、神殿の丘の西側には、牛の市場や豚の市場があった。メルキト派、シリア正教、アルメニア人などパレスチナのキリスト教徒を含む多くの住民は、数世紀にわたるイスラム教の影響により豚肉を食べなかったため、豚市場の存在はフランス人住民や巡礼者の存在を示している。[21]

イタリアのユダヤ人の聖地旅行者の一人、メシュラム・ベン・メナヘムは、腹の具合が非常に悪くなったにもかかわらず、この旅で巡礼者全員が死ななかったことに驚いて旅行記に記録している。かれは1カ月間エルサレムに滞在したが、そのほとんどの期間で病気にかかっており、2日間で遺跡を回った。かれは「この地は乳と蜜が流れている」と好意的に報告し、カロブ蜜、ナツメ蜜のほか、小麦、大麦、ザクロ、あらゆる種類の果物について好意的に触れている。

しかし、かれの記述で印象的なのは、中東のユダヤ人とイタリアのユダヤ人の習慣の違いである。とくにユダヤ人がナプキンを使わず、手づかみで食事をしていることに驚き、「食事中の豚」と呼んでいる。かれの結論は、旅人の畏敬の念をあらためて示すものであった。「かれらの料理は我々の民族のものとは異なっており、健康な人間にとって奇妙であり、私のような病人にとってはなおさらである」。かれの体調は、イタリアから来たアシュケナージ・ユダヤ人の世話で、食べ慣れた食事が用意されたことで回復した。[22] 15世紀のイタリアのラビ、ベルティノーロのオバディアの記述は、巡礼の体験が心構えの問題でもあったことを物語っている。かれは、調理された食事を売る市場に驚かされた。中東のユダヤ料理は洗練された料理と考えられていた。「キリスト教のベッドで眠り、ユダヤ教の食事を楽しむ」ということわざがある。[23]

エルサレムへの巡礼は、キリスト教徒もユダヤ教徒もベニスからヤッファまで船で行った。船旅の荷物は、ベッド、日中ベッドを吊るすためのロープ、飲料水用の樽が一般的だった。また、パドヴァで赤ワイン1樽とハム、塩漬け牛の舌、チーズ、イチジク、固いビスケット、ナツメヤシ、砂糖、アーモンド、シロップ、暑さをしのぐ薬などを購入することもあった。かれらは、船旅に向けてこれらを運ぶための食料箱を買うのである。1533年、フランスの十字軍兵士グレファン・アファガールは、「この遠征を引き受ける者は、善意と善良な心と強い胃袋と良い財布を持っていなければならない」[24]と書いている。

中世、キリスト教徒が聖地を訪れることができなかった時代には、より身近な場所が巡礼地として好まれた。ローマのサン・ピエトロ寺院やスペインのサンチャゴ・デ・コンポステーラなどである。イギリスでは、1170年にヘンリー2世の命令で殉教したトーマス・ベケット大司教を祀るカンタベリー大聖堂がもっとも人気のある巡礼地であった。かれらの旅は、チョーサーの『カンタベリー物語』(1385―1400年)によって不滅のものとなった。この物語は、癒しと変化を求めてカンタベリーへ巡礼する29人の巡礼者の物語を集めたものである。この物語では、巡礼者たちの巡礼の動機が明らかにされている。巡礼者たちは、食べ物や飲み物との関係によって、印象深いものとなっている。チョーサーの物語は食のゲームであり、かれの食に対する意識や食の流通に関する分析は、巡礼者としてではなく、ロンドン港の税関管理官として12年間にわたり食料品の輸出入を監督したかれ自身の体験に基づくものである。[25]これらの物語における食べ物は、人々のキャラクターを表し、チョーサーはかれらの甘えや弱さをパロディとして表現するのに役立てている。郷士の話の詩の一部には、その風刺が感じられる。[26]

かれのパンとエールはいつも新鮮で上質であり、
かれ以上のワインのストックを持つ者はない。
かれの家にはいつも焼いた肉があり、
魚や肉の最高のものがあり、それぞれの客には
肉と酒で雪が降るようなものだった
そして、人が考えることができるすべてのおいしいものがあった。

明らかに『カンタベリー物語』の郷士は権力者の金持ちであり、食べ物は豪奢な祝宴を開くことができる人々の物質的な地位を表している。そして、パンとワインへの言及は、キリスト教のミサ、聖餐式でパンとワインがイエス・キリストの体と血に変えられる神聖なパンとワインを思い起こさせるものである。印象的なのは、物語のなかで料理人が信者に食べさせる食事をかなり豪華に作っていることである。骨付き鶏の煮込み、鶏肉、豚肉、レバー、砂糖、卵黄、香辛料を混ぜたモルトルー、パイ、蜂蜜、ワイン、生姜、シナモン、ガランガル（生姜に似たハーブの一種）を混ぜたマーマレードのようなガリンゲール。

以下に登場する料理人のプロフィールから、中世後期のイングランドにおける料理と食料の取引の様子がうかがえる。[27]

かれらはこの日のためにコックを連れ、骨付き鶏と鋭いスパイスパウダーとガリンゲールを茹でた。かれはロンドンエールのドラフトを簡単に見分けることができた。かれはローストもボイルもフライもできた。モートルーを作り、パイを上手に焼く。しかし、すねに潰瘍があったのは残念だった。かれは「ブランクマンガー」を作るのが一番うまかったんだ。

コックはその才能とは対照的に、よく酒に酔い、身の回りの衛生観念に欠けている。チョーサーの作品は、平民、貴族、聖職者といった社会のあらゆる層から集まった巡礼者たちの弱さを抱えながらも、天国を目指す争いを表現している。

メッカへの巡礼

そして、人に巡礼の旅を告げよ。かれらは徒歩で、またあらゆる手段で、あなたの許にやって来る。あらゆる遠方からやって来る。

『クルアーン』22章27節[28]より抜粋

ハッジは、サウジアラビアのメッカに毎年訪れるイスラム教の巡礼の儀式である。毎年、

２００万人以上のイスラム教徒が、イスラム暦12月（Dhu Al-Hijjah）の８日から13日までの５日間、ハッジ（巡礼）を行う。ハッジはイスラム教の５つの柱の一つで、イスラムの教えでは、経済的に余裕のあるイスラム教徒は一生に一度は巡礼しなければならないとされている。

　イスラム教以前のアラビアにおいても、カーアバは礼拝の中心だった。異教徒のアラビア人は偶像やイメージを崇拝し、沈黙を保ったり、裸の状態で巡礼を行ったりしていた。６３０年にメッカがイスラム教徒に征服されると、ムハンマドは新しい巡礼のルールを宣言し、死の直前の６３２年には、多くの信者を連れて徒歩で唯一にして最後の巡礼を行い、ハッジの儀式とその作法を教えた。巡礼者はメッカから６マイル（10キロメートル）ほど離れたところで、イフラムと呼ばれる神聖で純粋な状態に入る。巡礼者は、２枚のシーツを体に巻き付けた、継ぎ目のない白い衣を身につける。ハッジは、巡礼の儀が終わるまでは性行為を禁じ、髪も爪も切ってはいけないという禁欲的な性格を持つ。また、食用の動物を殺してもならないが、これは動物を殺すことが異教徒の儀式と見なされ、廃止されたためである。

　中世には、シリア、エジプト、イラクなどから数万人の巡礼者がキャラバンを組んでメッカを目指した。中央アジア、イラン、イラクからのクーファ・ルート、アナトリア、シリアからのダマスカス・ルート、アフリカ、アル・アンダルシア、マグレブ、エジプトからのカイロ・ルートがあった。[29]多くの巡礼者がキャラバンの横を歩いていた。キャラバンは何万頭ものラクダが人や商品、食料、水などを運んでいた。支配者は、アミール・アル・ハッジと呼ばれる巡礼者の公式な護衛を任命した。ハッジの巡礼は命がけである。その旅は３カ月以上かかる。沿道のベドウィンはキャラバンに水や食料、ラクダなどを売ってくれるが、ハッジ・キャラバンを襲うこともあった。オスマントルコはキャラバンの安全を確保し、ベドウィンと安全な通行に必要な費用を交渉したが、それでも安全が保証されることはなかった。たとえば、1757年の襲撃は、ベドウィンによるハッジ・キャラバンに対するもっとも有名な襲撃として歴史に刻まれ、推定2万人の巡礼者が殺されるか、飢えや渇きで死亡し、高官たちはその過失や関与によって処刑された。巡礼者は、キャラバン隊長との契約により、自分で食料を運ぶか、キャラバン隊長から食料を受け取ることになっていた。また、メッカやメディナでは、食料不足を防ぐために、オスマン帝国の支配者がエジプトから穀物を送り、パンやデシズ（小麦と脂肪を砕いた粥）の材料とした。[30]

巡礼の途中には集落がないため、食料不足は深刻な問題であった。さらに、気温が50度から60度まで上昇し、井戸が枯渇すると、水不足はさらに深刻な問題となる。しかも、その水は清潔ではなく、巡礼者の間でチフスやコレラが流行することもあった。こうした理由から、1908年にダマスカスからメディナまでのヒジャーズ鉄道が建設され、巡礼の旅がより安全なものになった。

ベドウィンは当初鉄道建設に抵抗していたが、一部の部族は徐々に肉、チーズ、牛乳などの物資を巡礼者に販売するようになった。[31] 1920年に鉄道は閉鎖され、その後再開されることはなかった。

その昔、ハッジはすべて徒歩かラクダで行われた。現在では、ほとんどの巡礼者は飛行機でジッダに入り、バスでメッカに向かう。その後、徒歩またはバスで8キロメートル離れた巨大なテント村の町ミナまで移動し、ほとんどの巡礼者は空調の効いたテントに宿泊している。
まれに、資金を調達できない巡礼者が、紛争が絶えない国境を越えて歩くこともある。2011年、ボスニア北東部の巡礼者バノビッチは、ボスニア、セルビア、ブルガリア、トルコ、シリア、ヨルダン、サウジアラビアを横断する3540マイルを歩き、ついにメッカに到達した。20キログラムのリュックサックに基本的な装備と200ユーロだけを入れて家を出発し、おもにモスクや公園、時には路上で寝泊まりした。インタビューのなかで、かれはとくに、もっとも安全なルートを教えてくれたり、路上で「オレンジやリンゴ」をくれたりしたシリアの人々を賞賛した。[32]
巡礼者は預言者ムハンマドが最後の説教をしたアラファト平原まで、ムズダリファを経由して14・4キロメートルの道のりを歩き、途中、ムズダリファを通過する。このルートには、涼しい霧のスプリンクラーが設置されており、ハッジの為の救急車と医療ステーションがルート上に設置されている。この日、巡礼者は祈り、クルアーンを読み、精神生活の頂点に立つ。日没後、巡礼者はムズダリファまで9キロメートルの道のりを戻り、そこで野外の寝床につく。10日目の日の出とともに、ムズダリファで小石を集め、それをミナまで運び、ジャマラートで悪魔を石打にする儀式を行う。この儀式では、巡礼者は3本の白い柱にそれぞれ7個の小さな小石（ひよこ豆ほどの大きさ）を投げつける。ジャマラートのあと、巡礼者は、アブラハムが息子の代わりに犠牲にした雄羊を象徴する動物を犠牲にするのが伝統になっている。最近では、巡礼者がメッカで「生け贄引換券」を捧げ、この生け贄の儀式を代わりに行ってもらうこともある。メッカに戻った巡礼者は、すぐにイスラム教でもっとも神聖な場所であるカーアバを擁するグランドモスクに行き、カーアバを反時計回りに7周するタワフを行うが、これには数時間かかることもある。タワフに加え、巡礼者はサファとマルワの丘の間を7回歩くか走るかして、ザムザムの井戸からザムザム（聖水）を飲める。イスラム教の信仰によると、ザムザムはイスラム教以前、アブラハムの幼い息子イシュマエルが、喉が渇いて水を求めて泣き続け、アブラハムの第二夫人でイシュマエルの母であるハガルに井戸の存在が明かされたときに奇跡的に生まれた水源であるとされている。かつては野ざらし状態だったこのタワフの為のルートは、現在はグランドモスクに囲まれ、空調の効いたトンネルで横断することができ、歩く人、走る人、体の不自由な巡礼者のための通行区分に分かれている。最後のタワフを終えて、巡礼者はメッカを後にする。多くの巡礼者は、メディナの旅を延長して、ムハンマドの墓があり、イスラム教で2番目に神聖な場所である預言者のモスクを訪れる。[33]

ザムザムの水を飲むと、巡礼者は欲や不当な利益から清められるとされる。イスラム教では胃をすべての欲望の源とみなしており、そのため断食によって胃を飼いならすことが重要な宗教的実践となっている。[34]

少食は、他のほとんどの宗教に共通する道徳的闘争のメタファーとしての肉体と魂の二分法という文脈で美徳とされているのである。

第7章　軍隊の食事

軍隊の食事の歴史は古代まで遡ることができる。スパルタの兵士たちは、茹でた豚の足と血と酢を混ぜた黒いスープを常食としていた。味について言うならば、あまりに不愉快なので、こんなものを食べるのは、兵士の大胆不敵さの表れと理解された。[1]ローマの軍団はスパルタ人とは異なり、かなりいいものを食べていた。少なくとも宿営地にいる場合はそうだった。ローマ兵たちは牛を飼い、穀物を育て、他の作物や野菜も育てていた。食料は豊富で、ワインやビールも一緒に飲むことができた。イギリスのヴィンドランダで発掘された石板にはブリテン島に駐留していたローマ軍の食品リストが記載されており、シリアル、鹿肉、豆、小麦、大麦、リンゴ、魚醤、油、香辛料、豚肉、脂肪、オリーブ、牡蛎、卵、ハム、コショウ、鶏肉、塩、ワイン、サワーワイン、ビールが記されていた。[2]さらに多くのローマ兵は故郷から送られてくる慰問品にも頼っていた。

戦争中、あるいは行軍中ともなれば、話は少し違ってくる。兵士たちは基本に立ち返ることになる。兵士たちは食料を調達するための鎌と3日分の携帯食料を持って行く。一人一日分の携帯食料は1・4キログラムのパン、ポスカというサワーワインを1リットル、50ミリリットルの油だった。兵士一人ひとりが配給のパンを持っていく。さらにローマ兵たちは、配給ではなく、各々でもパンを焼いた。小麦の穀粒は小麦粉よりも長持ちしたので、おなじテントで寝起きする各隊の兵士たちは配給された小麦と小さな携帯用の石臼を持ち歩き、自分たちで小麦粉を作った。こうして挽いた小麦粉はフラットブレッド、ワインと、油を加えて作るパンケーキ、水と塩を加えて作る簡単な粥、あるいは各々がもってきた玉ねぎやニンニクといった具材と組み合わせて色々なものを作った。パンはクリバナスという、鈴の形かひっくり返したボウルの形をした蓋のついている粘土でできた鍋で焼いた。肉は動物の群れとして蹄で運ばれた〔家畜を連れて行って、食べるときに屠った〕、またローマ兵はしばしばルカナという乾燥したソーセージを噛んでいた。ローマ兵は可能な限り、商人からの購入品や、捕獲、殺害、収集、窃盗できるもので、食料を補った。[34]

ナポレオンの有名な言葉に「軍隊は胃で行進をする（腹が減っては戦はできぬ）」というものがある。軍の食事はナポレオンが将軍になる以前からあったが、近代化・構造化され始めたのは、かれの時代からだ。それ以来、密封されたパウチや缶のなかで数カ月間日持ちする高カロリー食品を作るために、料理人たち、そしておもに科学者たちが何年も努力を重ねてきた。しかし、食べても安全で食中毒を起こさないことも重要であった。結局、加熱不足の卵は、軍隊にとって敵と同じくらい危険なものだった。さらに、軍の食事は栄養補給だけでなく、敵地や異国の地で故郷を思い起こさせ、士気を高める役割も担っていた。そのためには、美味しくなければならず、これが最大の難関だった。

初期の戦争では、軍隊は陸上で生活し、時には動物さえも連れて行った。そのため、過酷な気候や条件のもと、トレイルで生活する兵士のために食料を開発しなければならなかった。食品加工と栄養学の進歩により、効果的な軍用糧食への道が開かれることになる。歴史上、食料保存の重要な開発は、軍事作戦の必要性に応えようとしたことから始まった。戦争が起こるたびに、新しい包装や加工技術が開発され、食料は進化していった。第一次世界大戦で戦闘用食料の計画と開発に大いに役立ったのは、1790年代にフランスの菓子職人ニコラ・アペールが発明した保存処理法だった。アペールは、あらゆる食品をガラス瓶に入れて保存する方法を開発し、事実上、缶詰を発明したのである。かれはこの保存方法の詳細を発表することを条件に、フランス内務省美術工芸局から12000フランを受け取っている。しかし、ガラスは現場で使うには実用的ではなかった。そこで、イギリス人のピーター・デュランは、ブリキ缶を使うというアイデアで特許を取得した。ブリキ板はすでに食料の保存に使われていたが、あまり上手くいかなかった。18世紀の半ば頃に、オランダ海軍がローストビーフやサーモンなど、脂肪を詰めて保存した食品を錫メッキのキャニスターに入れて供給するようになった。しかし、金属容器による食品の商業的包装が始まるのは19世紀初頭のことだった。1820年代には、イギリスとフランスで缶詰食品が商業品として流通していた。[5]

アペールが行った缶詰の実験のひとつに、スープの缶詰がある。しかし、もっと古い製品であるポケットスープ（ポータブルスープ、仔牛の糊とも呼ばれる）は、すでに1681年に初めて料理本に記載されている。1679年、パパンは高圧の蒸気環境で骨から脂肪を抽出する蒸気消化器または骨消化器を発明し、骨粉に簡単に粉砕できるように骨をもろくすることも行っている。携帯用スープが角型ブイヨンの前身であるように、骨消化器は圧力鍋の前身であった。

基本的にスープは、たとえば「子牛の足3本と牛肉1本、赤身のハム10ポンド、すべてごく小さく切ったもの、バター4分の1ポンド、アンチョビ4オンス、ナツメグに似た実のメース2オンス、セロリ1束、よく洗ったニンジン6本、スイート・ハーブの大束、ホールペッパー1さじ、ペニーローフ1枚の固い皮」[6]で調理されたものだった。煮込んだスープは、脂肪分を取り除き、糊状のゼリー状になるまで煮詰め、粉末にして缶に詰めて保存した。軽くて持ち運びが便利で、栄養価が高く、食べ応えがあり、水を加えるだけで簡単に復元できる、現在のブイヨンキューブのような携帯用スープである。19世紀半ばには、科学の進歩により、ミートエキスやストックキューブなど、ポケットスープをベースにしたいくつかの食品が大量生産され、兵士や探検家、旅行者のための代表的な旅行食となった。また、1853年にアメリカ人のゲイル・ボーデンがテキサスで牛乳の蒸発缶詰の製法を考案したことも、軍用糧食の転機となった。興味深いことに、ボーデンは当初、ペミカンを「ミート・ビスケット」と呼んで製造していた。かれはこれをカリフォルニアの金鉱探したちに売っていた。また、北極探検家ジョン・フランクリン卿を救出するための北極探検のうち2回に参加し失敗した医官エリシャ・ケント・ケイン博士にもある程度の量を売ったそうである。ボーデンは、1851年のロンドン万国博覧会にミート・ビスケットを出品し、金賞を受賞した。その後、アメリカ陸軍と海軍に自分のビスケットを買ってもらおうと説得を試みたが、それはかなわず、最終的にコンデンスミルクの販売に乗り出した。1861年に南北戦争が勃発すると、北軍から大量のコンデンスミルクの需要が舞い込んだ。

かれはこれで一財産を築き、コンデンスミルクは陸軍の身近な商品となった。[7] フリーズドライも食料保存のための技術で第二次世界大戦中に開発された。食品を凍結させ、真空下で水分をほぼ完全に除去したあと、密閉容器に封入するものである。まず、冷蔵せずに輸血しなければならない血漿を保存するのに有用な発明だった。その後、フリーズドライの食品が缶詰になって軍隊の配給品に登場した。インスタントコーヒーがその先鞭をつけた。戦後、フリーズドライは他の種類の食品の保存にも使われるようになった。当時としては（現在もだが）よりコストのかかる保存方法だったが、フリーズドライによって、より軽量な食品を徒歩で持ち運ぶことができるようになった。果物、野菜、肉だけでなく、食事全体を保存することができたのだ。

19世紀の携帯用ストーブの発明も、軍隊の食事にとって大きな出来事だった。１８５５年、フランスの有名シェフの一人、アレクシス・ソワイエは、病気と貧しい食事で兵士が消耗していた当時、イギリス軍のケータリング担当としてクリミアに出向いた。かれは、革新的な厨房、ケータリング機器、食品を設計した。かれが作った有名な発明のひとつに、ストーブがある。クリミアに派遣された兵士たちは直火で食事を作っており、軍隊は燃料不足に陥っていた。ソワイエは、ドラム缶の下に炉を組み込んだストーブを考案した。

かれのストーブは石炭、ガス、泥炭を燃料に使うことができ、イギリス軍で10年以上使われ続けた。また、ソワイエは、お茶を入れるフィルターが付いたスクタリ・ティーポットを設計し、軍隊により良いお茶を提供した。「戦争は時代の悪しき天才である。しかし、万人のための良い食事は毎日、そしてもっとも必要なものである」[8] とソワイエは語っている。

軍の食料の開発は、遠征で食料を頼りにしていた探検家にも影響を与えた。ほとんどの食料はもともと軍隊用に作られたもので、のちに山岳や極地探検で使用されるようになった。ボヴリルもその一つだった。

軍隊と探検家の燃料「ボヴリル」

19世紀後半、濃縮長期保存食品が受け入れられるようになった頃、スコットランド人がナポレオンのために開発した、のちにイギリス文化の象徴となる製品があった。1870年から71年の普仏戦争時、ナポレオン3世は自らの軍隊の腹を満たすために100万缶の牛肉を注文した。イギリスにはフランスの需要を満たすだけの牛肉がなかったため、フランス軍は数年前にカナダに移住して事業を立ち上げたスコットランド人のジョン・ローソン・ジョンストンと契約した。ジョンストンは叔父のジョンから肉屋の腕前（と名前）を継いでいた。やがてジョンストンは、エジンバラにある叔父の肉屋を継ぐことになる。かれは牛肉の切り落としを使って、独自のグラス・ド・ヴィアンド（牛肉の煮汁を濃縮して粘性を高め、濃い茶色になるまで加熱して作る肉のソース）を作り、これが好評だったため、2つ目の店と工場を開いた。この間に、かれはジョンストン流牛肉（後のボヴリル）を開発した。かれのグラス・ド・ヴィアンドは、従来のグラス・ド・ヴィアンドとは異なっていた。ゼラチンは、どのグラス・ド・ヴィアンドにも含まれていて、常温で固形になるものであった。しかし、ジョンストンのグラス・ド・ヴィアンドは、ゼラチンをアルカリで加水分解し、半液状にしたものである。これによって、包装、計量、飲用が容易になった。しかも、ボヴリルは、ラテン語で牛を意味する「ボベム」に由来し、ヴリールは当時流行した小説で、優れた民族に力を与える電磁波の物質であることから、非常に強い名前であった。ボヴリルは牛からえられる力を意味していた。[9]

ボヴリルはエベレスト遠征にも使われた。ヒマラヤ山脈のいくつかの山への初登頂を果たし、エベレストにも4回登頂したイギリスの人気登山家クリス・ボニントンは、この食料を使用していたのである。1979年のCMでは、雪山の頂上で大きなマグカップに入ったビーフ状のボヴリルに熱中し、「雪と氷を煮詰め、熱い強いボヴリルを作って解凍し、その牛肉の味が我々を元気づけてくれる」と語っている。[10]

南極大陸の沖合、南洋に浮かぶ氷に覆われた山間の島にもボヴリルは運ばれてきた。エレファント島で4カ月半も足止めされ、やっとの思いで救助されるまでの食料の一部がボヴリルだったのだ。ボヴリルはその後、広告に「濃厚な牛肉を供給することがもっとも重要で、ボヴリルでなければばならない」というシャクルトンの言葉を使っている。

ボヴリル社は「ビロール」というサプリメントも製造していた。黒っぽい、糖蜜のような濃い液体で、石鍋に入って売られていた。このビオール骨髄「ビロール」には、牛の肋骨と子牛の骨の骨髄、殻付き全卵、麦芽エキス、レモンシロップが含まれていた。

ボヴリルの歴史は、時代や地域を超えた徒歩の食の歴史と強く結びついている。しかし、ボヴリルが初めて「戦争食」となったのは第一次世界大戦の時だった。その後、20世紀にその栄養の強さを盛んに宣伝したおかげで、イギリスでは、ローマ法王とボヴリルが二つの無謬権の一つとして描かれることさえある。

陸軍のレーション：アルファベットを食べる

合理的な理由から、軍隊の食料には簡単な名前がついている。そのため、内容よりも目的に基づいて分類され、その目的をコード化することになる。軍用食料はビタミン剤のような名前（A、B、C）、時にはシークレットサービス機関のような名前（LRP、MCI、MRTE）がつけられている。世界の多くの軍用食は、アメリカ軍を参考にしている。栄養、製品開発、ロジスティクスの発展と並行して、兵士の幸福のために、その歴史的変遷を理解することは、非常に興味深いものといえる。ただし、味に関する願いは損なわれたかもしれないのではあるが。

18世紀から19世紀にかけての独立戦争から米西戦争までのあいだ、食料は「駐屯地食料」と呼ばれていた。肉、塩漬け魚、乾パン、野菜などである。これは、駐屯地を拠点とする部隊に与えられる簡単な食料である。南北戦争では、食料の物流が困難であったため、陸軍の食料が開発された。第一次世界大戦を迎えると、栄養学の進歩により駐屯地の食料は改善されたが、生鮮食料品が手に入らないため、ビタミン類が不足した。第一次世界大戦中、アメリカ軍は予備役糧食、塹壕糧食、非常用缶詰などを使用した。アイアン・レーションは、個人用のレーションを作る最初の試みであった。１９０７年に作られ、ビーフブイヨンの粉末とパーチドで作ったケーキと、調理した小麦、チョコレート、塩、胡椒を缶詰にしたものであった。これはのちに予備食となり、新鮮なベーコン、肉の缶詰、乾パン、コーヒー、砂糖、塩で構成されていた。また、タバコやタバコの巻き紙もあった。これがさらに進化し、１９３８年に現在のＣレーションとなった。

このアルファベットによる呼称は、準備の必要性に基づいている。Ａレーションは新鮮なレーションで、キッチンと冷蔵設備のある食堂で提供された。Ｂレーションは缶詰や保存食を使ったもので、やはり野戦の厨房で調理されたものである。また、5人前や10人前といった集団用の食料もあり、Ｂレーションと同様に調理場が必要であった。一方、Ｃレーションは完全に調理され、すぐに食べられる個食である。Ｄレーションは、チョコレートなどを混ぜた高カロリーな非常食である。

Ｊレーションは、熱帯地方の軍隊のために開発された。Ｋレーションは、空挺部隊用に開発され、Ｍレーションは、第二次世界大戦中、ヨーロッパの山岳地帯で活動するアメリカ軍のために開発された山岳用食料である。

第二次世界大戦当初、スペシャル・レーションに求められるのは栄養価だった。戦後、生活研究所が設立され、最小の容積と重量で最大の栄養を持つ食品成分の開発が試みられた。しかし、受け入れられやすさ、食べやすさは二の次であった。実際の経験では、栄養的にどんなに優れていても、兵士達は嫌いなものは食べない。戦争が進むにつれて、受け入れられやすさがますます

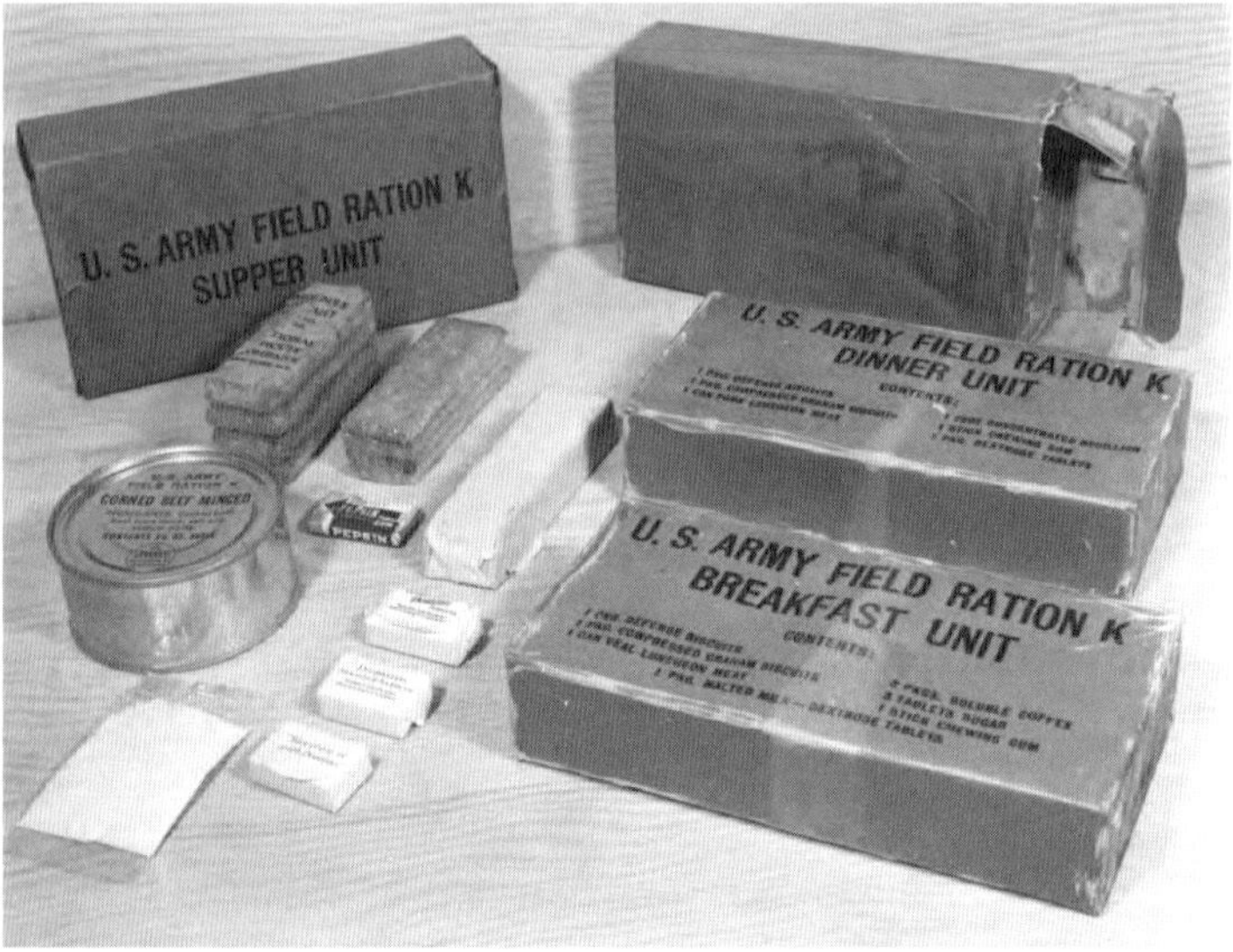

Kレーション。1943年。アメリカ議会図書館。

重要になり、むしろ問題になっていることは認めざるをえない。後年のCレーションの開発においては、この点を考慮しなければならなかった[11]。

Kレーションは、第二次世界大戦中にアメリカ陸軍で導入されたもので、朝・昼・晩の3食単位である。1941年、陸軍長官特別補佐官のアンクル・キーズ博士が、戦闘中の部隊のために開発した。ミネソタ大学の生理学者であったキーズ博士は、好感が持てて、栄養価が高く、安価な食品を研究していた。キーズ博士は、地中海食やコレステロールの役割を研究し、飢餓や高地での食事と健康の実験でも知られる人物である。2004年に100歳で亡くなった時には、「ムッシュ・コレステロール」と呼ばれるようになっていた。Kレーションは、食料品店から食品を集め、茶色の紙袋に入れ、実験室と、空挺部隊のみだが野外で実験した。その目的は、保存食の小さな袋に十分なカロリーを持たせることであった。Kレーションは、2700キロカロリーを供給するすべての構成要素が、兵士のポケットに入る箱に収まるように開発された。キーズ博士がクラッカー・ジャック社に相談したところ、水密性の高い小型の箱のコンセプトを教えてもらったと、のちに同僚が発表したメモに書かれている。その結果、クラッカー・ジャックの箱に入ったKレーションが生まれた[12]（クラッカー・ジャックは、ポップコーンやピーナッツを糖蜜やキャラメルでコーティングしたアメリカのスナック菓子ブランド）。キーズ博士は、このレーションを最大15食連続使用できる一時的なレーションとして開発したため、ビタミンを補う必要性を無視していた。しかし、結局、この食料は第二次世界大戦中、ずっと長い間使われることになる。

1946年、ジェームス・ロンギノ大佐は、CレーションとKレーションに代わるEレーションが登場するという朗報を発表した。基本的にはCレーションに改良を加えたものである。当時、業界標準だった円筒形のトール缶ではなく、イワシ型の平缶の方が使いやすいという声が、戦争から帰ってきた戦闘員から上がっていたのである。Eレーションは、このような包装を想定して設計されていた。しかし、Cレーションに必要な量のイワシ型缶詰を用意することはできなかった。パンが非常に不味かったため、Eレーションは2年間しか存続できなかった。[13]

実際、陸軍のレーションにパンが入っていることなどは夢物語に過ぎず、現実には、そこにハードタックが存在していた。

ハードタック：「ハードタックよもう来るな」

ハードタックの起源は不明だが、ヨーロッパの軍隊や南北戦争前のアメリカ陸軍はハードタックを使用していた。19世紀には、ハードタックは陸軍の標準的な配給品のパンだった。ハードタックは、生地を焼いて乾燥させたビスケットを、焼き上がりを早くするために穴のあいた四角形に切ったもので、行軍やキャンプで柔らかいパンが手に入らないとき、兵士一人あたり9～10個のハードタックを手に入れた。[14]この硬いクラッカーは、焼き上がるとすぐに岩のように硬くなり、カートン箱に詰められると、これについて多くのことが書かれ、語られるようになった。ハードタックは栄養価が高く、しかも腹ぺこの人は10枚食べてもまだお腹は空いたままであった。ハードタックには、乾いて硬いもの、濡れてカビの生えたもの、ウジやゾウムシがはびこったものの3種類があった。[15]

ハードタックは腐らず、壊れず、そして事実上食べられないものだった。しかし、兵士たちは、シチューやプリンに入れたり、工夫して食べたりしていた。ハードタックとコーヒーの組み合わせは、もっともポピュラーなものであった。コーヒーが兵士の飲み物だったのは、紅茶が手に入らなかったからにほかならない。1862年から1885年にかけて、紅茶1ポンドあたりのコーヒーの消費量は20倍以上に増加した。[16]軍人はハードタックを柔らかくするために、塩水やその他の液体に浸した。ウイスキーが手に入れば、ハードタックを砕き、黒砂糖と湯を入れてプ

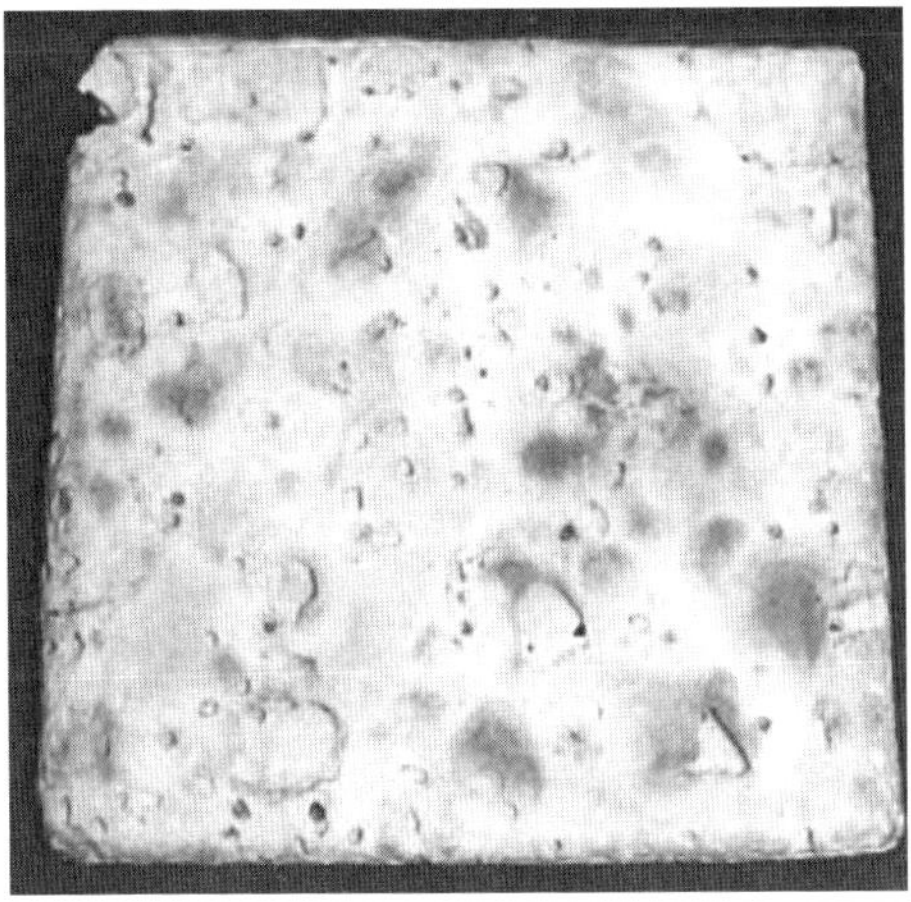

ウェントワース博物館に展示されている1862年のハードタック（別名虫城）。ウェントワース博物館。

ディングにした。ハードタックは何年も保存できたが、虫の良き宿主となった。クラッカーは虫でいっぱいになることが多く、兵士たちはそれを「虫城」や「虫棺」というニックネームで呼んでいた。フロリダ州ペンサコーラのウェントワース博物館に展示されている1862年のハードタックは、この軍の主食が長く持ちこたえただけでなく、かつてテナントとして虫を受け入れていたことを物語る穴の存在を示している。

ジョン・ビリングスという兵士は、北軍兵士としての生活を『ハードタックとコーヒー *Hardtack and Coffee*』という回顧録の中に書いている。南北戦争時のハードタックがどんなものであったか、つぎのように非常に正確に記述している。

しかし、ハードタックは、虫に食われたとしても、案外悪くない食品であった。暗闇の中で食べれば、誰も虫の住んでいないハードタックとの違いを見分けることはできない。

兵士たちはハードタックを軽蔑し、罵り、捨て、そのことを歌にした。あまりに嫌いすぎてしまった結果として、逆に好きになってしまった。このことは、戦後、多くの兵士がこれを持ち帰り、戦争の記念品として長年保存していたことからも明らかである。[18]

ハードタックを作ることは、それを食べることに比べると、それほど難しいことではない。ここに不変のレシピがある。[19]

ハードタック　100個分

小麦粉…5カップ
水…1カップ
塩…スプーン½匙

1. 小麦粉と水と塩を混ぜる。こねて生地にして八分の三インチほどの厚さにする。
2. 3インチ四方程度に切り、フォークで穴をいくつか開ける。
3. 華氏400度のオーブンで、薄く茶色になる程度に30分ほど焼く。
4. そのまま乾かして容器に詰めるまで空気にさらして硬くする。

兵士が一番恋しがっていたのは、母親が焼いてくれた柔らかいパンだったのかもしれない。パンを焼くことはできないが、オーブンもない行軍中に、自分たちで小麦粉を食べられるものに変えてみようとした。小麦粉と水、それに塩と砂糖を少し混ぜると生地ができ、それを熱いラードで揚げればフリッターになることを発見した。同じものを水で煮て団子を作り、卵があれば饅頭を作った。

ベル・アーヴィン・ワイリーのような歴史家が、アメリカ兵への北軍の配給は他国の軍隊に提供されるものよりも手厚いと報告したとしても、それはかれらが常に食事にありつけたということを意味しない。飢餓の苦しみがあったのだ。他にも、限られた材料で作らなければならないという戦時中の必然性を示すレシピがいくつかある。たとえば、アッシュケーキは、コーンミールに塩と水を混ぜ、キャベツの葉で包み、灰のなかで焼いたものである。ハードタック・プディングは、ハードタックを粉にして水と小麦粉で練り、パイ生地のように丸めてリンゴを入れたもの。これを布で包んで1時間煮るのである。ミルクトーストは、コンデンスミルクに浸したハードタックである。[20]

ワイリー自身は、ハードタックを「ホワイトオークチップス」[21]と呼んでいた。かれは、ハードタックでの苦労を表現するために兵士たちが歌った歌のいくつかを引用している。兵士たちは「ハード・タイムズ・カム・アゲイン・ノーモア」という歌のパロディーで、嫌悪感を表現した。

その歌は　疲れ切った人々のため息
ハードタックよ　もう来るな
幾度もおまえを噛んだ、文句も言わずに
ああ、グリーンバックス〈南北戦争時に発行された臨時紙幣〉よ　もういちどやってきておくれ[22]

南北戦争では、北も南も食料の供給は低調だった。しかし、南部における食料不足はより深刻で、食料問題が戦いの帰結を決めた決定的な要因だったとする向きもある。北バージニア軍司令官ロバート・E・リーが降伏したとき、かれの兵士達は2日間食べていなかった。しかしウィリアム・デイビスはかれの著書『戦争の味 *A Taste for War*』で南部連合が戦いに負けたのは、食料不足のためではなく、兵士が足りなかったからだとしている。[23]

戦争の結果に決定的な影響を及ぼしたかどうかは別として、食べ物を求める声は間違いなく、野営中であるか進軍中であるかを問わずに、大部分の兵士達の日常を占めていた。

南軍の兵士達は「ファイヤーケーキ」と呼ばれるものでなんとかやっていこうとした。ファイヤーケーキは小麦粉、水、そしてなんでもかれらが見つけてきたもので作られた。その水が滴るケーキはつぎのように兵士から表現されている。「小麦粉、……水で濡らし、土で転がし、焼いてもらう……恐ろしいやり方で[24]」。南部における酷い食料供給のためにこうした新しい料理がいくつか作り出された。そのうちのあるものは、「クッシュ」とか「スロッシュ」などと呼ばれる。これはベーコンの油に小さく切った牛肉を入れ、水とコーンブレッドを注いで煮込んだもの

ハードタックの写真立て。1915年。帝国戦争博物館。ロンドン。

である。もう一つはアイリッシュポテト、青リンゴ、塩、コショウ、玉ねぎ、またはニンニクから作られるシチューだった[25]。

北軍の食料支給はまだましだったようだが、北軍側にも自暴自棄のレシピが出来上がっていた。北軍の兵士たちは、多様性に欠ける配給のなかから、必要性と同時に退屈さも手伝って、ちょっとした想像力で独自の食文化を作り上げた。そんなかれらが作ったレシピが「スキリーガレー」である。この南北戦争のレシピには、ハードタックが使われていた。このレシピは、多くの人にお勧めできるものではないが、「地獄の業火のシチュー」とも呼ばれたこの料理の作り方をおさらいしてみよう。[26] かれらはよくハードタックをお湯に浸けておいた。そうすると、虫が死んで、水面に浮いてくる。虫をすくい、水を切ったあと、塩漬けにした豚肉を入れる。シチューは「髪が白くなる」と言われていた。[27] スキリーガレーの語源は、オートミールと肉を煮込んだ水からなる「大きな船で囚人に出される貧しいスープ」であるスキリーかもしれない。[28]

塹壕からキッチンベンチまで、お気に入りの缶詰を

1937年、便利で手頃な価格の、保存のきく食肉缶詰が発明され、これがまさにアメリカ陸軍準軍事局が求めていたものだった。ほかでもないこれこそがスパムだった。第二次世界大戦が終わるまでには、アメリカ陸軍は1億5千万ポンドのスパムを買っていた。

スパムがアメリカの加工食品の象徴になる前、スパムは兵士たちのジョークになっていた。兵士達はスパムを「身体検査に合格しなかったハム」とか「基礎訓練を受けなかったミートローフ」、「戦争が地獄である本当の理由」などと呼んでいた。スパムは戦争の前にはすでに認知されたブランドだった。ところが戦争のあとでもスパムの売上は増え続けた。イギリスとロシアがスパムをアメリカからの援助物資として受け入れ、かれらはそれを歓迎した。現在ではスパムは世界中のアメリカ軍が駐留しているところでは人気を博しており、そのなかにはハワイも含まれる。[29]

大西洋を挟んだ向かい側では軍の食事はあまり見栄えがしなかった。フランス軍の兵士たちは通常、移動式キッチンが設置された前線後方から、コルベ・ド・スープ（スープ係）と呼ばれる部隊によって供給をうけていた。しかし、戦いが激しすぎて補給ができないときは、フランス兵は前線に上がったときに誰もが持つサバイバル・レーションを食べることになった。このサバイバル・レーションは次のような構成になっている。パン300グラム（この種のとても乾燥したパンは戦争パンと呼ばれた）、肉300グラム（通常はコーンビーフ）、砂糖80グラム、コーヒー36グラム、コンデンススープ50グラム、ブランデー62・5ミリリットル、チョコレート125グラム（1916年以降に限る）で、通常1日分の食料である。[30]

第一次世界大戦の開戦当時、イギリス軍の兵士は1日に10オンスの肉と8オンスの野菜で十分な栄養を摂っていた。ところが、1916年までには1日6オンスに減り、その後、9日に1回しか支給されなくなった。1916年の冬には小麦粉が不足していた。この時は、馬肉の塊が入った豆のスープがイギリス兵の主食になった。配給にはマカノッチーと呼ばれる缶詰のスープが広く使われていた。これは、カブとニンジンのスライスが入った、濃厚で水っぽいスープだった。このスープが塹壕に着くといつも冷たい状態だった。兵士はよくこう言っていた。「マカノッチーは温めた状態ならまだ食べられるが、冷えた状態だとまるで殺人兵器だ」[31]。マカノッチーはスープを生産していた工場の名前だった。マカノッチーはボーア戦争と第一次世界大戦の戦場でイギリス兵に提供された。戦争のあと、マカノッチーは戦場から家庭へ持ち込まれた食べ物の一つである。缶詰は一般に販売され、すぐに調理ができ、燃料、労力、時間の節約になることが宣伝された。20分もあればできあがり、経済的でおいしい食事が家族に提供できるとされた。ゴードン・ロットマンの兵士の俗語集によると、マカノッチーの略称は「コナー」で、結局、イギリス軍の缶詰食品をすべて指すようになったほど、象徴的な存在になった。[32]

他の国々のレーション

フランスの政治家でガストロノミーの父と呼ばれるジャン・アンテルム・ブリア＝サヴァランは、「国家の運命は、いかにして自らを養うかにかかっている」と言った。[33] ほとんどの人にとって、戦争の運命は単に歴史であるに過ぎない。しかし、軍隊の配給品の内容や国ごとの比較に踏み込むと、かなり謎に包まれている。

２０１４年、『ガーディアン』紙は、スペイン、アメリカ、ノルウェー、イタリア、オーストラリア、イギリス、エストニア、カナダ、ドイツ、フランスの現在のレーションを比較し、画像と試食結果を添えた記事を掲載した。どの国のレーションについても、カップ、小袋、袋、スプーン、ミニボトル、缶、棒、チューブなど、サイズも素材も異なるさまざまなパッケージが展示されていた。イタリアのレーションのようにキャンプ用のストーブがついたものや、フランスやスペインのレーションのように使い捨てのヒーターがついたものもあった。また、ノルウェーのレーションと同じように、アメリカのフレームレスヒーターと呼ばれる自己発熱袋が含まれたレーションを持つ国もあった。イタリアのレーションにはビスケットやカプチーノ、パスタなどが含まれ、フランスのものにはパテやコンフィ・ド・カナールなど、洗練されたものが含まれていた。ドイツのレーションはレバーソーセージのスプレッド、ライ麦パン、ポテト入りグーラッシュ、イギリスのレーションには紅茶、チキンティッカマサラ、ポーク&ビーンズが朝食にたっぷりと用意されていた。オーストラリアのレーションは、好き嫌いの分かれるベジマイト、チェダーチーズ、そして小さなお菓子がたくさんあった。アメリカのレーションは、ポピーシードのパウンドケーキ、クランベリー、スパイスアップルサイダー、ピーナッツバター、クラッカーと、アメリカンなものばかりであった。驚いたことに、カナダの箱にはメープルシロップが入っておらず、スペインの配給品にはパエリアが入っていなかった。[34] この記事は、現在のレーションのあり方を示すとともに、どの国もその国で育った兵士が好むような配給を心がけていることを示している。忘れてはならないのは、こうしたレーションは食料に事欠くことなく、新しい軽量パックや装備の助けを借りて設計されていることである。

たとえば、イギリス軍は、ランカシャー・ホットポット、糖蜜プディング、カスタード入りフルーツ団子といった料理を用いての40年の戦いのあとで、２０１４年に初めて軍隊のレーションをグルメバージョンに刷新した。１９９０年代に入ると、缶詰からボイルパックに変わったが、提供される食品は変わらなかった。この近代化に伴い、フリーズドライや茹でたものをひき肉にし、カレーやチリ、ボロネーゼなどの小袋で味付けをし、バリエーションを増やした。食が士気を左右することが認識されたため、新しいレーションパックは、トレンドの変化を反映させる必要があったのである。英国国防省のケータリンググループのディレクターであるジェフ・リトル准将は、つぎのように変化の必要性を認めている。「我々は兵士たちが認める、試練の時の慰めになるような食べ物を与える必要があります。たとえばカレーやチョコレートなどです[35]」。

ドイツのコムミスロート

また、ドイツ軍では、パンは栄養の基本だが、その入手のしやすさと賞味期限が重要な問題であった。16世紀以降、コミスは軍隊を表す言葉として使われていたため、軍隊に支給される種類のパンとしてコムミスロートが使われるようになった。コムミスロートはライ麦と小麦の粉のサワー・ドウから作られた黒いパンだった。皮がしっかりしていて、ローフパンで焼かれる。特筆すべきはこのパンの賞味期限である[36]。コムミスロートは小麦粉の不足を補うためにおがくずを混ぜたと言われた第一次世界大戦時に、軍隊用の糧食として使われた。第一次世界大戦に引き続き、コムミスロートは民間にも出回るようになり、より柔らかく焼き上がるようにレシピが変えられた。

第一次世界大戦中、ドイツ兵にビタミンCの欠乏症（歯肉炎や壊血病など）や神経発作や精神病が見られるようになったとき、あるドイツ人科学者が、陸軍のレーションと不足する栄養を分析し、提言を行った。

ソンムの戦いのアンクル渓谷で温かいレーションを食べるイギリス兵たち。1916年10月。帝国戦争博物館。ロンドン。

かれは、とくに遠征先では、早く朝食を食べたいという欲求を刺激するために、早朝に冷たいシャワーを浴びることを勧めた。そのあと、砂糖入りの濃いコーヒーと、ソーセージと卵の入ったバターサンドを食べるとよいとされた。また、病気に対する防御として菜食主義を推奨した。かれはコムミスロートを分析し、1日に必要なビタミンB1が含まれていると結論づけた。重労働で新陳代謝が活発になった兵士たちは、通常よりも多くのビタミンBを必要としていた。この研究の結果、軍隊には昔ながらのコムミスロートを残すことにした。コムミスロートは、外皮を除くすべての粒子が入った粗い全粒ライ麦でできており、これを大量に食べることが推奨された。[37]

第二次世界大戦中、砂漠で使用されたドイツのレーションには、ドイツの主食であるパン、バター、ジャガイモを入れることができず、調整する必要があった。ジャガイモの代わりに豆類が、バターの代わりにオリーブオイルが導入された。ドイツ兵はオリーブオイルや、チーズ、マーマレード、保存肉などが入ったイタリアの配給品を好まなかった。このレーションはドイツ兵にもイタリア兵にも嫌われ、腐敗しがちだった。缶には「軍政局（Administrazione Militare）」の頭文字をとったA．M．のスタンプが押されていたが、これらをドイツ人は「老人（Alter Mann）」と、イタリア人は露骨に「ムッソリーニの尻（Asinus Mussolini）」という呼び名で呼んだ。ドイツ兵は、物資の捨て場を見つけると、イギリスのレーションを好んで食べた。かれらは、コーンビーフ、白いパン、ジャム、紅茶、ハードタック、缶詰の果物などを食べた。イギリスのレーションはドイツの味気ない食事に比べれば、贅沢なものだと思われていた。[38] イギリス兵からレーションが嫌われていたことを考えると、これは意外なことである。ある人の配給のゴミは、別の人にとっては塹壕の宝物だったわけである。

ペルビチン：小さなエネルギー補給の先にあるもの

軍のレーションは十分なカロリーを含んでいなければならないので、つねに軽食が割り込む余裕があった。チョコレートは誰にでも好まれる軽食で、おもにエナジーバータイプのものが多かった。たとえば、第二次世界大戦中、ドイツの配給品には「ショーカコーラ」という特別なチョコレートがあった。1936年のベルリン夏季オリンピックでヒルデブラントが「スポーツチョコレート」として紹介したカフェイン入りの「エナジーチョコレート」である。その後、戦時中、とくにドイツ軍のパイロットに使用された。このチョコレートには、4粒で濃いエスプレッソ1杯分、6粒でコーヒー1杯分ほどのカフェインが含まれていた。とくに戦闘中の部隊にとっては、気付け薬になったに違いない。このチョコレートは今日でもベルリンで売られている。

しかし、戦闘力を高めたいという願いには、化学的な限界はなかった。ペルビチンは、メタンフェタミンを主成分とする麻薬で、1937年からナチスによって製造され、軍隊に配布された。メタンフェタミンはナチス・ドイツ、とくに第二次世界大戦の塹壕のなかで流行した。

何時間も眠気を感じさせず爽快感を持続させる薬物が有効だった。ヒトラーの軍隊は、覚醒剤の結晶で目を覚まし、多幸感と無敵感を味わいながら、ポーランドとフランスへの「電撃侵攻」を実行した。ナチスは、1930年代のドイツで容易に入手できたコカイン、アヘン、モルヒネなどの娯楽用薬物を拒否し、そうした薬物を「ユダヤ的」として非難したと言われている。第三帝国の化学者たちは、「支配人種たるアーリア人に適した」別の覚醒剤を見つけるよう奨励された。ナチスの化学者フリッツ・ハウシルトは、1936年のベルリンオリンピックでアメリカの選手たちのベンゼドリンの効果を見て、ペルビチンを考え出した。ペルビチンはあっというまに広まった。ペルビチンは運動選手、歌手、学生によって摂取された。ペルビチンを製造していた工場では、「主婦を応援するチョコレート」なるものまで発明していた。

ペルビチンに軍事使用における価値を見出したのは、第三帝国の医師会のトップにいたオットー・ランケだった。ドイツがフランスを侵略したとき、ランケはエルヴィン・ロンメルを含む攻撃を指示していた将軍たちを説得し、兵士にペルビチンを配った。ドイツ国防軍の攻撃は、アルデンヌ地方を一度も止まることなく、昼夜を問わず4日間で敵を磨り潰しながら数百キロメートルを突き進んだ。1940年の5月中旬、ドイツ国防軍はアヴェーヌにあるフランス軍のキャンプにたどり着き、壊滅させた。フランス兵は打ちのめされた。かれらの敵は止まるところを知らなかった。これが電撃戦だった。ドイツのジャーナリストであるオーラーはこの電撃戦にある程度ペルビチンが貢献していたことを認めている。[39]

陸軍で配給されただけでなく、ペルビチンは山にも持って行かれた。1953年、ヘルマン・ビュールはパキスタンのナンガ・パルバットを単独で初登頂する際、スーパードラッグであるペルビチンを服用していた。かれの登頂記には、ペルビチンの摂取に苦労したことが書かれている。山頂では、ビュールの登山パートナーであるオットー・ケンプターがあまりに遅いため、ビュールは単独で登頂を果たした。かれはリュックサックに、防寒着、アイゼン、カメラ、食料、デキストロ、オボスポーツ、ネオポリタンを数切れ、ボリビアのコカ茶、ドライフルーツ1パック、パルダン（血行を促進し、凍傷を予防する薬）を数錠、ペルビチンを数錠入れて持っていった。かれは山頂で、疲れ果てて雪の上に倒れ込んだ時に、極限状態になったときのためにポケットに入れていた小さな錠剤のことを思い出した。かれは、それを飲もうとする自分自身と戦っていた。頭ではそれを欲してはいないのだが、体はそれを欲しがっていた。結局、かれは屈して、ペルビチンを飲むことにした。半信半疑で2錠ほどのんだ。かれは歩き続けたが、それがペルビチンのおかげなのかどうかは分からないという。「とくになにも起きたようには感じなかったし、効果があったようにも感じなかった。もしかすると、薬の効果はすでに表れていて、もし飲まないでいたら、再び起き上がることもできなかったのだろうか」。かれが初登頂を果たす前には31人がナンガ・パルバット遠征で死んでいる。ビュールは、山頂への厳しい登りになんとか耐えて、41時間後に戻ったが、もしかするとこの小さな錠剤2つのおかげだったのかもしれない。[40]

その10年後、1963年にエベレストを横断したアメリカの登山家トム・ホーンバインは、2人のチームメイト、リュート・ジェルスタットとバリー・ビショップに、下山に際して、デキセドリンを与えた。「私の印象ではなんの役にも立たなかった」とホーンバインは言っている。ステロイドが登場したのは、その直後だった。1960年代後半、重症の高山病を治療する方法としてインド軍は兵士たちにベタメタアゾンというデキサメタゾンに似た副腎皮質ホルモンを投与した。[41]「アルピニズムの精神と伝統」を守るために、競技スポーツクライミングを統括する国際山岳連盟は、薬物の使用に強く反対している。しかし、国際山岳連盟は規制を実施する力を持たず、登山に関する規制は行っていない。[42]

第8章　屋台の食べ物

旅することでえられる驚きと解放感、そして精神の浄化作用は、世界を巡るのと同じように街中を歩いても、近場でも遠方でも、どこを歩いてもえられるものである。
　レベッカ・ソルニット『ウォークス　歩くことの精神史』[1]

通りを歩くことは自由である。街中を歩くことは、周囲の様子を人の速度と人の基準で認識しながら、なにかを求めて移動するという点で、自然のなかを歩くことに似ている。都市化した街での暮らしには、徒歩圏内に多様性、匿名性、可能性がある。そこには危うさと不思議な魅力がある。目的を持って歩いても、ただ街をぶらついているだけでも、しばしば人は、なにかしら食べ物を口にするものである。

18世紀の哲学者ヴォルテールは、ある場所を見る唯一の方法は歩くことだと考えた。皮肉と風刺を交えて人間の条件を描いた代表作『カンディード』で、かれは「人間には脚を自由に使う特権がある」と記した。[2]

19世紀のパリでは、有閑人たちが通りを逍遥していた。かれらは「フラヌール」と呼ばれたが、これはフランス語でぶらぶら歩き回る人を意味した。1850年代の後半より、建築家のオスマンによってパリが大改造されると、フラヌールたちはアーケードや並木道《ブールバール》を歩き回るようになった。この怠惰な文学的逍遥人は、ただ無為に過ごしていたわけではなく、都市の風景を積極的に感じ取ることを求め、現代の街歩きを象徴する存在となった。フラヌールを「生活の恋人」、「情熱的な観察者」とはじめて記したのは、シャルル・ボードレールであった。かれらはヴァルター・ベンヤミンの著作を通して、20世紀に幅広い関心を集めるようになった。[3] かれが書いたフラヌールたちは外の世界を観察したが、その方法が都市に積極的に関わろうとする人のとる方法となった。またフラヌールは、社会において労働がもつ意味と対照的な、人間を異化する象徴でもあった。

かれらは目的をもつことを拒み、都市を感じる時間を通して新しい個人像を模索した。オノレ・ド・バルザックは、このような比喩を巧みに捻りだした。「おお、パリの迷える者たちよ！ 甘美で美味な人生！ 逍遥とは科学、それは眼の美食法」[4] とあるのだが、当然ながら無作為に美味が成り立つはずはなく、食べることなくしてもまた然りであった。この時代のフラヌールが、街の通りを眺めるように食べることを楽しんだのも、偶然というわけではない。

ほとんどの国では、通りでなにかしらの食べ物が売られている。路上の食べ物は、歩きながら食べるものばかりではない。戸外でものを食べる文化は世界中にあり、それは食堂の歴史よりも古い。米、豆、焼きトウモロコシ、ホットドッグ、タコス、アレパ〔中南米のトウモロコシ粉の薄焼き〕、オリーボーレン〔オランダおよびベルギーの伝統的なドーナツ〕、揚げ物、焼き栗、わた菓子、アイスクリーム、クルトシュ〔ハンガリーのロールパン〕など、路上の食事には、独自の経済、知恵、料理、マナーがある。

都市に個性や歴史があるように、路上の食べ物にも歴史がある。歩行者の行動が制限されている街であれば、露店の噂話などあるはずもない。たとえばアラビア半島では、商業的な機会としての露店は、この地域が近代化する以前には考えられないものであった。その代わり、この地域の人々には行き交う人に分け隔てなく食事を振る舞う習慣があった。ヨーロッパでは、19世紀になって歩道ができ、通りに名称がつけられ、街灯が街を照らすようになって、ようやく都市は清潔で安全なものとなった。路上は、必ずしも食べ物をゆっくり口にできる場所ではなかったが、風変わりな食べ物に出会うことができる場所であった。とくに食堂が一般化する前の時代、ヨーロッパの路上では、紅茶、コーヒー、チョコレート、それにスパイスの効いた飲み物が、通りを行き交うブルジョワや労働者を楽しませた。販売形式はさまざまであるが、通りが人々と公共の空間とを結ぶようになったときから、路上には食べ物があった。

温かく丸いもの――初期の屋台の食事

17、18世紀、ロンドンの街角では、新しくエキゾチックな飲み物が手に入った。それは紅茶ではなく、コーヒーでもない、サレップという飲み物であった。サレップは、オスマン帝国で人気の飲み物であった。この飲み物は、コーヒーと紅茶が一般に広まるまでのあいだ、イギリスとドイツで飲まれていた。コーヒーや紅茶がまだ手に入らなかった時代、サレップはそれに代わる温かい飲み物として、もっとも人気があった。イギリスでは、この飲み物はサループとして知られた。この飲み物は、サレップの粉に適当な濃さになるまで水を加えて作られた。そして、橙花水か薔薇水で甘さと香りがつけられた。イギリスでは洋ランの根から作られた、「ドッグストーン」という名で知られる代替品が用いられることもあった。サハラブという名前の飲み物では、水の代わりに温かい牛乳が用いられた。野生の蘭の根を粉にしたサレップからは、プディングやアイスクリームも作られた。１８００年代はじめのロンドンでは、夜、サレップを販売する店先を労働者たちが訪ねた。これらの販売店が、のちにコーヒーを売る店へと変わった。ササフラスがロンドンで用いられていたら、この飲み物はさらに濃厚になっていたかもしれない。

　この植物とその樹皮はとても良い飲み物だと思われていて、当時、社会問題となっていた梅毒にも効くと考えられていた。[5]

　サレップと混同される飲み物もあった。それはサレップから派生したレシピの飲み物か、まったく別の飲み物であった。そのような飲み物のひとつに、19世紀末にロンドンのハイ・ストリートで売られていたアーリー・パールがあった。

　我われは、アーリー・パールだかサロップだか、我われの五感を楽しませる湯気を立てた露店に出くわした。なんということ！　なんという朝食！　慎重な猜疑心もむなしく、いまなら私の味覚がこの液体をはっきりと拒むのであるが、そうでありながら、そのときは拒むこともなく、そして記憶のなかでその風味は美化されたものと感じられた。その包み込むような温かさが私のなかをかけ抜けるのを感じた。これまでに経験したことのない、エキゾチックな風味を味わった。紅茶は素晴らしく、コーヒーもなお良い。きちんと仕立てられたチョコレートは美食家のもの。だがそれらは１８２６年に飲んだサロップと比べたら、薄く、特徴がない。あれは濃厚で、それをそそぐ女神へーベは、目が見えない老婆ではなかったが、粗野な者の目に彼女はそのように映っていたことであろう。[6]

本物のサレップは、アナトリアの山々に生えている、蘭類のオルキス・マスクラの根を乾燥させて粉砕し、煮詰めて作る。古代ローマ人は地面の下に生える蘭の根を用いて飲み物を作ったが、それにはさまざまな名称があり、とくにサチリオンやプリアピスカスと呼ばれた。これらの名前は、ギリシャ神話に登場する、馬のように繁殖力の旺盛な神の名前であったことから、サチリオンはペトロニウスの風刺小説『サテュリコン』では、たしかに催淫薬として用いられており、ローマ帝国でもその存在が確認されている。くわえて、中世スイスの哲学者で外科医でもあるパラケルススは、「サチリオンの根をよく見たまえ、形が男性のそれそのものではあるまいか？これを否定しうる者はいまい。さらに魔力が発見されたがゆえ、男性の精力と活力を回復させることは明らか」と書いた。[7]

オスマン帝国の首都イスタンブールでは、屋台商人がピラフ、レバー炒め、肉だんご、ローストチキン、コーヒー、サレップを売り歩いた。なかにはギリシャやアルメニアの売り子もいた。ギリシャでは、サレップは１９３０年代まで売られていた。

　野生の蘭が絶滅すると、サレップの輸出は止まり、取り扱いは減少した。現在のサハラブ混合物には人工の香りが用いられて、いまでもトルコとギリシャの路上で寒くなると売られている。この飲み物が家庭で作られることはない。真鍮の壺に入れて売る行商人から買うことが習わしとなっている。ときにはサレップの粉と砂糖を牛乳に混ぜて、シナモンの粉をふりかけて出されることもある。

　オスマン帝国時代のイスタンブールの路上では、シミットと呼ばれるゴマをまぶした輪の形をしたパンが売られていた。これは現在でもトルコの路上で売られており、売り子は荷車を引くかシミットを積んだトレーを頭に載せている。シミットはトルコ国内の各街やバルカン半島の国々によって少しずつ異なり、呼び方も異なる。エーゲ海に面したトルコ西部の都市イズミルではゲウレク、バルカン諸国ではジェヴレクかデヴレク、ギリシャではクルーリ、ルーマニアではコヴリギと呼ばれている。[8]

　アシュケナージ系のユダヤ人のベーグルやトルコに住むウイグル人のギアーデなど、ほかにもシミットに似たパンがある。シミットの名前は、アラビア語のサミード（セモリナ）に由来し、これは小麦粉を意味した。シミットは１５２５年、価格が規制されたことでオスマン帝国の価格リストに初めてその名前が記された。これは屋台の食べ物であると同時に、貧者の食べ物でも

イスタンブールのサレップ売り。撮影者不明。1896年。エンジン・オゼンデス・コレクション。

あった。オスマン帝国の領土や近隣の地域を40年にわたって旅したトルコ人旅行家のエヴリヤ・チェレビは、17世紀の旅の記録『旅行記 *Seyâhatnâme*』で、シミットについて詳しく記している。かれによれば、シミットには二種類あった。ひとつは砕いたハーダ・シミットと呼ばれるもの、もう一つは車輪のように大きなものである。まだ自動車が発明されていない時代、かれが言う車輪とは馬がひく荷車のことを指していたと思われる。大型の方は家への持ち帰り用として客に売られたが、後世には残っておらず、小さい方のシミットだけが街角の露店の食べ物として残った。

エヴリヤ・チェレビは、ベオグラードのシミットについても詳しく記したが、これがイスタンブールのシミットと同じものかははっきりしていない。またかれはセル

トルコのイスタンブールのシミット売り。1903年。ブルックリン美術館、グッドイヤー・アーカイブ所蔵。

ビアとアルバニアのひよこ豆の粉で作ったものについても記した。かれは白いアルバニアのシミットを絶賛しているが、それは今日のジェヴレクかもしれない。味は甘く、蒸してから焼いて、ベーグルそっくりである。

イズミルの人がシミットをグヴレクと呼んでいる事実は、この路上の食べ物がバルカン半島からイズミルへと旅してきたことを物語る。これは食べ物も移動し、そして歓迎される場所にとどまるということを物語る。

都市の荒野で歩きながら食べる

都市で歩きながらする食事は、移動中や乗り換えの途中に食べるものであり、それゆえ食事は、荒野でとる食事と同様、都会のジャングルのなかで食べるために詰められる。世界の巨大な都市は、新たな荒野と呼ぶことができよう。そこで人は、寒さや暑さ、高度などの問題ではなく、仕事と余暇の時間をやりくりしながら、人工の建造物や構造物のはざまで、自然界とは異なる状況のなかを生き抜く必要がある。このような心理的変化のなかで、人が食べることに安らぎを求めるのも、もっともなことである。われわれに安らぎをもたらすものとは、できるだけ高いカロリーや多くのエネルギーをもたらすものではなく、馴染みの味にいつでもありつけることであったり、そこに新しい風味が添えられたりすることにある。

都市の数だけ、屋台の食べ物にも種類がある。ウクライナでは、バブティカ（祖母）と呼ばれる年配の女性が作った団子が、通りや鉄道の駅で売られている。マッシュ・ポテト、玉ねぎ、ひき肉、キャベツ、キノコで作った団子に、サワークリームをかけて、ディルを添えて出される。エジプト人はナイル河沿いを歩き、搾りたてのサトウキビのジュースを飲みながら、ナッツ、ピーナッツ、かぼちゃやメロンの種、ハウチワ豆などのいったものを食べる。イギリスではサンドイッチが、18世紀後半より路上の食べ物となり、コーヒー、ソフトドリンク、菓子パンも持ち帰りされた。ギリシャでは、売り子が通りを行き来しながら焼きトウモロコシを売り歩き、冬には焼き栗が売られる。オーストリアでも、冬は街角で焼き栗が売られ、夏にはアイスクリームが売られる。ブダペストでは、通りの売り子はイースト菌で発酵させた甘い生地を、厚手の金属製の長い棒にまきつけて、まわりに粒砂糖をまぶしたクルトシュカラーチ（別名チムニーケーキ）と呼ばれる菓子を売る。表面が黄金色になるまで、溶かしたバターをかけながら炭火で焼かれるのだが、焼けるうちに砂糖はカラメル状になり、光沢のある、カリッとした皮が出来上がる。このケーキの表面には、くだいたクルミかシナモンの粉をまぶすこともある。

　中国の路上では飴細工の見世物がある。行商人はどろりとした溶けた飴を吹いて、ベネチア・ガラスの工芸のように動物を形づくる。二次元のものとしては、成都の行商人は枠のなかに溶かしたカラメルを細く垂らして平面画を描き、木の持ち手を添えて客に渡す。また成都で売られているディン・ディン・タンと呼ばれる麦芽糖売りは、飴の塊を砕くときに金属製の梃子を打ち鳴らして、売り子の存在を周囲に知らせる。龍のひげの飴細工《ロン・シュー・タン》にも驚かされる。飴細工で作られた甘い手作りの麺である。[10]

アメリカの馴染みの味

路上の食べ物の魅力には、それを路上で食べるという体験と、その色どりや味などを楽しむという点がある。甘かったり辛かったり、発泡性があったり、脂っこかったり、路上の食べ物には楽しみがあふれ、刺激的で手軽だが、健康には好ましくないものも多い。いつもの食べ物、馴染みの食べ物であっても、玄関のドアを隔てて、家のなかで食べるのと外で食べるのとではまったく異なる。街の通りでは、また違った食べ方ができる。そのような食べ物は、手軽で、美味しくて、魅力的である一方、不健康で型破りで、あるいは馴染みのものがない交ぜになった感覚を食べる人にもたらす。それゆえ、このような食べ物のなかには、国内のみならず世界中の人々にとってとても象徴性を帯びた存在となっているものもある。

20世紀のニューヨークで、露店の食べ物といえばプレッツェル、コーヒー、ソーダ、アイスクリーム、ポプシクル〔棒付きアイスキャンデー〕、それにサンドイッチであった。移民の波が押し寄せると、街角の露店にもギロス、ブリットー、タコス、イタリア風アイス、ナッツといった新しい食べ物が登場した。自家製のプレッツェルは、1861年にペンシルヴェニアのリティッツでユリウス・スタージスが商売用のプレッツェル製造機を販売する前から、ニューヨークの露店で売られた最初の軽食の一つであった。この表面に光沢のある、塩をまぶした結び目状のねじれたビスケットは、ドイツ系移民がアメリカにもたらしたとされている。[11] どの記録を見ても、プレッツェルのどの記録を見ても、プレッツェルの起源は610年、祈りを捧げるときの腕組みの姿を模して余ったパン生地を焼き上げ、祈りの作法を習った子供たちに配った北イタリアの修道僧にあるとしている。プレティオリとはイタリア語でご褒美という意味である。プレッツェルの語源はこの言葉が崩れてできたものか、ラテン語で腕を意味するブラッチウムにたどられる古ドイツ語のブレッツィテッラにあると思われる。プレティオラスはオーストリアとドイツでブレッツェルスとして知られ、すぐに人気に火がつき、10世紀後にはペンシルヴェニアに移住したドイツ系移民の手によってアメリカへの旅路についた。食感は柔らかく、もちもちして、なかにはマスタードをかけたりして、プレッツェルはあちこちで手軽な朝食となった。プレッツェルを乗せた金属製のカートは、フィラデルフィアとニューヨークの街角でいまでも見かける。

もう一つの道端での人気者は、ホットドッグである。ザワークラウトやマスタード、レリッシュなどの付け合わせを添えて、パンをそのまま食べることができるホットドッグは、その人気をほしいままにしてきた。

肉汁たっぷりの温かいソーセージと、鼻孔を抜ける香りの歯ごたえのあるトッピングが挟まった、手のひらにすっぽりと収まる大きさの柔らかいパンのサンドイッチ。ホットドッグはアメリカの多くの大都市で、定番の路上の食べ物である。ホットドッグは、ドイツではフランクフルトで、オーストリアではウインナーで、それぞれつくられており、19世紀末、ドイツ系移民とと

コニーアイランドでのホットドッグ。1910～1915年ころ。アメリカ議会図書館。

もにアメリカへとやってきたとされている。ドイツ人はこれを、もともとは犬種の名称に起源のあるダックスフントと呼んだ。ニューヨークでは、ホットドッグはサブレットの銘が入ったカートの保温槽のなかで調理された。シカゴではホットドッグはスポート・ペッパー（青トウガラシ）、玉ねぎ、ピクルス、香辛料、黄マスタード、スライスしたトマトとともに出される。アメリカのホットドッグは1860年、ニューヨークの遊園地「コニーアイランド」で実業家のチャールズ・フェルトマンによって考案されたと言われている。20世紀はじめ、コニーアイランドは光と娯楽の殿堂であり、人々は板張りの遊歩道をぶらつき、幼い頃の思い出に浸りながら、ローラーコースターから聞こえる叫び声を背に、出店から漂うフライドポテトの匂いをかぎつつ、冷凍カスタードやホットドッグを口にした。[12]

ホットドッグは文化的食べ物であり、かつ出先で食べる象徴的な食べ物であった。交通機関が発達して、都市に住む人が増えると、ホットドッグは街頭の食べ物になった。

ホットドッグは手ごろな価格で、活力を与えてくれる。見た目だけでなく食べ応えもよい。産業化したアメリカで、ホットドッグは一息つく時間をもたらした。ホットドッグは現実逃避する食べ物であると同時に、懐かしい故郷へと連れ戻してくれる食べ物でもあった。ホットドッグはすぐに、アメリカの西海岸や南部のみならず、世界中へと広まった。今日、ホットドッグにはさまざまな種類がある。ソーセージはゆがいても、直火で焼いても、フライパンで油で炒めても、どんなソースと合わせて食べてもよい。

街角の露店商のなかには、ビジネスを立ち上げて成功する人もいた。クラッカー・ジャックはその一つである。[13] クラッカー・ジャックは19世紀後半に登場した軽食であった。砂糖と塩味のキャラメルがかかったポップコーン菓子で、オマケで入っているピーナッツが人々の心をつかんだ。クラッカー・ジャックは1871年、ドイツ人移民のフレデリック・ウィリアム・レックハイムが、シカゴの113番通り、現在のフェデラル通りと4番街との交差点で売りはじめ、野球場でその人気に火がついた。

アメリカの詩人フランク・オハラは、ニューヨークの通りをぶらつきながら、こう書いた。[14]

あの空き箱を落としたのは誰だ
クラッカー・ジャック、私の大のお気に入り
こいつは幸運の前触れだ

19世紀末、アイスクリームは街角で数ペニーで売られていた。露天商はアイスクリームを小さな容器に入れて、小銭菓子《ペニー・リックス》と呼んで売り歩いた。客はガラス容器に入ったアイスクリームを食べ終わると、器をぼろ布で拭き、売り子に返した。露天商はそれに次の人の分をよそって手渡した。南北戦争後、アイスクリームはアメリカで大流行した。まもなく、紙で包んだ塊状の「ホーキーポーキー」と呼ばれるものや、アイスクリーム・サンドイッチ、エスキモー・パイ、グッド・ユーモア・バー、ポプシクルなど、さまざまなアイスクリームが登場した。[15] イタリア系移民は、シャーベット〔イタリア風シャーベット〕、グラニタ〔香味シャーベットの一種〕、スラッシュ〔かき氷風アイス〕、イタリア風アイスを売った。コーヒー味やレモン風味のグラニタは、もとの素材にシロップを加えてつくられた。スラッシュは水を凍らせたかき氷状のアイスクリームである。[16] レモネード売りは、はじめエプシクルス、のちにポプシクルと呼ばれた、木の棒がついた袋入りの氷菓子を販売した。

異国情緒の溢れる路上の食べ物はほかにもある。たとえば、サトウキビの産地があるアメリカ南部の主要都市、ニューオーリンズでは、露天商はタクタク（サトウキビの糖蜜をまぶしたポップコーン）、砂糖をまぶしたピーカンナッツ、ステージ・プランクという名のひらべったい生姜

ケーキ、炒ったピーナッツとピーカンナッツ、糖蜜で作ったラコールと呼ばれるケーキを売り歩いた。また頭にキャラメル菓子のプラリネを乗せて売り歩くカラス・レディーは、西アフリカから伝わった米粉のケーキであるカラス〔米粉、砂糖、卵、バターなどで作った生地を小さなドーナツ大に焼いたもの〕も扱った。[17]

今日、世界でもっとも親しまれている路上の食べ物／飲み物といえばコーヒーである。コーヒーはアビシニア（いまのエチオピア）で誕生し、イエメンへと伝わり、それから中東、トルコ、北アフリカ、バルカン半島、イタリアへと広まって、ヨーロッパの残りの地域、そしてアメリカへと伝わった。15世紀までに、コーヒーは現代のわれわれが知っているやり方で、炒られてから淹れられるようになった。中東では、露天商は移動しながら販売し、客がいれば席に着かせてコーヒーを出した。

数世紀後、コーヒーはアメリカで、人々が持ち運びながら飲むものになった。朝食が路上で販売されるようになると、コーヒーはベーグルのお供になった。コーヒーショップは持ち運びできるカップにコーヒーを入れて販売し、店で買ったり家で用意したりしたコーヒーを手に持つ人の姿が、すぐに通りや学校、公園で見かけられるようになった。

チャックワゴンからフードトラックへ

フードトラック〔キッチンカー〕は街中で食べ歩く食事の最終形態といえる。今日、市民を魅了するのは、街中での食事にふさわしい盛り付け方や食べ方である。これはアメリカらしい変化であり、かつ長年つづく伝統でもある。ニューヨークやワシントン特別区、それにフィラデルフィアといったアメリカの大都市の路上でホットドッグやアイスクリームの屋台が見られるようになる以前、テキサスからニューメキシコへと牛を追う牛飼いに食事を用意するために、農家はトラックを改装した。1866年、チャールス・グッドナイトは「チャックワゴン」を考案した。かれは販売店へと牛を運ぶときに乗るスチュードベーカー・ワゴン（幌馬車）を改造して、豆、ビスケット、塩漬け肉、コーヒーを販売した。かれはその日の売り場に到着すると、新鮮な肉と野菜を調達して、薪を使って調理した。まだ現代のフードトラックには遠く及ばないながら、これが最初の「フードワゴン」であった。

ワゴンに自動車が用いられるようになると、移動可能なキッチンカーには改良が重ねられた。第一次世界大戦中、ドイツの兵士は、ディ・グーラッシュカノン（グーラッシュの大砲）と呼ばれる移動調理車を導入したが、これは長い煙突が同軍の使用した大砲に似ているためにそう呼ばれた。ドイツ兵は野菜や豆類など、あるものを使ってスープを作った。第二次世界大戦中には、ワゴンがフライドチキンを運んだ。イギリス市民は、各地の駐屯地を訪ねて兵士を鼓舞するため

テキサスでのワゴン。アメリカ議会図書館。

の食事や紅茶を届ける移動式食堂を始めた。大戦後の1950年代、現代のフードトラックによく似たアイスクリーム・トラックが登場した。1960年代以後、ハンバーガーやタコスを販売するフードトラックが通りに現れた。

2000年代以後、米国で経済危機が生じてから、料理人たちは（シーフードタコスやロブスターロールといった）質の高い食事をトラックで提供するようになり、路上での食事は美食の仲間入りを果たして、フードトラックの流行がはじまった。フードトラックの料理人たちは、脂っこくて不健康な食事を美味で洗練された食事へと改めた。これらのトラックは、催事場やフリーマーケットの脇にとどまるだけでなく、街中でも見栄えがするデザインへと改められた。

フードトラックは、もはやアメリカだけのものではない。海を渡ったフードトラックは、当初はホットドッグやハンバーガー、揚げ物だけを売っていた。しかしいまでは、この料理できる乗り物は、フランスではクレープ、イタリアではファリナータ（ひよこ豆のパンケーキ、フランスではソッカと呼ばれる）といった地元の食事を路傍で提供している。いまやフードトラックは、世界中の街で食事を売るばかりか、かれらは地域の食文化に新しい価値をもたらす役割を担うようになった。早く、安くて、斬新でおいしい。フードトラックは、街中での食事に、新たな経験をもたらす存在となっている。

路上の食べ物は、われわれの身体と精神とを結びつける。場所はわれわれの身体を通して世界と結びつく。こうしてわれわれの身体は世界と結びつく。われわれの心と身体は、歩くことで場所と結びつく。われわれは、身体を通して場所を知るのである。この結びつきは、食べることを通してさらに強まる。食べ物は記憶に残る経験を生み出し、都市の荒野のなかで、たとえ巡礼の道のように歴史的な経験や精神的な鍛練を要する生死をかけた物語ではないにしても、それでもなお食べ物はわれわれの個人的な地理を作り上げる。食べ物はわれわれが歩いた場所、食べた場所、そして究極的にはわれわれがこうあろうとする存在の地図を描くのである。

あとがき

好奇心と冒険心は、私たちの足元に働きかける。それが自然のなかを歩くにせよ、ハイキング、巡礼、あるいは探検であったとしても、自らの足による出発には個人的な約束事が存在する。また、準備や計画、なにをどのように行うかといったことについてはルールが存在する。食事や食料の計画は、散歩や野外活動において重要な要素である。

これまで見てきたように、異なる地理的条件下での探検の食の歴史は、互いに並行して発展してきた。軍隊、山岳、極地探検はすべて、食料を計画し、組織し、運ぶ人間の能力に依存している。技術の進歩は探検の成功を後押ししてくれるが、探検家は決して自然をコントロールすることはできない。せいぜい自然には、抵抗するか、利用するのが限界である。探検を英雄的なものにするのは、なんらかの計画を持って、しかしその成功の保証はないまま冒険に出るという事実にある。

航海士たちが食べ物についてどのように語り、書いたかは、かれらの意図、動機、世界観について多くのことを教えてくれる。探検家、冒険家、博物学者、そのほか徒歩で旅をするすべての人は、その旅における食との関係というレンズを通して見ることができる。この関係は、環境との関係、人との関係を強く反映しており、観察していて興味深い。

軍の食事は、おもに敵の支配と統制を目的としていることが多く、また、生き残らなければならない環境を考えたものだった。最高の味とは言えないまでも、戦闘のストレスを軽減するために、兵士がおいしく食べることは望ましいことであった。軍の食事は、他の探検隊の食料に関する言葉に影響を与えた。

極地旅行では、食料は「レーション」「ブリキ」「補給」と呼ばれた。食料は狩猟、皮剥ぎ、採取、採集などで入手された。日記や手紙、日誌に書かれた極地の食の記憶は、渇望と飢餓に満ちている。生き残るためのギリギリのラインで、食料は分け、配給し、計量し、長持ちするように計算しなければならない供給品だった。

登山も例外ではなかった。ヴィクトリア朝の中産階級の発明として、登山は自然に対する支配を目指す男性的なものであり、計画性を求める軍国主義的なものだった。そのため、登山の初期には、山頂までの最後の行程を表す「アサルト」、あるいは「アタック」「チャージ」という言葉がよく使われた。

ヴィクトリア朝の女性登山家たちの記録には、その代わりに彼女たちの功績を称える優しい言葉が並んでいる。山は「女性によって手に入れられた」は、つまり「女性が頂上に登る」と読む。彼女たちの旅の目的は、執筆、絵画、布教、写真など、さまざまであった。いずれにせよ、ヴィクトリア朝の中産階級の自分自身を高めようとする情熱が反映されたものであった。女性たちの食事は、カトラリー、風変わりなケーキ、山に持っていったシャンパンなど、細部まで描写されている。つぎに、実用性のないドレスを着て、時々風で翻り、前に進めない様子も描かれている。

１９６０年代以降、登山がより多くの階層の人々にとって身近な活動となるにつれ、ナショナリズム的な性格を失い、個人的なスポーツとしての性格を強めていった。現在、登山家はあらゆる階層から集まっており、このことは、軍事的な意味での国家主義的な達成というよりも、より運動的で、問題を解決するための活動になっていることを意味する。そうなると当然、食に対するアプローチも変わってくる。今、山の食事はかつてないほどテクニカルになっているが、同時に非常に個人的なものになっている。より良いパフォーマンスを実現するためのツールセットの一部なのだ。

巡礼者と砂漠の旅人は、旅に支配やパフォーマンスを求めないという点で似ている。それは、学ぶため、食べるためにやってくるものを受け入れていることにも表れている。そのため、砂漠だけでなく巡礼地も、より進んで他人と食べ物を共有する場所となった。

もうひとつ、歴史的な探検から見えてきた事実は、現地の人と探検家の環境への取り組み方がまったく違うということである。探検家たちの冒険と苦難のアプローチは、食に対するサバイバル的な見方を生み出す。食べ物に関する話は、心配から楽しみ、飢えから幻覚、支配から畏怖まで、現地の人々が少ない食料にどう対処したかに及んでいる。遊牧民は環境との関係を長期的に捉えている。旅人はこの変遷のなかにあり、現地人は耐えている。遊牧民は地理的な困難に対処するため、一年を通じて文化を創造する。食料を集められるときに集め、十分な量があるときに保存し、なにもないときになにかを食べる。移動しながら食べているように見えるが、こうして定住しているのである。探検家たちは、必ずしもその土地の自然に即座に対応できるわけではなく、観察者にとどまる。しかし、このグループのなかには、自分の限界に挑戦し、人間が極限環境に対応し、自ら設定した報酬を達成する能力があることを証明するものたちがいる。

私たちは皆、自分自身の世界観や、自分が普通だと思うことに安らぎを感じる。私たちはどこへ行くにも、自分自身を持ち込む。初期の探検家たちは、食料と装備のテクノロジーによって、探検にそれほど多くのコントロールを持ち込むことができなかったため、より多くの冒険にさらされる必要があった。しかし、目的が軍事的なものであっても、冒険の感覚はその一部だった。現在、ネパールでハイキングをすると、ハイキングルートでエナジーバーやピザを見つけることができる。どんなに離れていても、村人がこれらを携帯し、故郷から遠く離れた場所で食べ慣れた食べ物を見つけることを期待する旅行者に売っているのである。レクリエーションや冒険のために新しい環境に向かうときでさえ、私たちはそれを食べ物や装備でとても便利にし、どんな歩き方も冒険的でなくしてしまうことがある。

日常生活のなかで、私たちは、ある場所にいて、どこに行き着くかわからないという脆弱性を失っているかもしれない。それでも、私たちは、どこまでも冒険心を求めて、戸外に出る。一歩外に出て、見慣れた料理や異国の料理が並ぶ屋台やフードトラックに出会うとき、私たちは未知の世界に足を踏み入れることを許している。私たちの足元には、どんな一歩も冒険の可能性がある。フード・オン・フット（Food on Foot）は、私たちが常に小さな冒険をすることを可能にする。日々混雑し、疎外されつつある都市を歩きながら、私たちは食を通じて、都市文化の一部であることの意味を定義することができる。「一番、速い、多い」というのは、歴史的な探検にのみ許される称号のようだが、それ以外の私たちが経験すべきことは何なのだろうか。私たちは皆、トレイルや原野で自分だけの英雄的な体験をすることができる。私たちは、本物の好奇心と謙虚な敬意、そして保存と共有への無私の願いを持って、食を伴侶として、すでにある自分としてだけでなく、これからなりうる自分として環境とつながることによって、これを実現することができるのである。

訳者あとがき

本書は２０１７年に出版された *Food on Foot: A History of Eating on Trails and in the Wild* の邦訳書である。著者のデメット・ギュゼイ（Demet Güzey）氏は食やワインに関心を寄せるフードライターで、登山やトレッキングの愛好家でもある。

本書は「旅の食事（Food on the Go）」シリーズの一冊として刊行された。このシリーズには、ほかに『船の食事の歴史物語：丸木舟、ガレー船、戦艦から豪華客船まで』（サイモン・スポルディング著、大間知知子訳）、『鉄道の食事の歴史物語：蒸気機関車、オリエント急行から新幹線まで』（ジェリ・クィンジオ著、大槻敦子訳）、『空と宇宙の食事の歴史物語：気球、旅客機からスペースシャトルまで』（リチャード・フォス著、浜本隆三・藤原崇訳）があり、いずれも原書房より出版されている。

船、鉄道、飛行機の各書では、おもに企業や組織が主体となって乗客に提供される食事の歴史が記されている。乗り物で提供されている食事の歴史には、それぞれの時代や社会が食べることに対して抱いていた理想や思想が反映されていて面白い。しかし、徒歩旅行の食事の歴史には、人間にとって食事とは何かを問う、より根源的な問題が詰まっている。シリーズの編者ケン・アルバーラ氏が、乗り物の食事の歴史に徒歩旅行の本書を加えて、「旅の食事」として括ったのは、なかなか賢明であった。というのも、本書『冒険・探検・歩く旅の食事の歴史物語』では、これまでの3冊にはない、人間と食事の関係をめぐる、より哲学的な問いが深められているからである。

本書はまず、ヴィクトリア朝時代の英国のピクニックから語りはじめる。舞台はアメリカへと移り、ヨセミテの山野で過ごしたジョン・ミューアらを例に、ハイキングやトレッキング、アウトドアの食事の歴史を概観する。

第2章からは、探検の食事の歴史がはじまる。16世紀、アメリカ大陸を歩いたエルナンド・デ・ソトの探検隊や、19世紀半ばに西部移住の途中で遭難したジョージ・ドナー一行の人肉食の噂、19世紀にオーストラリア大陸を探検して食べても食べても身体がやせ衰えるナルドゥという名の植物が引き起こした悲劇など、興味深い話がつぎつぎ登場する。

第3章は極地探検の物語である。初期の極地探検で必需品の食べ物は、ネイティブ・アメリカンの牛肉の保存食であるペミカンであった。探検家ピアリーはペミカン、ビスケット、コンデンスミルクと紅茶で、1909年に北極点に到達した。南極点を目指したアムンセンも、ペミカンと犬肉を食べることで極地到達を果たした。

同じ極限の状況でも、第4章の山の探検の場合は趣が異なる。モンブランでは、当初から登頂を祝うためにワインは必需品であった。1851年の記録によると、食事は「酒が中心」で、樽のまま運ぶ一行もいた。アルプスの山が踏破し尽くされると、登山家がつぎに目をつけたのはエベレストだった。さすがにエベレスト遠征では、真面目な食事計画が必要であった。カロリー計算から高高度での味覚障害、気圧の関係など、環境と人間の身体、そして食事との関係が科学的に検討され、1953年にようやく登頂が果たされた。女性で初めてエベレスト登頂を果たした田部井淳子の、五目寿司や味噌汁、海苔を持ち込んだ食事についても詳しく紹介している。

第5章では、舞台は砂漠に移る。砂漠の民ベドウィンの生活誌は興味深いが、原著者が直接、選手にインタビューした極限のトレイルランニング競技、砂漠のウルトラマラソンのエピソードは一興である。サハラ砂漠やイランの砂漠を走破するためには、脱水食品を自作して、歯磨き粉のチューブにチョコレートを流し込む努力が必要であった。

第6章では、スペインのコンポステーラやイタリアのヴィア・フランシジェナといったヨーロッパのものから、四国八十八か所、比叡山の千日回峰行や富士巡礼などの日本のもの、チベットのカイラス山やインカ道、聖地エルサレムまで、世界各地の巡礼の伝統と、そこで口にされている食事について網羅する。

第7章は軍隊の食事の歴史を紹介する。アメリカ軍が考案したアルファベットによる呼称がつけられた軍用食の中身や、「虫城」や「虫棺」と兵士からののしられ、前線で「ハードタックよもう来るな」と歌われた乾燥パン、兵士たちから「身体検査に合格しなかったハム」とか「基礎訓練を受けなかったミートローフ」、「戦争が地獄である本当の理由」などと言われ放題だったスパムの缶詰など、軍隊の食事の歴史は面白い逸話ばかりである。

第8章では、世界のストリートフードを紹介している。日本でも近年、街角にフードトラックの姿を見かけることが多くなった。ページをめくりながら、世界の屋台を旅している気分を味わってほしい。

人は日々、なにか口にしないと生きていけない。食事には、身体機能を維持する目的と、精神的充足をえる目的がある。人は、ただカロリーを摂取するだけでは満たされないものである。本書が紹介する食事の歴史には、極限の状況でも食べることに精神的充足を求めずにはおれない、人間が人間であろうとする姿の数かずが詰まっている。

本書の翻訳出版に際しては、砂漠や山岳地などの過酷な環境下でのフィールドワークの経験が豊富な、摂南大学国際学部専任講師の手代木功基氏から貴重なご助言を賜った。記して感謝申し上げる。また、第6章の日本の巡礼についての情報は、徳島大学准教授のモートン常慈（デイヴィッド・モートン）氏の研究功績に依っているが、訳者の浜本とモートン氏とは徳島文理大学で研究室が隣同士の、毎日、冗談を言い合う仲だった。あの頃のモートン氏の研究が世界に知られ、隣室だった私が、いま日本語に訳していることに不思議な縁を感じている。若き研究者を支えてくれた徳島文理大学にも感謝申し上げたい。

本書の編集は、『空と宇宙の食事の歴史物語』につづき、原書房の善元温子氏が担当してくださった。良書を世に出したいという情熱が伝わってくる善元氏と、出版に向けて作業する時間はこの上なく幸せなひとときであった。本シリーズの出版のご縁をつくって下さった原書房編集部の百町研一氏とともに、両氏に改めて感謝申し上げる。

訳者代表　浜本隆三

ebook/libre/V2/balzac_honore_de_-_physiologie_du_mariage.pdf, (accessed on July 12, 2016).

5. Holly Chase, "Suspect Salep," in *Look & Feel. Proceedings of the Oxford Symposium on Food and Cookery 1993*, Harlan Walker, ed. (London: Prospect Books, 1994), 44–47.

6. George Smith, William Makepeace Thackeray, and Elder Smith, "Unctuous Memories," *The Cornhill Magazine*, 8 (1863): 613–17.

7. Jolanda Jacobi, ed., *Paracelsus: Selected Writings* (Princeton, NJ: Princeton University Press, 1995), 722.

8. Alan Davidson and Tom Jaine, *The Oxford Companion to Food* (New York: Oxford University Press, 2014), 53.

9. Fahri Dikkaya, "*Evliya Celebi Seyahatnamesinde Simit ve Simitciler* (Simit and Simit Sellers in the Book of Travels of Evliya Celebi)," *Millî Folklor*, 92 (2011): 72–76.

10. Darra Goldstein, *The Oxford Companion to Sugar and Sweets* (New York: Oxford University Press, 2015), 141.

11. Andrew F. Smith, *Food and Drink in American History* (Santa Barbara, CA: ABC-Clio, 2013), 716.

12. Jim Lilliefors, *America's Boardwalks: From Coney Island to California* (New Brunswick, NJ: Rutgers University Press, 2006), 23–43.

13. Ibid., 871.

14. Frank O'Hara, "Excerpt from F. (Missive & Walk) I. #53," *The Collected Poems of Frank O'Hara* (Berkeley: University of California Press, 1995), 420.

15. Goldstein, *The Oxford Companion to Sugar and Sweets*, 348.

16. Ibid., 365.

17. Ibid., 478.

the author of *La cuisine des tranchées*, personal conversation with the author, February 8, 2016.

31. Victor Breedon, *Best Regards Freddie* (Pittsburgh, PA: Dorrance Publishing, 2014).

32. Gordon L. Rottman, *SNAFU Sailor, Airman, and Soldier Slang of the World War II* (Oxford: Osprey Publishing, 2013).

33. Jean Anthelme Brillat-Savarin, *The Physiology of Taste: Or Meditations on Transcendental Gastronomy* (New York: Vintage Classics, 2011), 15.

34. "The Eat of Battle—How the World's Armies get Fed," *The Guardian*, February 18, 2014, www.theguardian.com (accessed on January 19, 2016).

35. "The Gourmet Army," *Daily Mail*, April 9, 2004, www.dailymail.co.uk (accessed on January 20, 2016).

36. "Kommissbrot," *Kleines Brotlexikon* (Museum der Brotkultur, Ulm), http://www.museum-brotkultur.de/pdf/06Brotformen%20und%20Brotsorten.pdf (accessed onFebruary 2, 2016).

37. Max Gerson, "Feeding the German Army," *New York State Journal of Medicine*, 41, 13 (July 15, 1941): 1471–76, http://www.cancer-research.net/ (accessed February 2, 2016).

38. Timothy C. Dowling, *Personal Perspectives: World War II* (Santa Barbara, CA: ABC-Clio, 2005), 67.

39. Norman Ohler, *Der totale Rausch. Drogen im Dritten Reich* (Koln: Kiepenheier & Witshc Verlag, 2015).

40. Herman Buhl, *Nanga Parbat Pilgrimage: The Lonely Challenge* (Seattle, WA: Mountaineers Books, 1998), 325, 329.

41. "Climbing's Little Helper," *Outside Magazine*, March 14, 2013, www.outside online.com (accessed on January 21, 2016).

42. D. Hillebrandt, T. Kupper, E. Donegani, U. Hefti, J. Milledge, V. Schoffl, N. Dikic, J. Arnold, and G. Dubowitz, "Drug Use and Misuse in Mountaineering," *Official Standards of the UIAA Medical Commission*, 22 (2014).

第8章

1. Rebecca Solnit, *Wanderlust: A History of Walking* (London: Verso, 2001).

2. Voltaire, *Candide* (Ballingslöv, Sweden: Wisehouse Classics, 2015), 9.

3. Charles Baudelaire, *The Painter of Modern Life and Other Essays* (London: Phaidon, 1970), 9.

4. Honoré de Balzac, *Physiologie du marriage* (ebook: Bibebook, 32), http://www.bibebook.com/files/

htm (accessed on July 16, 2016).

9. William Phillips Thompson, *Handbook of Patent Law of All Countries* (London: Stevens, 1920), 42.
10. Bovril advert featuring Chris Bonington from 1979, https://www.youtube.com/watch?v=LH3PHL6vTJw (accessed on February 1, 2016).
11. Erna Risch, *The Technical Services, the Quartermaster Corps: Organization, Supply and Services, Volume 1* (Washington, DC: Center of Military History, United States Army, 1995), 206.
12. Elsworth R. Buskirk, "From Harvard to Minnesota: Keys to Our History," *Exercise & Sport Sciences Reviews*, 20 (1992): 1–26.
13. James C. Longino (Col.), "Rations in Review," *The Quartermaster Review* May–June (1946), http://www.qmmuseum.lee.army.mil/WWII/rations_in_review.htm (accessed on January 13, 2016).
14. William C. Davis, *A Taste of War. The Culinary History of the Blue and the Gray* (Mechanicsburg, PA: Stackpole Books, 2003), 40–44.
15. John Davis Billings, *Hardtack and Coffee: or, the Unwritten Story of Army Life* (Ithaca, NY: Cornell University Press, 2009), 113–15.
16. Lily Mary Spalding and John Spalding, *Civil War Recipes: Receipts from the Pages of Godey's Lady's Book* (Lexington: The University of Kentucky Press, 1999), 16.
17. Billings, *Hardtack and Coffee*, 115–16.
18. Davis, *A Taste of War*, 40–44.
19. Adapted from Ibid., 130.
20. Spalding and Spalding, *Civil War Recipes*, 15–16.
21. Bell Irvin Wiley, *The Life of Billy Yank: The Common Soldier of the Union* (Baton Rouge: Louisiana State University Press, 2008 edition, first published in 1952), 34.
22. Ibid., 164.
23. Davis, *A Taste of War*, 126.
24. Andrew F. Smith, *Oxford Encyclopedia of Food and Drink in America* (New York: Oxford University Press, 2013), 199.
25. Spalding and Spalding, *Civil War Recipes*, 11–16.
26. Davis, *A Taste of War*, 44.
27. Billings, *Hardtack and Coffee*, 117.
28. Anna Chotzinoff Grossman and Lisa Grossman Thomas, *Lobscouse and Spotted Days: Which It's a Gastronomic Companion to the Aubrey/Maturin Novels* (New York: W. W. Norton & Co Inc., 2000), 5.
29. Andrew F. Smith, *The Oxford Companion to American Food and Drink* (Oxford: Oxford University Press, 2007), 559.
30. Silvano Serventi, Food historian,

Prospect Books, 1996), 138.
28. Talal Itani, tr, "Quran 22:27, The Pilgrimage (al-Hajj)," *Quran in English: Clear and Easy to Understand. Modern English Translation* (CreateSpace Independent Publishing Platform, 2014), 142.
29. F. E. Peters, *The Hajj. The Muslim Pilgrimage to Mecca and the Holy Places* (Princeton, NJ: Princeton University Press, 1994), 71–96.
30. Amy Singer, *Constructing Ottoman Beneficence: An Imperial Soup Kitchen in Jerusalem* (Albany: State University of New York Press, 2002), 142.
31. Murat Ozyuksel, *The Hejaz Railway and the Ottoman Empire* (London: I. B. Tauris, 2014), 205.
32. Marie Dhumieres, "The Bosnian Who Made the Pilgrimage to Mecca—On Foot," *The Independent*, October 24, 2012, independent.co.uk (accessed on July 5, 2015).
33. Christopher S. Bowron and Salahudin M. Maalim, "Saudi Arabia: Hajj Pilgrimage," in *CDC Health Information for International Travel 2016* (Oxford: OxfordUniversity Press, 2016), http://wwwnc.cdc.gov/travel/yellowbook/2016/select-destinations/saudi-arabia-hajj-pilgrimage (accessed on 5 July 2016).
34. Esma Sayin, *Haccin kalbine Yolculuk* (Journey to the Heart of Hajj) (Istanbul: Nesil, 2012, digital edition).

第7章

1. Robert Flacelière, *Daily Life in Greece at the Time of Pericles* (London: Macmillan, 1965), 170–71.
2. Vindolanda Tablets Online, http://vindolanda.csad.ox.ac.uk/about.shtml(accessed on July 17, 2016).
3. Adrian Keith Goldsworthy, *The Roman Army at War: 100 BC–AD 200* (Oxford: Clarendon, 1998), 291–92.
4. R.W. Davies, "The Roman Military Diet," *Britannia*, 2 (1971): 122–42.
5. Gordon L. Robertson, *Food Packaging Principles and Practice* (New York: Marcel Dekker, 1993), 174–75.
6. Richard Briggs, *The New Art of Cookery According to Present Practice* (Kansas City, MO: Andrews MacMeel, 2013), 52–53.
7. Charles L. Cutler, *Tracks that Speak. The Legacy of Native American Words in North American Culture* (Boston: Houghton Mifflin Company, 2002), 101.
8. Alexis Soyer, *Culinary Campaign. Being Historical Reminiscences of the Late War with The Plain Art of Cookery for Military and Civil Institutions, the Army, Navy, Public, etc.etc.* (London: G. Routledge & Co.: 1857), ebook: Chapter XXVII, http://www.gutenberg.org/files/42544/42544-h/42544-h.

of Tennessee, 3 (2012): 49–65.
14. Peter V. N. Henderson, *The Course of Andean History* (Albuquerque: The University of New Mexico Press, 2013), 38–39.
15. Alan L. Kolata, *Ancient Inca, Case Studies in Early Societies* (New York: Cambridge University Press, 2013), 112.
16. Linda Kay Davidson and David M. Gitlitz, *Pilgrimage. From the Ganges to Graceland. An Encyclopedia* (Santa Barbara, CA: ABC-Clio, 2002), 123–25.
17. Andrew S. Wilson, Emma L. Brown, Chiara Villa, Niels Lynnerup, Andrew Healey, Maria Constanza Ceruti, Johan Reinhard, Carlos H. Previgliano, Facundo Arias Araoz, Josefina Gonzalez Diez, and Timothy Taylor, "Archaeological, radiological, and biological evidence offer insight into Inca child sacrifice," *PNAS*, 110 (2013): 13322–27, http://www.pnas.org/content/110/33/13322 (accessed on April 26, 2016).
18. Giulio Magli, "At the other end of the sun's path. A new interpretation of Machu Picchu," Nexus Network Journal, 12 (2010): 321–41.
19. Maritza Chacacanta, PEAK Destination Management Company in Cusco Peru, e-mail message to author, May 24 and 30, 2016.
20. Josephie Brefeld, *A Guidebook for the Jerusalem Pilgrimage in the Late Middle Ages* (Hilversum, Netherlands: Verloren, 1994), 17–19.
21. Albrecht Classen, *Urban Space in the Middle Ages and the Early Modern Age* (Berlin: Walter de Gruyter, 2009), 220.
22. Elkan Nathan Adler, ed., *Jewish Travellers in the Middle Ages. 19 Firsthand Accounts* (New York: Dover Publications, 2011), 194–95.
23. John Cooper, *Eat and Be Satisfied. A Social History of Jewish Food* (Northvale, NY: Jason Aronson Inc., 1993), 94.
24. Nicole Chareyron and Donald W. Wilson, *Pilgrims to Jerusalem in the Middle Ages* (New York: Columbia University Press, 2005), 39.
25. Jane Elisabeth Archer, Richard Marggraf Turley, and Howard Thomas, *Food and the Literary Imagination* (London: Palgrave MacMillan, 2014).
26. Geoffrey Chaucer, Ronald L. Ecker, and Eugen Crook, *The Canterbury Tales. A Complete Translation into Modern English* (Palatka, FL: Hodge & Braddock, 1993), 9–10.
27. Constance B. Hieatt, "A Cook of 14th-Century London: Chaucer's Hogge of Ware, in Cooks & Other People," *Proceedings of the Oxford Symposium on Food and Cookery*, Harlan Walker, ed. (Devon, UK:

43. "Ultramarathoners Lahcen and Mohamad Ahansal: 'What's the Best Post-run Indulgence? Sleep!'" *Guardian online*, February 20, 2015, http://www.theguardian.com/lifeandstyle/the-running-blog/2015/feb/20/lahcen-mohamad-ahansal-marathon-des-sables-trans-atlas-marathon (accessed on May 16, 2016).
44. Raffaele Brattoli, personal conversation with the author, May 11, 2016.
45. Ibid.
46. Ibid.
47. Alberto Tagliabue, personal conversation with the author, May 12, 2016.

第6章

1. Jonathan Sumption, *The Age of Pilgrimage: The Medieval Journey to God* (Mahwah, NJ: Hidden Spring, 2003), 244–46.
2. Ibid., 234–35.
3. Sir Walter Raleigh, *The Pilgrimage* (1618), http://quod.lib.umich.edu/e/eebo/A57518.0001.001/1:1?rgn=div1;view=fulltext (accessed on May 17, 2016).
4. Fabrizio Vanni, "*Certaldo, le sue cipolle, lo zafferano e i caci di Lucardo,*" *De Strata Frăcigena* XIV/2 (2008): 39–60.
5. Alison Raju, *The Via Francigena Canterbury to Rome – Part 2: The Great St Bernard Pass to Rome* (Milnthorpe, UK: Cicerone Press, 2014), 16–23.
6. R. C. Wilson, "Kailas Parbat and Two Passes of the Kumaon Himalaya," *Alpine Journal*, 40 (1928): 23–26.
7. John Baptist Lucius Noel, *The Story of Everest* (New York: Blue Ribbon Books, 1931), 108.
8. Mikkel Aaland, *Pilgrimage to Kailash* (ebook, Blurb Publishing, 2013).
9. David C. Moreton, "The History of Charitable Giving Along the Shikoku Pilgrimage Route" (M.A. Thesis, The University of British Columbia, 1995).
10. Teigo Yoshida, "Strangers and pilgrimage in village Japan," in *Pilgrimages and Spiritual Quest in Japan*, ed. Maria Rodrigues del Alisal, Peter Ackerman, and Dolores P. Martinez (New York: Routledge, 2007), 50–53.
11. Paul L. Swanson, "Shugendō and the Yoshino-Kumano Pilgrimage. An Example of a Mountain Pilgrimage," *Monumenta Nipponica*, 36 (1982): 55–84.
12. H. Byron Earhart, "Mount and Shugendō," *Japanese Journal of Religious Studies*, 16 (1989): 205–26.
13. Andrea K. Gill, "Shugendō: Pilgrimage and Ritual in a Japanese Folk Religion," *Pursuit: The Journal of Undergraduate Research at the University*

Battuta in Black Africa (Princeton, NJ: Markus Wiener Publications, 1995), 78.

28. Mohamed Hassan Mohamed, *Between Caravan and Sultan: The Bayruk of Southern Morocco* (Leiden: Koninklijke Brill, 2012), 160.
29. Geoffrey Moorhouse, *The Fearful Void* (Kindle Version, Faber & Faber, 2012).
30. Michael Asher, e-mail conversations with the author, June 11, 18, 2016.
31. Ibid.
32. Ibid.
33. Ibid.
34. A. G. Hopkins, *An Economic History of West Africa* (New York: Routledge, 1973).
35. Mungo Park, *Travels in the Interior Districts of Africa: Performed in the years 1795, 1796, and 1797. With an Account of a Subsequent Mission to that Country in 1805* (London: Printed for John Murray, by William Bulmer and Co., 1816), 273, https://archive.org/details/travelsininterio01park (accessed on April 5, 2016).
36. C. A. Brebbia, *Patagonia, a Forgotten Land: From Magellan to Perón* (Southhampton: WIT Press, 2008), 24–28.
37. Charles Darwin, *A Naturalist's Voyage Round the World. The Voyage of the Beagle* (First edition 1860, 1913 edition), 534–35, http://www.gutenberg.org/cache/epub/3704/pg3704.txt (accessed on April 5, 2016).
38. Ibid., 345.
39. Ibid., 254.
40. Robert FitzRoy, *Narrative of the Surveying Voyages of His Majesty's Ships Adventure and* Beagle *between the Years 1826 and 1836, Describing Their Examination of the Southern Shores of South America, and the Beagle's Circumnavigation of the Globe. Proceedings of the Second Expedition, 1831–36, under the Command of Captain Robert Fitz- Roy, R.N.* Volume II. (London: Henry Colburn, 1838), 183, http://darwin-online.org.uk/content/frameset?itemID=F10.2&viewtype=text&pageseq=1 (accessed on April 18, 2016).
41. Darwin, *A Naturalist's Voyage Round the World*, 115.
42. Sir John Richardson, *Fauna Boreali-Americana or, The Zoology of the Northern Parts of British America: Containing Descriptions of the Objects of Natural History Collected on the Late Northern Land Expeditions, under Command of Captain Sir John Franklin, R.N. volume 1.* (London: John Murray, 1829), 35, https://archive.org/details/faunaborealiamer01rich (accessed on April 15, 2016).

American Journal of Physiology, 275 (1998): 283–87.
63. Gelbu Pemba, e-mail message to author, May 17, 2016.
64. Messner, *My Life at the Limit* (Legends & Lore), 60–61.
65. Ibid., 95.
66. Ibid., 121.
67. Ibid., 186.

第5章

1. Marco Polo, Ernst Rhys, ed., *The Travels of Marco Polo the Venetian* (London: J. M. Dent, 1908, ebook), 100, https://archive.org/stream/marcopolo00polouoft/marcopolo00polouoft_djvu.txt (accessed on July 20, 2016).
2. Milton Rugoff, *Marco Polo* (New Word City, ebook, 2015).
3. Marco Polo, *The Travels of Marco Polo the Venetian*, 1908, 68.
4. John Masefield, foreword to *The Travels of Marco Polo the Venetian* by Marco Polo, Ernst Rhys, ed. (London: J. M. Dent, 1908, ebook), xi. https://archive.org/stream/marcopolo00polouoft/marcopolo00polouoft_djvu.txt (accessed on July 20,2016).
5. Royal Geographical Society, *Explorers. Great Tales of Adventure and Endurance* (New York: DK Publishing, 2010), 246–47.
6. Ibid., 249.
7. H. St. J. B. Philby, *The Empty Quarter* (London: Constable & Company Ltd., 1933), 42.
8. Ibid., 11–12.
9. Ibid., 280–81.
10. Ibid., 343.
11. Ibid., 278.
12. Ibid., 315.
13. Ibid., 238.
14. Ibid., 280–81.
15. Ibid., 278.
16. Ibid., 361.
17. Ibid., 357.
18. Ibid., 334.
19. Ibid., 340.
20. Royal Geographical Society, *Explorers*, 248.
21. Wilfred Thesiger, "Heart of a Nomad. In Conversation with David Attenborough," Interview Transcript (Channel 4 Television, London, 1994), 10–11.
22. Wilfred Thesiger, "A New Journey in Southern Arabia," *Geographical Journal*, 108 (1946): 17.
23. Wilfred Thesiger, *Private Notes*, RGS Thesiger Collection, archives of the Royal Geographical Society, London.
24. Wilfred Thesiger, "A New Journey in Southern Arabia," 17.
25. Ibid., 6–7.
26. Wilfred Thesiger, *Arabian Sands* (Original in 1959, London: Penguin Books, 2007), 154.
27. Said Hamdun and Noel King, *Ibn*

Yan, Da Jing, Chi Tang, Xiaoming Wu, Juan Liu, Tao Sun, Jianbao Zhang, and Erping Luo, "The Role of Oxygen-increased Respirator in Humans Ascending to High Altitude," *BioMedical Engineering OnLine* 11, 49 (2012): 1–8, http://www.biomedical-engineering-online.com/content/11/1/49 (accessed on January 15, 2016).

49. John B. West, *High Life: A History of High-Altitude Physiology and Medicine* (Oxford: Oxford University Press, 1998), 304.

50. Ibid., 227–29.

51. P. G. Firth, H. Zheng, J. S. Windsor, A. I. Sutherland, C. H. Imray, G. W. K. Moore, J. L. Semple, R. C. Roach, and R. A. Salisbury, "Mortality on Mount Everest, 1921–2006: descriptive study," *BMJ*, 337 (2008), 1–6, www.bmj.com (accessed on January 15, 2016).

52. Charles Houston, *Going Higher: Oxygen, Man and Mountains*, fourth edition (Seattle, WA: Mountaineers Books, 1998), 94.

53. "What To Eat When You're High (up): Why Not Caviar? And Plenty Of H2O," http://blogs.scientificamerican.com/food-matters/what-to-eat-when-you-8217-re-high-up-why-not-caviar-and-plenty-of-h2o/ (accessed on November 11, 2015).

54. Reinhold Messner, *My Life at the Limit* (Legends & Lore) (Seattle, WA: Mountaineers Books, 2014), 171.

55. Houchang Esfandiar Chehabi, "How Caviar Turned Out to Be Halal," *Gastronomica* 7:2 (Spring 2007): 17–23.

56. King's Fine Food, "King's and the Community," http://www.kingsfinefood.co.uk/articles/king_s_and_the_community (accessed on November 11, 2015).

57. Reinhold Messner, *Everest: Expedition to the Ultimate* (Seattle, WA: Mountaineers Books, 2014), 155.

58. Kenneth Koh, e-mail message to author, May 14, 2016.

59. West et al., *High Altitude Medicine and Physiology*, 298.

60. Mark Twight and James Martin, *Extreme Alpinism: Climbing Light, Fast & High* (Seattle, WA: Mountaineers Books, 1999), 71–72.

61. N. Morihara, T. Nishihama, M. Ushijima, N. Ide, H. Takeda, and M. Hayama, "Garlic as an Anti-fatigue Agent," *Mol Nutrition Food Research*, 51 (2007): 1329–34.

62. M. B. Fallon, G. A. Abrahams, T. T. Abdel-Razek, J. Dai, S. J. Chen, Y. F. Chen, B. Luo, S. Oparil, and D. D. Ku. "Garlic Prevents Hypoxic Pulmonary Hypertension in Rats."

Random House, 2013), 11.
30. Ernst Gellhorn, *Physiological Foundations of Neurology and Psychiatry* (Minneapolis: The University of Minnesota Press, 1953), 46.
31. Michael Ward, *First Ascent of Everest 1953: Medical and Scientific Aspects. By Griffith Pugh* (London: Alpine Club Archives, 1998).
32. Mick Conefrey, *Everest 1953. The Epic Story of the First Ascent* (London: Oneworld Publications, 2012), 99.
33. Wilfrid Noyce, *Expedition report. 1953 Personnel – Personal*, Archives of the Royal Geographical Society, 2.
34. John Hunt, *The Ascent of Everest 1953* (London: Hodder & Stoughton, 1993), 247.
35. L. G. C. E. Pugh, "Scientific Aspects of the Expedition to Mount Everest, 1953," *The Geographical Journal*, 120, Part 2 (1954), 186–89.
36. L. G. C. Pugh and M.P. Ward, "Some Effects of High Altitude on Man," *The Lancet*, December 1 (1956), 1115–21.
37. Noyce, *Expedition report*. 1953 Personnel – Personal, 5.
38. "Hillary of New Zealand and Tenzing reach the top," *The Guardian*, June 2, 1953, www.guardian.com (accessed on October 7, 2015).
39. Maurice Herzog, "Earth's Third Pole—Everest; The assaults on the 29,002-foot summit of the world symbolize man's eternal drive to conquer the unconquerable," *New York Times*, May 31, 1953, www.nyt.com (accessed on January 27, 2016).
40. L. G. C. E. Pugh, *Scientific Aspects of the Expedition to Mount Everest, 1953*, 186–89.
41. Monica Jackson and Elizabeth Stark, *Tents in the Clouds. The First Women's Himalayan Expedition* (original published in 1956, Seal Press, US edition 2000), 30–31.
42. Jackson and Stark, *Tents in the Clouds*, 163.
43. Noyce, *Expedition report. 1953 Personnel – Personal*, 5.
44. Jackson and Stark, *Tents in the Clouds*, 191.
45. Antonia Deacock, *No Purdah in Padam. The Story of the Women's Overland Himalayan Expedition in 1958* (London: George G. Harrap & Co., 1960), 205–06.
46. Bill Birkett and Bill Peascod, *Women Climbing. 200 Years of Achievement* (London: A&C Black Publishers, 1989), 104–06.
47. John B. West, Robert B. Schoene, Andrew M. Luks, and James S. Milledge, *High Altitude Medicine And Physiology, fifth edition* (Boca Raton: CRC Press, 2013), 251.
48. Guanghao Shen, Kangning Xie, Yili

154–55.

5. Henriette d'Angeville, *My Ascent of Mont Blanc* (Paris: Harper Collins, 1987), 30–33.
6. Cicely Williams, *Women on the Rope. The Feminine Share in Mountain Adventure* (London: George Allen & Unwin Ltd., 1973), 22.
7. The Alpine Club, *Mountaineers. Great Tales of Bravery and Conquest* (London: DK Publishing, 2011), 100.
8. Henriette d'Angeville, *My Ascent of Mont Blanc* (Paris: Harper Collins, 1987), 77–82.
9. Williams, *Women on the Rope*, 31–33.
10. Ibid., 40–41.
11. F. Gardiner and C. Pilkington, "In Memoriam: Miss Lucy Walker," *Alpine Journal*, 31 (1917): 97–102.
12. Adam Smith, "Walker, Lucy (1836–1916)," *Oxford Dictionary of National Biography* (Oxford: Oxford University Press, 2004), www.oxforddnb.com/view/articles/52561 (accessed on January 25, 2016).
13. "A climbing girl," *Punch*, 61 (1871): 86.
14. Dana Francis, "Elders of the Tribe: 7 Fanny Bullock Workman," *Backpackers-7*, 2 (3) (1974): 84.
15. Williams, *Women on the Rope*, 50–53.
16. George Band, *Summit: 150 Years of the Alpine Club* (London: HarperCollins UK, 2007), 36.
17. Clare Roche, "Women Climbers 1850–1900: A Challenge to Male Hegemony?" *Sport in History*, 33(2013), 1–24.
18. Williams, *Women on the Rope*, 60.
19. Sara Mills, *Discourses of Difference: An Analysis of Women's Travel Writing and Colonialism* (London: Routledge, 1991), 40–42.
20. Ibid., 67.
21. Ibid., 97.
22. Aubrey Le Bond, "Then and now," *Ladies' Alpine Club Yearbook* (1932): 7–8.
23. Ibid., 158–59.
24. C. G. Bruce, *The Assault on Mount Everest 1922* (London: Edward Arnold & Co., 1923), 177–78.
25. Geoffrey Winthrop Young, *Mountain Craft* (New York: Charles Scribner's Sons, 1920).
26. Bruce, *The Assault on Mount Everest 1922*, 177–78.
27. "'Why climb Mount Everest?' 'Because it's there' said Mallory," *New York Times*, March 18, 1923, www.nytimes.com (accessed on October 7, 2015).
28. Reinhold Messner, *Everest: Expedition to the Ultimate* (Seattle, WA: The Mountaineers, 2014), 16, 22.
29. Harriet Tuckey, *Everest. The First Ascent. The Untold Story of Griffith Pugh the Man Who Made it Possible* (London:

21. Ibid., 265–66.
22. Fergus Fleming, *Ninety Degrees North: The Quest for the North Pole* (London: Granta Books, 2011), 424–26.
23. Kenneth J. Carpenter, *The History of Scurvy and Vitamin C* (Cambridge: Cambridge University Press, 1986), 90–96, 240.
24. Benjamin Alvord, "Importance of Lime-juice in the Pemmican for Arctic Expeditions," *Science* 35 (1883): 471.
25. Ernest Lockhart, "Antarctic Trail Diet. Reports on Scientific Results of the United States Antarctic Service Expedition, 1939–1941," *Proceedings of the American Philosophical Society*, 89 (1945): 235–48.
26. Ibid.
27. Autumn Stanley, *Mothers and Daughters of Invention: Invention Notes for a Revised History of Technology* (New Brunswick, NJ: Rutgers University Press, 1995), 72.
28. Winifred Helmes, *Notable Maryland Women* (Centreville, MD: Tidewater Publishers, 1977), 334.
29. Frank Worsley, *Shackleton's Boat Journey* (Cork: The Collins Press: original printed in 1940, reprinted in 2005), 34.
30. *Photocopy of a Diary of Thomas Orde Lees, on Elephant Island* (Original held at Scott Polar Research Institute, 1916, Royal Geographical Society 1978-79, EHS/9).
31. A.G.E. Jones, "Frankie Wild's Hut," *Journal of the Royal Naval Medical* Service, 64 (1978): 51–58.
32. "Shackleton's Men Kept Hope of Rescue High," *New York Times*, September 11, 1916, www.nytimes.com (accessed on February 1, 2106).
33. *Photocopy of a Diary of Thomas Orde Lees, on Elephant Island.*
34. "Shackleton's Men Kept Hope of Rescue High."
35. *Pemmican brochure. A Christmas present from the Manitoba Free Press* (Winnipeg, Canada: Manitoba Free Press, 1902) (retrieved from the National Library of Canada by the Canadian Institute for Historical Microreproductions in 1996).

第4章

1. Ernest Hamilton Stevens, "Dr. Paccard's narrative. An attempted Reconstitution," *Alpine Club Journal*, May 1929, 94–96.
2. Eric Shipton, *Mountain Conquests* (ebook, New Word City, 2015).
3. John Auldjo, *Narrative of an Ascent to the Summit of Mont Blanc Made in July, 1819* (CreateSpace Independent Publishing Platform, 2015, first published in 1821).
4. Albert Smith, *The Story of Mont Blanc* (New York: G. P. Putnam, 1853),

4. Ibid., 49–58.
5. N. G. Ilbäch and S. Källman, "The Lichen Rock Tripe (*Lasallia pustulata*) as Survival Food: Effects on Growth, Metabolism, and Immune Function in Balb/c Mice," *Natural Toxins* 7(6) (1999): 321–29.
6. Charles L. Cutler, *Tracks that Speak: The Legacy of Native American Words in North American Culture* (Boston: Houghton Mifflin Company, 2002), 101.
7. Mark Morton, *Cupboard Love: A Dictionary of Culinary Curiosities* (London: Insomniac Press, 2000), 222; Charles L. Cutler, *Tracks that Speak*, 99.
8. Alexander Mackenzie, *Voyages from Montreal Through the Continent of North America to the Frozen and Pacific Oceans in 1789 and 1793, Vol. I.* (New York: A. S. Barnes and Company, 1903), 191, http://www.gutenberg.org/files/35658/35658-h/35658-h.htm (accessed on April 1, 2016).
9. Francis Parkman, *The Oregon Trail. Sketches of Prairie and Rocky Mountain Life* (Boston: Little, Brown, and Company, 1900), 213.
10. Ken Albala, *Food Cultures of the World Encyclopedia, Volume 1* (Santa Barbara, CA: ABC-CLIO, LLC, 2011), 235.
11. Robert E. Peary, *Secrets of Polar Travel* (New York: The Century Co., 1917), 77–83. https://archive.org/details/secretspolartra00peargoog (accessed on April 1, 2016).
12. Eivind Astrup, *With Peary near the Pole* (London: C. A. Pearson, limited, 1898), 192.
13. Robert E. Peary, *The North Pole: Its Discovery in 1909 Under the Auspices of Peary Arctic Club* (New York: Greenwood Press Publishers, 2006, First published in 1910), 23–24.
14. Ibid., 139–40.
15. Ibid., 209–10.
16. Tom Avery, *To the End of the Earth: Our Epic Journey to the North Pole and the Legend of Peary and Henson* (New York: St. Martin's Press, 2010), 47.
17. "Interview with Tom Avery," *Vanity Fair*, http://www.vanityfair.com/news/2009/04/explorer-tom-avery-you-spend-forever-trekking-to-the-south-pole-you-get (accessed on May 13, 2016).
18. Roald Amundsen, *The South Pole* (Volume I) (London: John Murray, 1912), http://gutenberg.net.au/ebooks/e00111a.html (accessed on July 13, 2015).
19. Ibid.
20. Roald Amundsen, *My Life as an Explorer* (London: Heineman, 1927), 265, https://archive.org/details/roaldamundsenmyl00amun_0 (accessed on July 13, 2015).

1858–1873 (State Library of Victoria, SLV MS13071, Box 2088B/2, 1–13). List of articles and services supplied by [Richard Nash] the Government Storekeeper. http://www.burkeandwills.net.au/Stores/provisions.htm#thumb (accessed March 30, 2016).

8. "John King's Narrative as told to Howitt at the Cooper Depot, September 1861," *Diary of Victorian Contingent Party, 13 August–7 October 1861*. State Library of Victoria, SLV MS13071, Box FB33, Item #255110. Victorian Relief Expedition Records, Alfred William Howitt's expedition diaries and notebooks. http://www.burkeandwills.net.au/Journals/King/Kings_Narrative.htm (accessed March 30, 2016).
9. "WOMEN 'SWAGGIES,'" *The Register*, April 6, 1926, http://nla.gov.au/nla.news-article55030263 (accessed February 9, 2016).
10. "A Popular Bush Song," *The Capricornian*, December 14, 1901, http://nla.gov.au/nla.news-article68258559 (accessed February 3, 2016).
11. Andrew Barton Paterson, *The Old Bush Songs*, 1906 (Charleston, SC: BiblioBazaar, 2008), 28–32.
12. "Homemade 'Swaggie' doll, 1933," Sydney: Powerhouse Museum Collection, http://www.powerhousemuseum.com/collection/database/?irn=39144#ixzz3zZTbj88b (accessed on February 9, 2016).
13. "Mountain Trails Club Outfit List for one man," *Letter from Myles Dunphy to Johaness Clement Charles Marie de Mol. 1916*, Colony Foundation for Wilderness, Sydney, Australia (received in an e-mail message to author, February 5, 2016).
14. Drew Hutton and Libby Connors, *History of the Australian Environment Movement* (Cambridge: Cambridge University Press, 1999), 64–70.
15. "FEMALE SWAGGIES," *Northern Standard*, April 7, 1922, http://nla.gov.au/nla.news-article48005334 (accessed February 9, 2016).
16. Harper. 2007, *The Ways of the Bushwalker: On Foot in Australia*, 285.
17. Ibid., 272–305.
18. Michael Symons, *One Continuous Picnic: A History of Australian Eating* (Victoria: Melbourne University Publishing, 1984).

第3章

1. Anthony Dalton, *Sir John Franklin. Expeditions to Destiny* (Victoria: Heritage House Publishing, 2012), 351.
2. Ibid., 341.
3. Ibid., 358.

17. Ibid., 154.
18. Muir, *My First Summer in the Sierra*, 237.
19. James R. Hare, *Hiking the Appalachian Trail* (Emmaus, PA: Rodale Press, 1975), 1406.
20. Trademark ORIGINAL TRAIL MIX. Retrieved from http://www.tmfile.com/mark/?q=763459399 (accessed October 8, 2015).
21. John F. Mariani, *Encyclopedia of American Food and Drink* (New York: Lebhar Friedman, 1999), 142.
22. "Definition of gorp," *Oxford English Dictionary*, http://www.oed.com/view/Entry/249107?redirectedFrom=gorp#eid (accessed October 8, 2015).
23. "Scroggin," *Ozwords* 12 (2005): 5, http://andc.anu.edu.au/sites/default/files/ozwords_april05.pdf (accessed October 8, 2015).
24. "Adapted from Scroggin recipe," http://allrecipes.com.au/recipe/22564/scroggin.aspx (accessed October 8, 2015).
25. John M. Gould, *How to Camp Out* (1877), ebook edition (2006), 44, http://archive.org/stream/howtocampout17575gut/17575.txt (accessed January 25, 2015).
26. Ibid., 46–47.
27. "Definition of S'more," *Merriam-Webster*, www.merriamwebster.com (accessed January 25, 2016).
28. *Tramping and Trailing with the Girl Scouts, Compiled and Published by Girl Scouts, Inc., 1927* (New York: Girls Scouts of the United States of America, 1930 revision), 71–72.

第2章

1. Adin Baber, "Food Plants of the De Soto Expedition, 1539–1543," *Tequesta*, 2 (1942), 34–40, Tequesta online, http://digitalcollections.fiu.edu/tequesta/ (accessed July 19, 2016).
2. C. F. McGlashan, *History of the Donner Party* (1879, ebook, 2009), Chapter VIII, http://www.gutenberg.org/files/6077/6077-h/6077-h.htm (accessed on July 16, 2016).
3. Ibid., Chapter XIX.
4. Dana Goodyear, "What happened at Alder Creek?" *The New Yorker*, April 24, (2006), 140–51.
5. Melissa Harper, *The Ways of the Bushwalker: On Foot in Australia* (Sydney: University of New South Wales Press, 2007), 3.
6. Ernest Favenc, *The Explorers of Australia and Their Life-work* (Forgotten Books edition, 2012, original, Christchurch: Whitcombe & Tombs, 1908), 134–44.
7. "Financial Records of the Royal Society of Victoria's Exploration Committee," *Royal Society of Victoria Exploration Committee account book*

註

はじめに

1. Marvin Harris, *Our Kind: Who We Are, Where We Came From, Where We Are Going* (New York: Harper Perennial, 1990), 2.

第1章

1. Raey Tannahill, *Food in History* (New York: Three Rivers Press, 1988), 229.
2. Ibid., 257–58.
3. M. F. K. Fisher, "The Pleasures of Picnics (1957)," in *A Stew or a Story: An Assortment of Short Works by M. F. K. Fisher*, ed. Joan Reardon (Emeryville: Shoemaker & Hoard, 2006), 198–207.
4. Walter Levy, *The Picnic: A History. The Meals Series* (Lanham: Alta Mira Press, 2014), 6.
5. Kenneth Grahame, *The Wind in the Willows* (New York: Scribner, 1913), 11, https://archive.org/details/windinwillows00grah (accessed January 26, 2016).
6. Samuel Johnson, *A Journey to the Western Isles of Scotland* (Project Gutenberg ebook, 2005), http://www.gutenberg.org/files/2064/2064-h/2064-h.htm (accessed on July 12, 2016).
7. Ibid., chapter: Coriatachan in Sky.
8. James Boswell, *Boswell's Life of Johnson* (Project Gutenberg ebook, Charles Grosvenor Osgood, ed., 2006), http://www.gutenberg.org/files/1564/1564-h/1564-h.htm (accessed on July 12, 2016).
9. Michael Pollan, *The Botany of Desire: A Plant's-Eye View of the World* (London: Bloomsbury, 2003), 39.
10. George William Hill and Williams Bros, *History of Ashland County, Ohio* (Philadelphia: J. B. Lippincott, 1863), 30.
11. Howard Means, *Johnny Appleseed: The Man, the Myth, the American Story* (New York: Simon & Schuster, 2012), 168.
12. W. D. Haley, "Johnny Appleseed: A Pioneer Hero," *Harper's New Monthly Magazine*, 43 (1871): 830–36, https://archive.org/stream/harpersnew43various#page/836/mode/2up (accessed on July 15, 2016).
13. John Tallmadge, *Meeting the Tree of Life: A Teacher's Path* (Salt Lake City, UT: University of Utah Press, 1997), 52.
14. John Muir, *My First Summer in the Sierra* (Boston: Houghton Mifflin Company, 1911), 99.
15. Ibid., 104–05.
16. Sally M. Miller and Daryl Morrison, *John Muir: Family, Friends, and Adventures* (Albuquerque: University of New Mexico Press, 2005), 74.

pdf/06Brotformen%20und%20 Brotsorten.pdf. Accessed February 2, 2016.

Oxford English Dictionary. "Definition of Gorp." http://www.oed.com/view/Entry/249107?redirectedFrom=gorp#eid. Accessed October 8, 2015.

Powerhouse Museum Collection Sydney. "Homemade 'Swaggie' doll, 1933." http://www.powerhousemuseum.com/collection/database/?irn=39144#ixzz3zZTbj88b. Accessed February 9, 2016.

Raleigh, Sir Walter. *The Pilgrimage*. 1618. http://quod.lib.umich.edu/e/eebo/A57518.0001.001/1:1?rgn=div1;view=fulltext. Accessed May 17, 2016.

Scientific American Blog. "What To Eat When You're High (up): Why Not Caviar? And Plenty of H2O." http://blogs.scientificamerican.com/food-matters/what-to-eat-when-you-8217-re-high-up-why-not-caviar-and-plenty-of-h2o/. Accessed November 11, 2015.

Smith, Adam. "Walker, Lucy (1836–1916)," *Oxford Dictionary of National Biography*. Oxford University Press, 2004. www.oxforddnb.com/view/article/52561. Accessed January 25, 2016.

Trademark ORIGINAL TRAIL MIX. http://www.tmfile.com/mark/?q=763459399. Accessed October 8, 2015.

University of Alberta Libraries. *Pemmican Brochure. A Christmas Present from the Manitoba Free Press*. Winnipeg, Canada: Manitoba Free Press, 1902. http://peel.library.ualberta.ca/bibliography/2635.html. Accessed July 31, 2016.

Vindolanda Tablets Online. http://vindolanda.csad.ox.ac.uk/about.shtml. Accessed July 17, 2016.

YouTube. Bovril advert featuring Chris Bonington from 1979. https://www.youtube.com/watch?v=LH3PHL6vTJw. Accessed February 1, 2016.

Southern Arabia." *Geographical Journal*, 108 (1946): 17.

Vanity Fair. "Interview with Tom Avery." http://www.vanityfair.com/news/2009/04/explorer-tom-avery-you-spend-forever-trekking-to-the-south-pole-you-get, accessed May 13, 2016.

Vanni, Fabrizio. "*Certaldo, le sue cipolle, lo zafferano e i caci di Lucardo*." *De Strata Frăcigena*, XIV/2 (2008): 39–60.

Wilson, Andrew S., Emma L. Brown, Chiara Villa, Niels Lynnerup, Andrew Healey, Maria Constanza Ceruti, Johan Reinhard, Carlos H. Previgliano, Facundo Arias Araoz, Josefina Gonzalez Diez, and Timothy Taylor. "Archaeological, radiological, and biological evidence offer insight into Inca child sacrifice." *PNAS*, 110 (2013): 13322–27, http://www.pnas.org/content/110/33/13322, accessed April 26, 2016.

Wilson, R. C. "Kailas Parbat and Two Passes of the Kumaon Himalaya." *Alpine Journal*, 40 (1928): 23–26.

ウェブサイト

Allrecipes Australia. "Scroggin recipe." http://allrecipes.com.au/recipe/22564/scroggin.aspx. Accessed October 8, 2015.

Burke & Wills Web Digital Research Archive. "Financial Records of the Royal Society of Victoria's Exploration Committee." *Royal Society of Victoria Exploration Committee account book 1858–1873* (State Library of Victoria, SLV MS13071, Box 2088B/2, 1–13). List of articles and services supplied by [Richard Nash] the Government Storekeeper. http://www.burkeandwills.net.au/Stores/provisions.htm#thumb. Accessed March 30, 2016.

Burke & Wills Web Digital Research Archive. "John King's Narrative as told to Howitt at the Cooper Depot, September 1861." *Diary of Victorian Contingent Party, 13 August–7 October 1861*. State Library of Victoria, SLV MS13071, Box FB33, Item #255110. Victorian Relief Expedition Records, Alfred William Howitt's expedition diaries and notebooks. http://www.burkeandwills.net.au/Journals/King/Kings_Narrative.htm. Accessed March 30, 2016.

King's Fine Food. "King's and the Community." http://www.kingsfinefood.co.uk/articles/king_s_and_the_community. Accessed November 11, 2015.

Merriam-Webster. "Definition of S'more." www.merriamwebster.com. Accessed January 25, 2016.

Museum der Brotkultur, Ulm. "Kommissbrot," *Kleines Brotlexikon*. http://www.museum-brotkultur.de/

120:Part 2 (1954): 186–89.

Pugh L. G. C., and M. P. Ward, "Some Effects of High Altitude on Man." *The Lancet* (December 1, 1956): 1115–21.

Punch. "A climbing girl." 61 (1871): 86.

Roche, Clare. "Women Climbers 1850–1900: A Challenge to Male Hegemony?" *Sport in History*, 33 (2013): 1–24.

Shen, Guanghao, Kangning Xie, Yili Yan, Da Jing, Chi Tang, Xiaoming Wu, Juan Liu, Tao Sun, Jianbao Zhang, and Erping Luo. "The role of oxygen-increased respirator in humans ascending to high altitude." *BioMedical Engineering OnLine*, 11:49 (2012): 1–8. http://www.biomedical-engineering-online.com/content/11/1/49, accessed January 15, 2016.

Smith, George, William Makepeace Thackeray, and Elder Smith. "Unctuous Memories." *The Cornhill Magazine*, 8 (1863): 613–17.

Stevens, Ernest Hamilton. "Dr. Paccard's Narrative. An Attempted Reconstitution," *Alpine Club Journal* (May 1929): 94–96.

Swanson, Paul L. "Shugendō and the Yoshino-Kumano Pilgrimage. An Example of a Mountain Pilgrimage." *Monumenta Nipponica*, 36 (1982): 55–84.

The Capricornian. "A Popular Bush Song." December 14, 1901, http://nla.gov.au/nla.news-article68258559, accessed February 3, 2016.

The Guardian. "Hillary of New Zealand and Tenzing reach the top." June 2, 1953, www.guardian.com, accessed October 7, 2015.

The Guardian. "Ultramarathoners Lahcen and Mohamad Ahansal: 'What's the best post-run indulgence? Sleep!'" February 20, 2015, http://www.theguardian.com/lifeandstyle/the-running-blog/2015/feb/20/lahcen-mohamad-ahansal-marathon-des-sables-trans-atlas-marathon, accessed May 16, 2016.

The Guardian. "The Eat of Battle—How the World's Armies get Fed." February 18, 2014, www.theguardian.com, accessed January 19, 2016.

The New York Times. "Shackleton's Men Kept Hope of Rescue High." September 11, 1916, www.nytimes.com, accessed February 1, 2106.

The New York Times. "'Why climb Mount Everest?' 'Because it's there' said Mallory." March 18, 1923, www.nytimes.com, accessed October 7, 2015.

The Register. "WOMEN 'SWAGGIES.'" April 6, 1926, http://nla.gov.au/nla.news-article55030263, accessed February 9, 2016.

Thesiger, Wilfred. "A New Journey in

mode/2up, accessed July 15, 2016.

Herzog, Maurice. "Earth's Third Pole—Everest; The assaults on the 29,002-foot summit of the world symbolize man's eternal drive to conquer the unconquerable." *New York Times* (May 31, 1953), www.nyt.com, accessed January 27, 2016.

Hieatt, Constance B. "A Cook of 14th-Century London: Chaucer's Hogge of Ware, in Cooks & Other People." *Proceedings of the Oxford Symposium on Food and Cookery*, Harlan Walker, ed. (Devon, UK: Prospect Books, 1996), 138.

Hillebrandt, D., T. Kupper, E. Donegani, U. Hefti, J. Milledge, V. Schoffl, N. Dikic, J. Arnold, and G. Dubowitz. "Drug Use and Misuse in Mountaineering." *Official Standards of the UIAA Medical Commission*, 22 (2014).

Ilbäch, N. G. and S. Källman. "The Lichen Rock Tripe (*Lasallia pustulata*) as Survival Food: Effects on Growth, Metabolism, and Immune Function in Balb/c Mice," *Natural Toxins* 7(6) (1999): 321–29.

Jones, A. G. E. "Frankie Wild's Hut." *Journal of the Royal Naval Medical Service*, 64 (1978): 51–58.

Le Bond, Aubrey. "Then and now." *Ladies' Alpine Club Yearbook* (1932): 7–8.

Lockhart, Ernest. "Antarctic Trail Diet. Reports on Scientific Results of the United States Antarctic Service Expedition, 1939–1941." *Proceedings of the American Philosophical Society*, 89 (1945): 235–48.

Longino (Col.), James C. "Rations in Review." *The Quartermaster Review*, May–June (1946), http://www.qmmuseum.lee.army.mil/WWII/rations_in_review.htm, accessed January 13, 2016.

Magli, Giulio. "At the other end of the sun's path. A new interpretation of Machu Picchu." *Nexus Network Journal*, 12 (2010): 321–41.

Morihara, N., T. Nishihama, M. Ushijima, N. Ide, H. Takeda, and M. Hayama. "Garlic as an anti-fatigue agent." *Mol Nutrition Food Research*, 51 (2007): 1329–34.

Northern Standard. "FEMALE SWAGGIES." April 7, 1922, http://nla.gov.au/nla.news-article48005334, accessed February 9, 2016.

Outside Magazine. "Climbing's Little Helper." March 14, 2013, www.outsideonline.com, accessed on January 21, 2016.

Ozwords. "Scroggin." 12 (2005): 5, http://andc.anu.edu.au/sites/default/files/ozwords_april05.pdf, accessed October 8, 2015.

Pugh, L. G. C. E. "Scientific Aspects of the Expedition to Mount Everest, 1953." *The Geographical Journal*, to Minnesota: Keys to Our History," *Exercise & Sport Sciences Reviews*, 20 (1992): 1–26.

Chase, Holly. "Suspect Salep," in *Look & Feel. Proceedings of the Oxford Symposium on Food and Cookery 1993*, Harlan Walker, ed. London: Prospect Books, 1994, 44–47.

Chehabi, Houchang Esfandiar. "How Caviar Turned Out to Be Halal," *Gastronomica* 7:2 (Spring 2007): 17–23.

Daily Mail. "The Gourmet Army," April 9, 2004, www.dailymail.co.uk, accessed January 20, 2016.

Davies, R. W. "The Roman Military Diet." *Britannia*, 2 (1971): 122–42.

Dhumieres, Marie. "The Bosnian Who Made the Pilgrimage to Mecca—on Foot," *The Independent*, October 24, 2012, independent.co.uk, accessed July 5, 2015.

Dikkaya, Fahri. "*Evliya Celebi Seyahatnamesinde Simit ve Simitciler* (Simit and Simit Sellers in the Book of Travels of Evliya Celebi)," *Millî Folklor*, 92 (2011): 72–76.

Earhart, H. Byron. "Mount and Shugendo," *Japanese Journal of Religious Studies*, 16 (1989): 205–26.

Fallon, M. B., G. A. Abrahams, T. T. Abdel-Razek, J. Dai, S. J. Chen, Y. F. Chen, B. Luo, S. Oparil, and D. D. Ku. "Garlic Prevents Hypoxic Pulmonary Hypertension in Rats." *American Journal of Physiology*, 275 (1998): 283–87.

Firth, P. G., H. Zheng, J. S. Windsor, A. I. Sutherland, C. H. Imray, G. W. K. Moore,J. L. Semple, R. C. Roach, and R. A. Salisbury. "Mortality on Mount Everest, 1921–2006: descriptive study." *BMJ*, 337 (2008): 1–6, www.bmj.com, accessed January 15, 2016.

Francis, Dana. "Elders of the Tribe: 7 Fanny Bullock Workman," *Backpackers-7*, 2: 3 (1974): 84.

Gardiner, F., and C. Pilkington. "In Memoriam: Miss Lucy Walker." *Alpine Journal*, 31 (1917): 97–102.

Gerson. Max. "Feeding the German Army." *New York State Journal of Medicine*, 41:13 (July 15, 1941): 1471–76, http://www.cancer-research.net/, accessed February 2, 2016.

Gill, Andrea K. "Shugendō: Pilgrimage and Ritual in a Japanese Folk Religion." *Pursuit: The Journal of Undergraduate Research at the University of Tennessee*, 3 (2012): 49–65.

Goodyear, Dana. "What happened at Alder Creek?" *The New Yorker* (April 24, 2006): 140–51.

Haley, W. D. "Johnny Appleseed: A Pioneer Hero," *Harper's New Monthly Magazine*, 43 (1871): 830–36, https://archive.org/stream/harpersnew43various#page/836/

Thesiger, Wilfred. "Heart of a Nomad. In conversation with David Attenborough," *Interview transcript*. Channel 4 Television, London, 1994.

Thesiger, Wilfred. *Arabian Sands*. London: Penguin Books, 2007. First published in 1959.

Thesiger, Wilfred. *Private Notes*. RGS Thesiger Collection. Archives of the Royal Geographical Society, London.

Thompson, William Phillips. *Handbook of Patent Law of All Countries*. London: Stevens, 1920.

Tuckey, Harriet. *Everest. The First Ascent. The Untold Story of Griffith Pugh the Man Who Made it Possible*. London: Random House, 2013.

Twight, Mark, and James Martin. *Extreme Alpinism: Climbing Light, Fast & High*. Seattle, WA: Mountaineers Books, 1999.

Voltaire. *Candide*. Ballingslöv, Sweden: Wisehouse Classics, 2015.

Ward, Michael. *First Ascent of Everest 1953: Medical and Scientific Aspects. By Griffith Pugh*. London: Alpine Club Archives, 1998.

West, John B. *High Life: A History of High-Altitude Physiology and Medicine*. Oxford: Oxford University Press, 1998.

West, John B., Robert B. Schoene, Andrew M. Luks, and James S. Milledge. *High Altitude Medicine and Physiology*. Fifth edition. Boca Raton, FL: CRC Press, 2013.

Wiley, Bell Irvin. *The Life of Billy Yank: The Common Soldier of the Union*. Baton Rouge: Louisiana State University Press, 2008 edition. First published in 1952.

Williams, Cicely. *Women on the Rope. The Feminine Share in Mountain Adventure*. London: George Allen & Unwin Ltd., 1973.

Worsley, Frank. *Shackleton's Boat Journey*. Cork: The Collins Press: original printed in 1940, reprinted in 2005.

Yoshida, Teigo. "Strangers and pilgrimage in village Japan," in *Pilgrimages and Spiritual Quest in Japan*, ed. Maria Rodrigues del Alisal, Peter Ackerman, and Dolores P. Martinez. New York: Routledge, 2007.

Young, Geoffrey Winthrop. *Mountain Craft*. New York: Charles Scribner's Sons, 1920.

定期刊行物

Alvord, Benjamin. "Importance of Lime-juice in the Pemmican for Arctic Expeditions," *Science*, 35 (1883): 471.

Baber, Adin. "Food Plants of the De Soto Expedition, 1539–1543," *Tequesta*, 2 (1942), 34–40, Tequesta online, http://digitalcollections.fiu.edu/tequesta/, accessed July 19, 2016.

Buskirk, Elsworth R. "From Harvard

Quartermaster Corps: Organization, Supply and Services, Volume 1. Washington, DC: Center of Military History, US Army, 1995.

Robertson, Gordon L. *Food Packaging Principles and Practice*. New York: Marcel Dekker, 1993.

Rottman, Gordon L. *SNAFU Sailor, Airman, and Soldier Slang of the World War II*. Oxford: Osprey Publishing, 2013.

Royal Geographical Society, *Explorers. Great Tales of Adventure and Endurance*. New York: DK Publishing, 2010.

Rugoff, Milton. *Marco Polo*. New Word City, ebook edition, 2015.

Sayin, Esma. *Haccin kalbine Yolculuk* (Journey to the Heart of Hajj). Digital edition. Istanbul: Nesil, 2012.

Shipton, Eric. *Mountain Conquests*. ebook. New Word City, 2015.

Singer, Amy. *Constructing Ottoman Beneficence: An Imperial Soup Kitchen in Jerusalem*. Albany: State University of New York Press, 2002.

Smith, Albert. *The Story of Mont Blanc*. New York: G. P. Putnam, 1853.

Smith, Andrew F. *Food and Drink in American History*. Santa Barbara, CA: ABC-Clio, 2013.

Smith, Andrew F. *Oxford Encyclopedia of Food and Drink in America*. New York: Oxford University Press, 2013.

Smith, Andrew F. *The Oxford Companion to American Food and Drink*. Oxford: Oxford University Press 2007.

Solnit, Rebecca. *Wanderlust: A History of Walking*. London: Verso, 2001.

Soyer, Alexis. *Culinary Campaign. Being Historical Reminiscences of the Late War with The Plain Art of Cookery for Military and Civil Institutions, the Army, Navy, Public, etc.etc*. London: G. Routledge & Co.: 1857, ebook. http://www.gutenberg.org/files/42544/42544-h/42544-h.htm. Accessed on July 16, 2016.

Spalding, Lily Mary, and John Spalding. *Civil War Recipes: Receipts from the Pages of Godey's Lady's Book*. Lexington: The University of Kentucky Press, 1999.

Stanley, Autumn. *Mothers and Daughters of Invention: Invention Notes for a Revised History of Technology*. New Brunswick, NJ: Rutgers University Press, 1995.

Sumption, Jonathan. *The Age of Pilgrimage: The Medieval Journey to God*. Mahwah, NJ: Hidden Spring, 2003.

Symons, Michael. *One Continuous Picnic: A History of Australian Eating*. Victoria:Melbourne University Publishing, 1984.

Tallmadge, John. *Meeting the Tree of Life: A Teacher's Path*. Salt Lake City: University of Utah Press, 1997.

Tannahill, Raey. *Food in History*. New York: Three Rivers Press, 1988.

The Alpine Club. *Mountaineers. Great Tales of Bravery and Conquest*. London: DK Publishing, 2011.

Personnel – Personal. Archives of the Royal Geographical Society. London.

O'Hara, Frank. "Excerpt from F. (Missive & Walk) I. #53," *The Collected Poems of Frank O'Hara.* Berkeley: University of California Press, 1995.

Ohler, Norman. *Der totale Rausch. Drogen im Dritten Reich.* Koln: Kiepenheier & Witsch Verlag, 2015.

Ozyuksel, Murat. *The Hejaz Railway and the Ottoman Empire.* London: I. B. Tauris, 2014.

Park, Mungo. *Travels in the Interior Districts of Africa: Performed in the years 1795, 1796, and 1797. With an Account of a Subsequent Mission to that Country in 1805.* London: Printed for John Murray, by William Bulmer and Co., 1816. https://archive.org/details/travelsininterio01park. Accessed on April 5, 2016.

Parkman, Francis. *The Oregon Trail. Sketches of Prairie and Rocky Mountain Life.* Boston: Little, Brown, and Company, 1900.

Paterson, Andrew Barton. *The Old Bush Songs,* 1906. Charleston, SC: BiblioBazaar, 2008.

Peary, Robert E. *The North Pole: Its Discovery in 1909 Under the Auspices of Peary Arctic Club.* New York: Greenwood Press Publishers, 2006. First published in 1910.

Peary, Robert E. *Secrets of Polar Travel.* New York: The Century Co., 1917. https://archive.org/details/secretspolartra00peargoog. Accessed on April 1, 2016.

Peters, F. E. *The Hajj. The Muslim Pilgrimage to Mecca and the Holy Places.* Princeton, NJ: Princeton University Press, 1994.

Philby, H. St. J. B. *The Empty Quarter.* London: Constable & Company Ltd., 1933.

Pollan, Michael. *The Botany of Desire: A Plant's-Eye View of the World.* London: Bloomsbury, 2003.

Polo, Marco. Ernst Rhys, ed. *The Travels of Marco Polo the Venetian.* London: J. M. Dent, 1908, ebook. https://archive.org/stream/marcopolo00polouoft/marcopolo00polouoft_djvu.txt. Accessed on July 20, 2016.

Raju, Alison. *The Via Francigena Canterbury to Rome – Part 2: The Great St Bernard Pass to Rome.* Milnthorpe, UK: Cicerone Press, 2014.

Richardson, Sir John. *Fauna Boreali-Americana or, The Zoology of the Northern Parts of British America: Containing Descriptions of the Objects of Natural History Collected on the Late Northern Land Expeditions, under Command of Captain Sir John Franklin, R.N. volume 1.* London: John Murray, 1829. https://archive.org/details/faunaborealiamer01rich. Accessed on April 15, 2016.

Risch, Erna. *The Technical Services, the*

Levy, Walter. *The Picnic: A History. The Meals Series*. Lanham, MD: Alta Mira Press, 2014.

Lilliefors, Jim. *America's Boardwalks: From Coney Island to California*. New Brunswick, NJ: Rutgers University Press, 2006.

Mackenzie, Alexander. *Voyages from Montreal Through the Continent of North America to the Frozen and Pacific Oceans in 1789 and 1793, Vol. I*. New York: A. S. Barnes and Company, 1903. http://www.gutenberg.org/files/35658/35658-h/35658-h.htm. Accessed on April 1, 2016.

Mariani, John F. *Encyclopedia of American Food and Drink*. New York: Lebhar Friedman, 1999.

Masefield, John. Foreword to *The Travels of Marco Polo the Venetian* by Marco Polo, Ernst Rhys, ed. London: J. M. Dent, 1908, ebook. https://archive.org/stream/marcopolo00polouoft/marcopolo00polouoft_djvu.txt. Accessed on July 20, 2016.

McGlashan, C. F. *History of the Donner Party*. Ebook, 2009 (first published in 1879). http://www.gutenberg.org/files/6077/6077-h/6077-h.htm. Accessed on July 16, 2016.

Means, Howard. *Johnny Appleseed: The Man, the Myth, the American Story*. New York: Simon & Schuster, 2012.

Messner, Reinhold. *Everest: Expedition to the Ultimate*. Seattle, WA: The Mountaineers, 2014.

Messner, Reinhold. *My Life at the Limit (Legends & Lore)*. Seattle, WA: Mountaineers Books, 2014.

Miller, Sally M., and Daryl Morrison. *John Muir: Family, Friends, and Adventures*. Albuquerque: University of New Mexico Press, 2005.

Mills, Sara. *Discourses of Difference: An Analysis of Women's Travel Writing and Colonialism*. London: Routledge, 1991.

Mohamed, Mohamed Hassan. *Between Caravan and Sultan: The Bayruk of Southern Morocco*. Leiden: Koninklijke Brill, 2012.

Moorhouse, Geoffre. *The Fearful Void*. Kindle Version, Faber & Faber, 2012.

Moreton, David C. "The History of Charitable Giving Along the Shikoku Pilgrimage Route." M.A. Thesis, The University of British Columbia, 1995.

Morton, Mark. *Cupboard Love: A Dictionary of Culinary Curiosities*. London, Ontario: Insomniac Press, 2000.

Muir, John. *My First Summer in the Sierra*. Boston: Houghton Mifflin Company, 1911.

Noel, John Baptist Lucius. *The Story of Everest*. New York: Blue Ribbon Books, 1931.

Noyce, Wilfrid. *Expedition report. 1953*

Spotted Days: Which it's a Gastronomic Companion to the Aubrey/Maturin Novels. New York: W. W. Norton & Co Inc., 2000.

Hamdun, Said, and Noel King. *Ibn Battuta in Black Africa.* Princeton, NJ: Markus Wiener Publications, 1995.

Hare, James R. *Hiking the Appalachian Trail.* Emmaus, PA: Rodale Press, 1975.

Harper, Melissa. *The Ways of the Bushwalker: On Foot in Australia.* Sydney: University of New South Wales Press, 2007.

Harris, Marvin. *Our Kind: Who We Are, Where We Came From, Where We Are Going.* New York: Harper Perennial, 1990.

Helmes, Winifred. *Notable Maryland Women.* Centreville, MD: Tidewater Publishers, 1977.

Henderson, Peter V. N. *The Course of Andean History.* Albuquerque: The University of New Mexico Press, 2013.

Hill, George William, and Williams Bros. *History of Ashland County, Ohio.* Philadelphia: J. B. Lippincott, 1863.

Hopkins, A. G. *An Economic History of West Africa.* New York: Routledge, 1973.

Houston, Charles. *Going Higher: Oxygen, Man and Mountains,* fourth edition. Seattle, WA: Mountaineers Books, 1998.

Hunt, John. *The Ascent of Everest 1953.* London: Hodder & Stoughton, 1993.

Hutton, Drew, and Libby Connors. *History of the Australian Environment Movement.* Cambridge: Cambridge University Press, 1999.

Itani, Talal, tr., "Quran 22:27, The Pilgrimage (al-Hajj)," *Quran in English: Clear and Easy to Understand. Modern English Translation.* CreateSpace Independent Publishing Platform, 2014.

Jackson, Monica, and Elizabeth Stark. *Tents in the Clouds. The First Women's Himalayan Expedition.* Seal Press, US edition 2000. First published in 1956.

Jacobi, Jolande, ed. *Paracelsus: Selected Writings.* Princeton, NJ: Princeton University Press, 1995.

Johnson, Samuel. *A Journey to the Western Isles of Scotland.* Project Gutenberg ebook, 2005. http://www.gutenberg.org/files/2064/2064-h/2064-h.htm Accessed on July 12, 2016.

Kolata, Alan L. *Ancient Inca, Case Studies in Early Societies.* New York: Cambridge University Press, 2013.

Lees, Thomas Orde. *Photocopy of a Diary of Thomas Orde Lees, on Elephant Island.* Original held at Scott Polar Research Institute, 1916, Royal Geographical Society London, 1978–1979, EHS/9.

to Graceland. An Encyclopedia. Santa Barbara, CA: ABC-Clio, 2002.

Davis, William C. *A Taste of War. The Culinary History of the Blue and the Gray*. Mechanicsburg, PA: Stackpole Books, 2003.

Deacock, Antonia. *No Purdah in Padam. The Story of the Women's Overland Himalayan Expedition in 1958*. London: George G. Harrap & Co., 1960.

Dowling, Timothy C. *Personal Perspectives: World War II*. Santa Barbara, CA: ABC-Clio, 2005.

Favenc, Ernest. *The Explorers of Australia and Their Life-work*. Forgotten Books edition, 2012 (original, Christchurch: Whitcombe & Tombs, 1908).

Fisher, M. F. K. "The Pleasures of Picnics (1957)," in *A Stew or a Story: An Assortment of Short Works by M. F. K. Fisher*, edited by Joan Reardon, 198–207. Emeryville: Shoemaker & Hoard, 2006.

FitzRoy, Robert. *Narrative of the Surveying Voyages of His Majesty's Ships Adventure and Beagle between the Years 1826 and 1836, Describing Their Examination of the Southern Shores of South America, and the Beagle's Circumnavigation of the Globe. Proceedings of the Second Expedition, 1831–36, under the Command of Captain Robert Fitz-Roy, R.N.* Volume II. London: Henry Colburn, 1838. http://darwin-online.org.uk/content/frameset?itemID=F10.2&viewtype=text&pageseq=1. Accessed on April 18, 2016.

Flacelière, Robert. *Daily Life in Greece at the Time of Pericles*. London: Macmillan, 1965.

Fleming, Fergus. *Ninety Degrees North: The Quest for the North Pole*. London: Granta Books, 2011.

Gellhorn, Ernst. *Physiological Foundations of Neurology and Psychiatry*. Minneapolis: The University of Minnesota Press, 1953.

Girl Scouts, Inc. *Tramping and Trailing with the Girl Scouts*, 1927. New York: Girls Scouts of the United States of America, 1930 revision.

Goldstein, Darra. *The Oxford Companion to Sugar and Sweets*. New York: Oxford University Press, 2015.

Goldsworthy, Adrian Keith. *The Roman Army at War: 100 BC–AD 200*. Oxford: Clarendon, 1998.

Gould, John M. *How to Camp Out*. Ebook edition, 2006 (First edition 1877). http://archive.org/stream/howtocampout17575gut/17575.txt. Accessed January 25, 2015.

Grahame, Kenneth. *The Wind in the Willows*. New York: Scribner, 1913. https://archive.org/details/windinwillows00grah. Accessed January 26, 2016.

Grossman, Anna Chotzinoff, and Lisa Grossman Thomas. *Lobscouse and*

M. Maalim. "Saudi Arabia: Hajj Pilgrimage," in *CDC Health Information for International Travel 2016*. Oxford: Oxford University Press, 2016. http://wwwnc.cdc.gov/travel/yellowbook/2016/select-destinations/saudi-arabia-hajj-pilgrimage. Accessed on 5 July 2016.

Brebbia, C. A. *Patagonia, a Forgotten Land: From Magellan to Perón*. Southampton: WIT Press, 2008.

Breedon, Victor. *Best Regards Freddie*. Pittsburgh, PA: Dorrance Publishing, 2014.

Brefeld, Josephie. *A Guidebook for the Jerusalem Pilgrimage in the Late Middle Ages*. Hilversum, Netherlands: Verloren, 1994.

Briggs, Richard. *The New Art of Cookery According to Present Practice*. Kansas City, MO: Andrews MacMeel, 2013.

Brillat-Savarin, Jean Anthelme. *The Physiology of Taste: Or Meditations on Transcendental Gastronomy*. New York: Vintage Classics, 2011.

Bruce, C. G. *The Assault on Mount Everest 1922*. London: Edward Arnold & Co., 1923.

Buhl, Herman. *Nanga Parbat Pilgrimage: The Lonely Challenge*. Seattle, WA: Mountaineers Books, 1998.

Carpenter, Kenneth J. *The History of Scurvy and Vitamin C*. Cambridge: Cambridge University Press, 1986.

Chareyron, Nicole, and Donald W. Wilson. *Pilgrims to Jerusalem in the Middle Ages*. New York: Columbia University Press, 2005.

Chaucer, Geoffrey, Ronald L. Ecker, and Eugen Crook. *The Canterbury Tales. A Complete Translation into Modern English*. Palatka, FL: Hodge & Braddock, 1993.

Classen, Albrecht. *Urban Space in the Middle Ages and the Early Modern Age*. Berlin: Walter de Gruyter, 2009.

Conefrey, Mick. *Everest 1953. The Epic Story of the First Ascent*. London: Oneworld Publications, 2012.

Cooper, John. *Eat and Be Satisfied. A Social History of Jewish Food*. Northvale, NY: Jason Aronson Inc., 1993.

Cutler, Charles L. *Tracks that Speak. The Legacy of Native American Words in North American Culture*. Boston: Houghton Mifflin Company, 2002.

Dalton, Anthony. *Sir John Franklin. Expeditions to Destiny*. Victoria: Heritage House Publishing, 2012.

Darwin, Charles. *A Naturalist's Voyage Round the World. The Voyage of the Beagle*. 1913 edition. First edition printed in 1860. http://www.gutenberg.org/cache/epub/3704/pg3704.txt. Accessed on April 5, 2016.

Davidson, Alan, and Tom Jaine. *The Oxford Companion to Food*. New York, Oxford University Press, 2014.

Davidson, Linda Kay, and David M. Gitlitz. *Pilgrimage. From the Ganges*

参考文献

書籍

Aaland, Mikkel. *Pilgrimage to Kailash*. ebook. Blurb Publishing, 2013.

Adler, Elkan Nathan, ed., *Jewish Travellers in the Middle Ages. 19 Firsthand Accounts*. New York: Dover Publications, 2011.

Albala, Ken. *Food Cultures of the World Encyclopedia, Volume 1*. Santa Barbara, CA: ABC-CLIO, LLC, 2011.

Amundsen, Roald. *The South Pole (Volume I)*. London: John Murray, 1912. http://gutenberg.net.au/ebooks/e00111a.html. Accessed on July 13, 2015.

Amundsen, Roald. *My Life as an Explorer*. London: Heineman, 1927. https://archive.org/details/roaldamundsenmyl00amun_0. Accessed on July 13, 2015.

d'Angeville, Henriette. *My Ascent of Mont Blanc*. Paris: Harper Collins, 1987.

Archer, Jane Elisabeth, Richard Marggraf Turley, and Howard Thomas. *Food and the Literary Imagination*. London: Palgrave MacMillan, 2014.

Asher, Michael. *Impossible Journey: Two Against the Sahara*. London: Viking, 1988.

Astrup, Eivind. *With Peary near the Pole*. London: C. A. Pearson, limited, 1898.

Auldjo, John. *Narrative of an Ascent to the Summit of Mont Blanc Made in July, 1819*. CreateSpace Independent Publishing Platform, 2015. First published in 1821.

Avery, Tom. *To the End of the Earth: Our Epic Journey to the North Pole and the Legend of Peary and Henson*. New York: St. Martin's Press, 2010.

Balzac, Honoré de. *Physiologie du marriage*. ebook. Bibebook. http://www.bibebook.com/files/ebook/libre/V2/balzac_honore_de_-_physiologie_du_mariage.pdf. Accessed on July 12, 2016.

Band, George. *Summit: 150 Years of the Alpine Club*. London: HarperCollins UK, 2007.

Baudelaire, Charles. *The Painter of Modern Life and Other Essays*. London: Phaidon, 1970.

Billings, John Davis. *Hardtack and Coffee: or, the Unwritten Story of Army Life*. Ithaca, NY: Cornell University Press, 2009. First published in 1887.

Birkett, Bill, and Bill Peascod. *Women Climbing. 200 Years of Achievement*. London: A&C Black Publishers, 1989.

Boswell, James. *Boswell's Life of Johnson*. Project Gutenberg ebook, Charles Grosvenor Osgood, ed., 2006. http://www.gutenberg.org/files/1564/1564-h/1564-h.htm. Accessed on July 12, 2016.

Bowron, Christopher S., and Salahudin

【著者】
デメット・ギュゼイ（Demet Güzey）
食品とワインについて書くフードライターとして活躍。パリの料理菓子専門学校ル・コルドン・ブルーで講義を行う一方、モンブランやトルコのアララト山への登頂経験もある。著書は『マスタードの歴史』（原書房刊）など。

【翻訳】
浜本隆三（はまもと・りゅうぞう）
1979年、京都府生まれ。同志社大学法学部政治学科卒業。同大学大学院アメリカ研究科博士後期課程単位取得退学。主な著書に『クー・クラックス・クラン：白人至上主義結社KKKの正体』『アメリカの排外主義：トランプ時代の源流を探る』（以上、平凡社新書）、主な訳書に『アブサンの文化史：禁断の酒の二百年』（白水社）、『ジェット・セックス：スチュワーデスの歴史とアメリカ的「女性らしさ」の形成』（明石書店）、『ウイスキー・ウーマン：バーボン、スコッチ、アイリッシュ・ウイスキーと女性たちの知られざる歴史』（明石書店）がある。

藤原 崇（ふじわら・たかし）
1980年生まれ。同志社大学大学院文学研究科博士後期課程満期退学。同志社大学嘱託講師を経て、摂南大学外国語学部専任講師。専門は英語学。主な訳書に『空と宇宙の食事の歴史物語：気球、旅客機からスペースシャトルまで』（原書房）、『オーガニック：有機農法、自然食ビジネス、認証制度から産直市場まで』（築地書館）などがある。

Food on Foot:
A History of Eating on Trails and in the Wild
by Demet Güzey

冒険《ぼうけん》・探検《たんけん》・歩《ある》く旅《たび》の食事《しょくじ》の歴史物語《れきしものがたり》

エベレスト登山《とざん》、砂漠横断《さばくおうだん》、巡礼《じゅんれい》から軍隊《ぐんたい》まで

2022年11月27日　第1刷

著者…………デメット・ギュゼイ

訳者…………浜本隆三《はまもとりゅうぞう》、藤原崇《ふじわらたかし》

装幀…………永井亜矢子（陽々舎）

発行者…………成瀬雅人
発行所…………株式会社原書房

〒160-0022 東京都新宿区新宿 1-25-13
電話・代表 03（3354）0685
http://www.harashobo.co.jp
振替・00150-6-151594

印刷…………新灯印刷株式会社
製本…………東京美術紙工協業組合

ISBN978-4-562-07200-2, Printed in Japan